上海打响"四大品牌"
2018年基层实践

新时代 再出发

上海社会科学院　人民网／编著

学林出版社

编 委 会

践行"四力"要求　助力"四大品牌"

2018 年是改革开放 40 周年。这一年，上海提出全力打响上海服务、上海制造、上海购物、上海文化"四大品牌"，作为构筑新时代上海发展战略优势的新抓手。

对"打响品牌"这 4 个字，上海市委书记李强曾作过生动的注解：打是什么？就是要有措施、有行动；响是什么？就是要让人家听得到，在国内外有声响；品是什么？就是质量高、品质好，能让人信服；牌是什么？就是牌子，是影响力、竞争力。在新时代、新形势下选择服务、制造、购物、文化领域布局上海城市品牌建设，既立足当下，又意蕴深远。

立足于在全国范围更好宣传报道上海，人民日报社上海分社和人民网上海频道的编辑记者，把上海落实"四大品牌"战略举措的生动实践，作为锻炼新闻工作者脚力、眼力、脑力、笔力这"四力"的新舞台，聚焦主题，拓展思路，深入实际，感受变化，采写了一批生动鲜活的新闻作品。

2018 年初，我们和上海社科院合作出版《砥砺奋进　追求卓越——上海四个"新作为"2017 年基层实践》一书，以"故事"加"点评"的方式，将"实践"和"智库"进行跨界联动，反响良好。今年，我们很高兴再度和上海社科院合作编著这本新作，从一个侧面反映 2018 年上海改革开放、创新发展的基层实践。

我们看到，新时代、再出发的上海，2018 年伊始给出的第一个关键词是"大调研"——"坐在办公室里都是问题，走下去都是办法"。上海市领导强调，只有把品牌打响，把中心城市的功能落地、做优、做强，城市的能级和核心竞争力才能得到提升。从这个意义就不难理解，为什么说"四大品牌"是上海把国家战略具体化的"抓手"，是将构筑战略优势的构想落地的"梯子"。

"上海制造"是这座城市的重要基因，在历史上也是声名远播。打造新的"上海制造"品牌，是上海发挥开路先锋作用，为推动制造业高质量发展、坚定不移建设制造强国做出应有贡献的实际行动。我们的记者用将近半年的时间，深入 48 家知名企业，不仅让人们惊叹于那份属于"上海制造"的匠心传承，更见证着"上海制造"品质发展的未来。

我们还看到，作为 2018 年中国主场外交的收官之作，首届中国国际进口博览会的成功举办，向世界宣示了中国开放的大门只会越开越大。人民日报大江东工作室推出的《"买全球，卖全球"，开放的上海等你来》等报道，描绘了一个面向全球、面向未来、对标国际最高最好、开放、创新、包容的上海……

全力打响上海"四大品牌"，让上海人的精气神再次迸发，也让上海的优势更优、特色更特、强项更强，从而真正构筑起这座城市难以比拟、不可替代的战略优势，不断实现城市高质量发展、人民高品质生活的美好目标。

上海正在谱写改革开放再出发的崭新篇章，我们也将以奋进者、搏击者的姿态，积极践行习近平总书记对新闻工作者提出的"四力"要求，继续采写好、报道好上海打响"四大品牌"的新举措、新成就、新启示，与广大读者和受众分享这座城市的日新月异、蓬勃朝气。

人民日报社上海分社社长 刘士安

2019 年 1 月

立深远意　用寻常话　讲实践事　做长久功

一个城市的品牌，反映的是她的品格与品质。

全力打响"上海服务""上海制造""上海购物""上海文化"四大品牌，是上海贯彻落实党的十九大精神和习近平新时代中国特色社会主义思想，服务国家战略，当好新时代全国改革开放排头兵、创新发展先行者的长远举措，承载着上海接续改革精神、扩大开放格局的宏伟愿景，呈现出上海高起点出发、高标准推进、高层次发展的内在动力。在首届中国国际进口博览会成功举办，党中央交给上海三项新的重大任务的背景下，深化上海的城市品牌建设，越发映衬出市委市政府和全市人民一以贯之抢抓机遇、抢占主动、抢攻险滩的担当和情怀。

一年来，我们看到，在市委市政府的领导下，"四大品牌"建设与国际经济、金融、贸易、航运、科技创新"五个中心"和国际文化大都市建设整体联动，在事关全局、事业未来、事关发展的重要领域和重点环节，取得了丰硕成果，为迈向新的城市能级、完成新的重大任务，打下了坚实的基础；我们看到，"四大品牌"建设对标一流、追求卓越，立足基层、聚焦民生，敢为人先、彰显特色，创新突破精彩纷呈，协同效应显著提升；我们更看到，"四大品牌"建设以其基于实践的全新组织力、源于基层的丰富创造力，全面展示出不断求进、精益求精的构建逻辑，生动昭示了理论创新、实践创新、制度创新、文化创新的生命力。

新实践提出新任务。在打响上海城市品牌的历史进程中，发挥发现、提炼、传播三大功能，丰富城市文化，打造城市名片，是哲学社会科学的历史重任。

于品牌创建之发现，哲学社会科学的任务不仅是以学科视角梳理实践、概括案例，更要在寻找典型的过程中，回答好实践之问：城市品牌建设，需要为城市文化、城市精神增添什么样的内涵？如何把握蕴藏其中的动力生成机制？用什么样的标准检验品牌建设的最终成效？唯有立足于专业视角、实践认知、价值体系紧密结合的场域，发现才更能体现出观照现实、关注发展之目的。

于品牌经验之提炼，哲学社会科学的任务不仅是固化经验，使之成为可复制、可推广的做法，更要从整体上把握多方联动的内在要求，发掘出规律之实：党的理论创新和战略部署，如何在城市品牌建设的实践中发挥出指导和引领作用？结合实际打响城市品牌，需要坚持什么样的出发点和落脚点？如何以城市品牌建设为载体，让以人民为中心的价值追求入心入脑？只有从理论和实践的双重维度出发，言人所未言，发人所未发，才能更加有力地服务于城市品牌建设的整体进程。

于品牌效应之传播，哲学社会科学的任务不仅是以媒体融合的方式，将品牌建设的成绩打包推送，更要在拓展宣传范围之时，探索出价值之道：应当站在怎样的高度，把握上海品牌故事的定位？需要用什么样的途径，扩大上海品牌的影响力？以怎样的叙事风格，让品牌背后的奋斗精神激励世人、推动事业？在打响品牌的并行道上，同步构建价值导向、引领未来的宣传体系，是上海哲学社会科学责无旁贷的使命。

作为注重多学科交叉、跨领域融合的哲学社会科学研究机构，上海社会科学院及时将目光投向了上海"四大品牌"建设这个新的实践领域，积极落实市委市政府的部署，与人民网上海频道密切合作，加强宣传推介和舆论引导，坚持媒体实践与学术传承对接、基层智慧与专家视点融合的方式，从人民网记者深入采访的报道中，选取了上海全力打响"四大品牌"的 **36** 个基层实践经典案例，邀请全院各领域的专家学者进行点评，全景描绘了上海面向世界、面向未来的城市品牌建设实践之路，生动展示了上海推动高质量发展、创造高品质生活的奋进之路。

　　实践深化永远在路上，发现的深度、提炼的精度、传播的广度，也时时有新的标准。面对愈益丰富的上海"四大品牌"建设实践，解答好哲学社会科学服务国家战略、推升城市发展这一时代命题，需要我们以新思路、新办法，垒之以一砖一石，成之以一点一滴。

上海社会科学院党委书记　于信汇

2018 年 12 月

擦亮城市品牌金名片

城市品牌的打造是一项系统工程。立足传统、实处着手，充分发掘自身的特色优势，真正擦亮城市的"金字招牌"。

浔阳江头，歌吹扬州，长安丝路，兰陵美酒，十里洋场，万里帆樯……喧然名都会，众星竞争光——中国很多城市都有美妙的前世今生，人杰地灵、充满魅力。然而，在城镇化、工业化大潮中，也不无千城一面、产业雷同的隐忧，存在发展质量跟不上发展速度的问题。

面对日趋激烈的城市竞争，如何找准未来发展抓手？近期，上海强力推出"四大品牌"建设，引发众人的好奇和关注。有人"看不太懂"：作为"改革开放排头兵、创新发展先行者"的上海，不是志在全球卓越城市吗？为什么提出的"上海服务""上海制造""上海购物""上海文化"，看起来如此平实、传统？

平实和传统，其实是某种高举高打，暗含着应对未来挑战的谋划。

任何城市的发展，都不可能脱离国情、市情。站在现实基础上一脉相承，远比重起炉灶更有效率。而从平实入手，面向未来打造城市亮眼的金名片，更接地气、更有质量。党的十九大报告提出，我国经济已由高速增长阶段转向高质量发展阶段，正处在转变发展方式、优化经济结构、转换增长动力的攻关期，建设现代化经济体系是跨越关口的迫切要求和我国发展的战略目标。上海的"四大品牌"，恰是立足自身发展实际、率先推进高质量发展的突破口。

例如，上海服务，重点是辐射全国乃至全球的服务能级，目标是在金融、航运、教育、医疗等方面，有能力在全国乃至全球范围配置资源。上海制造，既要传承"上海师傅"的工匠精神，更要着力发展高端制造业，布局全产业链，提升制造业能级，科技创新也是题中之意。上海购物，绝不单指逛逛南京路、淮海路，也包括各种新消费、新体验在内的"需求满足"，即将在沪举办的中国国际进口博览会，就打出"买全球，卖全球"的口号。上海文化，则意在城市软实力、核心竞争力，既有红色文化、海派文化、江南文化的绵延，也有制度、法治等环境营造，如同一位网友所说，"在上海，年轻人依靠自己改变命运的机会公平又充裕"。

上海的思路与实践说明，城市品牌的打造是一项系统工程。瞄准未来、志在卓越，高质量高效率地培厚独有优势，城市才能在竞争中实现人无我有、人有我优。

花都、水城、音乐之都……世界上，不少城市倾力打造城市品牌，拥有了专属的城市名片。近年来，我国一些城市也开始有意识地树立品牌形象，但由于品牌定位和诉求并不鲜明，且往往着眼于旅游、招商等浅层次，未能上升到服务国家战略、激发地方发展动能的高度。譬如，有的城市要引人引智，却单纯着眼于学历门槛，表面上很省力，而从长远看，吸引人才、资金和资源的关键，在于培育其他城市没有的优势、服务能力和文化氛围。因此，不妨立足传统、实处着手，充分发掘自身的特色优势，真正擦亮城市的"金字招牌"。

品牌是一种识别标志、象征着品质，也是一种价值理念，体现着精神。尊重薪火相传的历史文化基因，发掘城市独有的个性资源，因地制宜加强城市品牌建设，城市就能让生活更美好，市民就能拥有更多获得感、幸福感、安全感。

李泓冰

人民日报社

目录｜*Content*

上海服务

上海制造

上海购物

上海文化

上海服务

上海：大调研谋发展，新时代再出发

| 点 评 | 陶希东 |
上海社会科学院·社会学研究所研究员

在全球变革和国家发展的大局中，上海作为中国经济最发达的城市，是中国内陆腹地和外部世界的连接者，又是参与全球经济竞争的国家代表，在国家发展和治理中一直承担着十分重要的角色，发挥着十分重大的作用。尤其是在 40 年的改革开放进程中，在党中央的坚强领导和国家战略指引下，上海官民一心、奋发有为、不断创新，在基础设施建设、产业更新、科技创新、社会民生等领域取得了全方位、举世瞩目的历史性成就。当今，世界全球化发展受阻、中国特色社会主义发展进入新时代，中国的经济社会发展也将面临诸多新问题、新挑战。因此，在全面总结改革开放40年重大经验的基础上，如何站在更加宽广的全球化视野下，实行更高水平的改革开放和创新创造，全力建成兼具全球化、国家化、地方化的卓越全球城市，是上海高质量发展的重大议题。人民网以《上海：大调研谋发展，新时代再出发》为题的报道，站在改革开放再出发的历史节点，总结了上海经济发展的最新成就，理性分析了面临的重大挑战，以市委领导的务实作风，展示了上海改革开放再出发的诸多可圈可点的做法、决心和行动能力，充分展示了上海作为排头兵、先行者的创造性，也为上海未来发展指明了努力的方向。

案　例　上海：大调研谋发展，新时代再出发

人民网上海频道 2018 年 2 月 8 日

2018 年初，上海，一场数年不遇的暴雪袭来，网友纷晒瑞雪如盖、道路却清爽通畅的"暖图"，点赞精细化管理的"绣花"功夫。

2017 年，上海成为中国第一个 GDP 破 3 万亿的城市，按可比价格计算，同比增长 6.9%。人均 GDP 近 2 万美元，排名中欧捷克之前。上海地铁运营总里程 666 公里，当之无愧世界地铁第一城。平均每个工作日约 1100 万人流动于地铁轻轨。

2017 年末，上海常住人口为 2418.33 万人，城市人口中国第一。

站在高起点的上海，将 2018 年定为"调研"年，深入基层，找的都是问题，比的全是人家的长处。君不见，"北广深"步步迫近，中国的发展车轮滚滚向前、浩浩荡荡。不进则退，新时代，上海将如何再出发？

排头兵遭迫近　创新活力遭遇"规则化"和"老龄化"

2017 年，北京实现地区生产总值 2.8 万亿元，广州为 2.15 万亿元，深圳为 2.23 万亿首超广州。2017 年，上海 GDP 为 3.01 万亿，领先北

京 2100 亿、广州 8600 亿、深圳 7800 亿。**2017 年，上海的经济增速为 6.9%，深圳 8.8%，广州 7%，北京 6.7%。2016 年，上海经济增速为 6.8%，北京 6.7%，广州 7.5%，深圳 9.0%。**显然，上海的经济增速除略微高于北京外，已低于深圳和广州两个一线城市，特别是深圳的赶超势头极为明显。

从另一个经济角度看，2017 年上市公司总市值深圳第一，北京勉强排第二，上海第三，杭州第四，广州第五，南京第六。而杭州，2017 年 GDP 达 12556 亿元，增长 8.0%，排名进入全国前 10。其中，信息经济实现增加值 3216 亿元，电子商务产业增加值增长 36.6%，增速连续 7 年保持 30% 以上。

如今，中国城市格局已被改写。原先"北上广深"，变成了"北上深广"；另外，电商的兴起已将满是洪荒之力的杭州扶上位。

2017 年，中国科技发展战略研究小组、中国科学院大学中国创新创业管理研究中心发布《中国区域创新能力评价报告 2017》。《报告》称，全国区域创新能力综合排名前三强分别是广东、江苏、北京，上海位列第四，广东创新能力排名首次跃居全国第一，上海与北京的相对差距在拉大。上海，确实有些尴尬了。

2017 年 12 月，上海市委务虚会上，"进一步深化改革、扩大开放"和"深入推进长三角一体化发展"引发热议。不少人援引各种排行数据，今天上海在城市功能、创新实力、企业活力等方面已经面临兄弟省市的追赶和挑战，有些地方已被超，对此切不可掉以轻心。

上海为什么没有 BAT？上海应该成为众城之神……2018 年，关于上海发展路径的文章在网上你来我往，和北京、江浙、广深比，和纽约、伦敦、东京、新加坡等国际名城比……2018 年上海两会，很多代表委员忍不住寻找差距。

上海如何在规则中创新？同时，必须正视，上海人口老龄化也是一个绕不过去的问题。

上海市统计局官网数据显示，2017 年末，上海常住人口为 2418.33

万人，比上年末减少 1.37 万人。据统计 2016 年，上海 65 岁及以上老年人为 299.03 万人，占总人口的 20.6%。从趋势判断，2010 年—2025 年，是上海人口老龄化快速发展阶段。2025 年—2050 年，则是上海高龄人口急剧增长阶段。对比深圳统计局公布的人口数据，2017 年年底深圳常住人口为 1252.83 万人，比 2016 年年底的 1190.84 万人，激增了近 62 万人，这增加的几乎都是年轻人。

相比 GDP 总量和增速，很多人更关注的是，上海这座城市功能的能级有多高？集聚与辐射能力有多强？

站在"3 万亿"的高位上，面对"规则化"和"老龄化"，上海又该如何再发展？

大调研 真找问题、找真问题

2017 年 10 月 30 日，上海市黄浦区五里桥街道迎来了新客人，上海市委书记李强将他上任的第一站调研，放在了基层党建工作。

2017 年 11 月 8 日，浦东新区中国（上海）自由贸易试验区行政服务中心，李强书记听取深化自贸试验区制度创新情况汇报。

2017 年 11 月 14 日，沿着衡山路了解城市记忆；参观中科院上海生科院生化与细胞所，李强书记在徐汇区的调研行程满满。

2017 年 11 月 15 日，上海全区、大口党委书记季度工作会议现场，气氛热烈，"大调研"和"问题意识"成了会上热词。这是李强书记履新后第一次主持会议。

2017 年 12 月 1 日，全市一次座谈会上，政府部门、企业、商会和行政服务中心的代表畅所欲言，李强书记调研上海营商环境，边听边记。

2017 年 12 月 6 日至 7 日，李强书记、应勇市长率领上海市党政代表团走访了安徽合肥、江苏南京、浙江杭州，实地考察科研院所、高新企业、政务中心、特色小镇。两天三地，一路马不停蹄。此时，距离李强书记履新上海一个月零一周，距他以江苏省委书记身份率领江苏党政代表团走访浙沪两地一年又两个月。

2017年12月16日，上海轨道交通现场忙碌而有序。世界运营里程第一，超大城市安全第一位，必须始终绷紧安全这根弦……李强书记调研上海市轨道交通运行建设情况。

2018年1月2日，新年首个工作日，上海虹桥商务区，李强书记调研并主持召开了"进一步深化改革、扩大开放"座谈会。

新年伊始，上海大调研的序幕就此正式拉开。

根据上海市委统一部署，2018年全市开展为期一年的"不忘初心、牢记使命，勇当新时代排头兵、先行者"大调研。此次大调研没有预设主题，要求领导干部到基层去"真找问题""找真问题"。

坐在办公室里都是问题，走下去就都是办法。

在宝山，区委书记汪泓不打招呼到杨行镇大黄村调研。汪泓发现，以前去调研，基层都说挺好或者象征性提一个问题，这一次，村里提了污水纳管、村级经济等10个具体问题。汪泓边记边回应，现场解决3个，7个带回去研究，目前已有6个问题镇里正在抓紧解决，一个涉及市里政策，已上报有关部门。

在嘉定，区委书记马春雷调研发现，企业职工住宿"供需问题"突出，虽已建立"政府保障、市场主导、社会参与、企业自建、镇村补充"的住房租赁体系，但真正操作起来不简单。他计划进一步调查全区企业职工住宿问题，了解全区到底还有多大刚性缺口，区级层面如何统筹考虑和逐步解决？在更大范围摸清"缺口"、寻准"入口"、找到"出口"。

闻风而动、雷厉风行，各部门各区的党政干部开始行动：虹桥商务区调研办会短板，成立"海外贸易中心"和"长三角国际贸易展示中心"，做好"店小二"；浦东率先建成"大调研信息工作平台"，全流程信息化，形成调研闭环，以推动事事有回音、件件有着落；虹口区深化"千人访万企"行动，力求企业困难第一时间有人研究，企业发展第一时间有人关心，企业需求第一时间有人响应……

调研乃是"谋事之基、成事之道"！而这"事"就是"改革开放再出发"，是上海这座城市的新使命！

再出发 上海是中国的"上海"

我国首款国际主流干线客机 C919 在
浦东国际机场首飞 张海峰摄

"今年是全面贯彻中共十九大精神的开局之年，也是改革开放 40 周年。我们对改革开放 40 周年最好的纪念，就是牢记习近平总书记'将改革进行到底'的重要指示，拿出'改革开放再出发'的决心、勇气和行动，推动思想再解放、改革再深入、工作再抓实。"在 2018 上海政协十三届一次会议的闭幕会上，李强书记强调。

2017 年 12 月，上海市委务虚会上，李强书记表示，上海这座城市需要"在新时代的坐标中坚持追求卓越的发展取向"，需要"把过去已经取得的成绩作为奋发进取的起点"，"远没有到躺在太阳底下休闲的时候"。

在 2018 上海政协大会发言后，李强书记特别谈到一段时间以来网上的一些议论："大家都在讨论上海有没有 BAT，阿里巴巴全球也就只有一个，感叹这个不如去发现和培养成长性好的科技企业，特别是中小企业，让产业政策、人才政策更多关注这些优秀企业。"意思很明显：上海无须也不应该有过多不必要的纠结。当务之急，恰恰是瞄准未来的优势，及时奋起、精准发力。这才是"再出发"应有的状态和智慧。

李强书记再度表示，上海必须始终保持强烈的忧患意识和对标意识。"机遇从来都是争来的，不是等来的。"他说，"要有'等不起'的紧迫感、'慢不得'的危机感、'坐不住'的责任感。"

有忧患才能知奋起，有忧患方能见担当。新起点上，上海究竟如何定位？

在上海2035城市总体规划中，上海要做"长江三角洲世界级城市群的核心城市"。能否在长三角这样一个大空间里扮演核心节点的角色，很大程度上就能推算上海作为"全球城市"的能级和实力。作为"龙头"，上海要在长三角一体化事务中发挥特殊且实质性的作用。"长三角一体化如果不能实现，上海建成'五个中心'、建设卓越全球城市也就无从谈起。"李强书记坦言。

"将基本建成与我国经济实力和人民币国际地位相适应的国际金融中心，基本建成在全球贸易投资网络中具有枢纽作用的国际贸易中心，基本建成具有全球航运资源配置能力的国际航运中心，经济中心城市的国际地位明显提升，长三角世界级城市群核心城市的作用进一步发挥。"在2018年的政府工作报告中，有着清楚的回答。

未来五年，上海将"全力打响上海服务、上海制造、上海购物、上海文化品牌，努力实现创新成为第一动力、协调成为内生特点、绿色成为普遍形态、开放成为必由之路、共享成为根本目的的高质量发展。"

"对标国际最高标准、最好水平，对标兄弟省区市的先进经验，对标自身改革进展实际成效，主动找差距、找不足，虚心学习借鉴他人之长，尽快把短板补上。"这是李强书记对干部们的再三提醒。上海各级领导干部需要"紧抓每一天，奋发求作为"，通过出实招、干实事、解难题，"一步一个脚印地把目标变为现实"。只有如此，上海才能不负"全国改革开放排头兵、创新发展先行者"这一中央的一贯要求。

1月24日，上海市政协特地举行了"对标国际最高标准、最好水平，
推进新一轮高水平对外开放"专题会议。励漪摄

瞄准国际一流。**2018年**，上海要依托洋山深水港和浦东国际机场探索建设自由贸易港。自由贸易港不再仅仅是改革试验田，也不一定拘泥于可复制可推广，而是一整套新的更加开放、更与国际接轨的新制度体系。同时，中国国际进口博览会也将落户上海。目标直接定位国际一流的博览会，并且将加快推进上海国际贸易中心和国际消费城市的建设。而在张江，"以全球视野、国际标准"大手笔打造全国第一座综合性国家科学中心，最先进的大科学设施、高水平研究机构正集群而兴……从自贸区、进口博览会到张江科学城，统统瞄准"国际一流"！

服务甘当"店小二"。早在担任浙江省省长时，李强就曾表态，政府要为创客们当好"店小二"。之后浙江义乌为服务企业专门成立"店小二办"，一度传为佳话。在江苏履职，李强亦多次重提"店小二精神"。如今在上海再提"店小二"，也别有深意。**2017年**，平均每个工作日上海新设企业**1184家**，活跃度达**80%**。税费结构中非税收入占比已是全国最低。然而，上海在找的是营商环境的"痛点""难点""堵点"。**12月1日**，在对上海"营商环境"的调研中，李强书记实地查看两个行政服务中心，"政府发挥作用，是要'更好'而不是'更多'。"要"用公务员的'辛苦指数'换来群众的'幸福指数'、企业的'发展指数'"。**2018目**

标就是"努力让上海形成行政审批最少、收费最少、效率最高、透明度最高的国际一流营商环境，打造营商环境的新高地"。

青浦交警雪中指挥交通有序出行　青浦警方供图

城市管理绣花般精细。当 2018 年第一场大雪来袭，各地拥堵、滑跤、融雪盐被偷等镜头不胫而走，而上海网友晒出的却是路边瑞雪如盖、道路清爽通畅的"暖图"。1 月 29 日，上海人大会议闭幕，李强书记忍不住脱稿讲话，向连夜除冰扫雪的城市管理者和劳动者致敬，会场掌声热烈……

"城市管理应该像绣花一样精细"，这是习近平总书记对上海的要求。李强表示，必须下绣花功夫，"绣"出城市管理精细化的品牌。要有绣花般的细心，要有绣花般的耐心，要有绣花般的卓越心，要像绣花般用好一根针。上海必须在基本公共服务的基础上着力提供"高等级公共服务"；日常的城市管理，则应从精细化中体现人文关怀，让市民感受到"温度"。

1 月 27 日，上海政协十三届一次会议闭幕会上，"要给锐意改革、敢于担当者更多包容理解，给大胆探索、勇于创新者更多激励支持，让城市的每个人真切感受到，在上海这片改革开放的热土上，可以大胆去闯、放手去干，上海需要改革创新者，上海也能成就有志者的梦想。"李强书记话音落下，台下，掌声不绝。

"提高站位，面向全球、面向未来，对标国际最高标准、最好水平，建设卓越的全球城市和社会主义现代化国际大都市。经过若干年努力，使上海在世界城市体系中占有更重要的地位，更好地代表国家参与全球合作与竞争，也要在城市建设和治理中充分展示作为排头兵、先行者的创造性。"李强书记如是说。

的确，40年改革开放把上海带上了新高度，而此时，推进改革开放"不能有'中场休息'，也不能搞'技术暂停'"。

新时代把改革开放推向纵深，上海需要有新的突破和超越，需要有新的思想解放，更需要有坚强的意志和定力。上海不仅是上海的上海，更是长三角的上海，是中国的上海，是世界的上海！上海，理应有这样的雄心和信心！

金煜纯 韩庆 唐小丽 王文娟
人民网上海频道

上海徐汇：解决了实际问题 热乎了干群关系

点 评 **曾燕波**
上海社会科学院·社会学研究所研究员

文章生动阐述了大调研工作从顶层设计到工作安排，从实实在在的调研再到为群众及时解决问题。首先，对大调研工作制定有效细致的工作程序，开发"徐汇调研云"平台，实现了信息采集、工作台账以及问题流转功能。其次，本着"啃骨头"的决心，及时解决发现的问题。徐汇区在大调研过程中，对关乎城区安全、群众切身利益的问题，能够即知即改，通过对5.5万条问题建议的进一步梳理，初步汇总形成11个方面，聚焦到76个重点问题，家门口的问题就地解决，政策类的问题拾遗补缺。最后，调研工作锻炼了干部队伍，拉近了干群关系。大调研为机关干部了解新知识、新技术、新业态、新模式提供了契机，听到了平时"听不到"的声音，体会到公务人员的责任。徐汇干部坚持从细处着手，转变作风，做到"研究真问题，真研究问题"，得到群众的信任。然而，工作有分工，全员参与大调研也应因人而有侧重，才能真正提高工作效率。应该说，以大调研为抓手的深入群众、为群众办实事的举措取得了实效，希望如徐汇干部所说的：持续改进工作作风，把深入群众、走进企业、发现问题、解决问题变成常态，响应群众呼声，实实在在解决群众"急难愁"问题。

案 例 **上海徐汇：解决了实际问题 热乎了干群关系**
人民网上海频道 2018 年 4 月 19 日

酱蛋 1 元 / 个；肉包、菜包、豆沙包，1.5 元 / 个；粢饭糕 2 元 / 块……近日，徐汇区湖南街道辖区里，性价比满分的早餐，广受社区居民的追捧，试营业首日就排起了长队，"平价、卫生，米道又赞，而且用餐环境也绝对'高大上'。"

湖南街道早餐点　徐汇区供图

说起这"四大金刚"的来历，还要从大调研讲起。梧桐树、面包房、咖啡馆，衡复历史文化风貌区给人安静、文艺、恬适的感觉，充满小资情调。但生活在这里的居民却说，精致洋气的风貌区少了一丝"烟火气"。原来，居民们被"早餐难觅"困扰着，想吃顿地道的上海早饭也会感觉心累，"因为想吃传统早餐要跑很远的路。"在大调研过程中，湖南街道收到了 32 条居民关于买早餐不方便及相关生活配套的问题和建议。

民众有"需求"，市场有"缺位"，政府就要"补位"。湖南街道充分挖掘资源，进行统筹，于湖南路 298 弄 2 号"邻里汇"推出了便民早餐。如今，这里不仅遍布最具人气的"网红咖啡"，还有了最具"烟火气"的"四大金刚"。家住附近的居民高兴地说："这些都是地地道道的美食，是阿拉最欢喜吃的，经济实惠，符合我们老百姓的生活需求。"

"顶层"设计强有力 "底层"细节更清晰

"徐汇的大调研工作，我们的做法概括起来说，就是在市委'两个全覆盖'工作要求的基础上，进一步明确'三全两覆盖'（全面摸底、全员参与、全程留痕，调研主体全覆盖、调研对象全覆盖）和'面对面走访为主'的两条基本工作原则。"徐汇区大调研办公室副主任周晨蔚在接受记者采访时介绍道，"全区设产业经济、社会发展、社区治理三大调研部，66 个机关处级单位被划分到各调研部并建立大调研工作专班，调研对象覆盖全区 5 万余家企业、2300 多家法人事业单位和 44.5 万户居民，努力做到无盲区、零空白。"

谈起徐汇的大调研工作，周晨蔚可谓如数家珍，一串串数字，于她而言，已是烂熟于心。了解下来，徐汇的大调研充分体现出"精细"二字。

"精细"到什么地步呢？举几个例子说明一下。

在大调研开始之初，徐汇组织了 5 场大规模的培训，务必让所有参与调研的工作人员都能够选择一场参加，培训会上，除了调研办介绍整体方案之外，专业部门还要针对专业问题进行讲解。会后，给每位参加

培训的人员发放资料以及政策服务包。

全区各部门、各街镇归口至 3 个调研部，机关干部全员参与、统一配工作证，工作证上附有二维码，通过手机扫描可为调研主体和对象提供基础政策服务包。

徐汇区自行开发建设了"徐汇调研云"平台，实现了信息采集、工作台账以及问题流转功能，如何操作，也要进行培训，而且是技术送上门服务，不仅精细，速度也要快，三天内，关于"调研云"系统的操作手法，13 个街镇全部培训完毕。

对于一些重要的调研主体实行提前预约制，确定有区领导参加的，遇到对方突然改变行程或时间，而区领导的时间也难以调整怎么办？徐汇区专门为此设置了 A、B 角，万一原定参与调研的领导走不开，由同级别的 B 角领导顶上去。

上门调研时，着装要大方整洁，尽量不穿制服（比如公安、工商等部门的服装，容易引起周边群众误会的，尽量避免）。到居民家中调研，要自备鞋套，针对年轻白领等社区居民的作息特点，尽量选择晚上或周末时间，确保敲开门，见到人……

截至 4 月初，徐汇区已调研走访各类企业 1 万家、社区居民 29 万户，收集问题 3.5 万个、建议 2 万条。

下定决心"啃骨头" 解决问题有"高招"

大调研的过程，是不断发现问题、深入分析问题、设法解决问题的过程，通过踏实的工作、扎实的举措、务实的成效，让企业和群众有实实在在的获得感，真正取信于民。

徐汇区在大调研过程中，对关乎城区安全、群众切身利益的问题，能够即知即改，马上就办。湖南街道针对社区服务品质低、门类少、资源散的问题，在"邻里汇"的基础推出早餐服务，真正成为居民家门口的大客厅；漕河泾街道内外兼修，加强小区内部管理、改装电子门禁，与周边单位共享停车资源、错时停车，有效解决了小区停车难问题。而短期无法解决的问题，做好解释，尽力而为、量力而行，争取企业和群众的理解。康健街道在调研中发现，老旧小区的高大树木给居民生活带来了诸多不便，但由于一些客观原因，暂时无法修剪和迁移这些"扰民树"，街道及时宣传政策，指导业委会开展意见征询，按照规定程序消除安全隐患，获得小区居民点赞。目前，全区已解决或答复的问题、建议为 2.3 万个，占全部问题的 42%。

最近一段时间，不少市民发现，位于淮海中路上的武康大楼变样了！原来大楼周边满天的"蜘蛛网"消失了，远观大楼，清清爽爽，"颜值"瞬间提高不少。这个变化，大调研工作的开展，可谓是功不可没。

武康大楼　徐汇区供图

"蜘蛛网"入地，难度究竟有多大？徐汇区建交委党工委书记、主任罗鹏翀表示：精细化管理工作"四场攻坚战"，最难啃的骨头就是架空线入地，尤其是风貌区的架空线入地，它就好像是在跳动的心脏上动手术。对此，徐汇制定了架空线入地及合杆整治三年行动计划，计划 3 年内启动 57 条道路，开展约 66 公里架空线入地及合杆整治工作，力争内环线内架空线入地率达到 80% 以上。

在徐汇区行政服务中心大厅里，记者见到了机器人"徐小智"和"徐小递"。咨询引导机器人"徐小智"能够通过语音识别、语义分析等技术不厌其烦地回答办事流程、窗口位置等常见问题；资料运输机器人"徐小递"会自己坐电梯每日运送材料 20 余趟，为窗口人员每天减少近 4 小时的"跑腿"时间。工作人员介绍说，在出入境办理大厅，还有他们的一位兄弟叫"徐小境"，"徐小境"是政策咨询机器人，负责引导办理护照等业务。三位"机器人同事"，已成为办理大厅的"小明星"。

徐汇区行政服务中心大厅多了三个智能机器人的身影 徐汇区供图

"这也是大调研的成果之一，"周晨蔚介绍道，"不少市民反映到行政服务中心办事等候时间长，人工智能技术的运用，不仅节省了时间，而且给大家带来耳目一新的办事体验。"

徐汇区通过对 5.5 万条问题建议的进一步梳理，初步汇总形成 11 个方面，聚焦到 76 个重点问题，综合分析后区分四种类型，边调研、边解决、边研究。家门口的问题就地解决，政策类的问题拾遗补缺，"三跨问题"加强联动，重点难点问题专题调研。

转变作风有温度　干群关系更热乎

"要实现三个转变，彰显人民公仆的本色。"周晨蔚说，"这场大调研，我们坚持细处着手，转变作风，体现调研的'温度'。"

从被动到主动，作风观念在转变。大规模、高频度、全动员的调研走访，对机关干部提出全新的要求。大调研之初，既有没时间、没底气、没信心的心态，也有走不下去、看不到问题、听不得批评的顾虑。经过一段时间的亲身实践，在一次次走进社区园区，一次次拜群众为师的过程中，机关干部的观念作风不断改变，"今天到哪家企业去了"、"调研发现了什么新情况"，已成为机关干部见面问候的流行语，下基层调研逐渐形成氛围。

从疏离到交心，干群情感在加深。大调研拉近了干部与企业、群众的心理距离，增强了干群之间的情感纽带，听到了平时"听不到"的声音，发现了容易被忽视的"沉默群体"，体会到公务人员肩头沉甸甸的责任，一位 80 后干部在调研心得中写道："群众是认认真真在和我们说话，我们也要认认真真地回答，信任不可辜负。"凌云街道"以雪为令"，全体干部提前上班启动大调研，清晨进小区扫雪、为居民"开道"，排查防寒防冻安全隐患，用实实在在的举措赢得群众点赞。广大干部在倾听群众意见建议中，感受到满满的正能量。

从闭关到熟知，发展信心在增强。大调研为机关干部了解新知识、新技术、新业态、新模式提供了契机，在最贴近市场和社会的地方，感受到了经济社会发展的脉搏，看到产业变革的前沿动态、社区治理的生动经验。一些年轻的"三门干部"，通过调研，理性和感性认识相互印证，信息更加全面，心里也就更有底气。一位 90 后干部在微信朋友圈中写道，老干部的成熟经验替代不了年轻干部的亲身体验，我们年轻公务员只有在调研中吃过"闭门羹"、见过"冷面孔"，才能补好群众路线这门课。

方世忠区长在走访调研 徐汇区供图

"开展大调研大走访，我体会要始终坚守两句话：研究真问题，真研究问题。"徐汇区区长方世忠在调研手记中写道，研究真问题，就是要俯下身子、沉下心去，深入一线倾听群众声音，发现真实需求，找到真正问题。真研究问题，就是要把调查研究当作手段和方法，把解决问题作为目的和根本，响应群众呼声，实实在在解决群众"急难愁"问题。

喜欢"行走式办公"的方世忠，曾在40度高温的一个双休日，跑了辖区里13个街镇的20多个小区。不打招呼，不要陪同，只是为了更直观地了解区情民意，获取居民群众的第一手信息。"群众感受是政府服务管理的指南针，也是政府工作成效的丈量尺。"方世忠表示，"在大调研和大走访中，把群众感受当作最好的尺子，用这把尺子丈量我们的真心，衡量我们的用心，考量我们的专心。只有这样，才能把实事办得更实，把好事办得更好。"

在这场大调研中，徐汇区区委书记鲍炳章的态度是，不作安排、不看"盆景"，倾听真声音、了解真情况、发现真需求。困难党员群众是真正"沉默的少数"，往往缺乏反映困难的条件，平常听不到他们的声音，很容易被忽视。鲍炳章到徐家汇街道南丹小区看望了身患重病、不能说话的困难党员徐世钧，通过家属了解家里医疗开支的情况，老阿姨特别提到："小区综合治理打通了生命通道，现在救护车开进小区畅通无阻，这对于我们这样的家庭来说真的是一件大好事！"

鲍炳章书记在走访调研　徐汇区供图

鲍炳章说："南丹小区是我们城区实现精细化管理的成功实践案例，综合治理后的实用性和可复制性都很强，现在看来居民的满意度也很高。"并提出，要再加把劲，软硬要兼施，小区"硬治理"要保证，但像南丹平安志愿服务队这样的小区居民自治的"软治理"也要同步发展。对"沉默的少数"，要尽全力提供帮助和关怀，让困难群体真正感受到政府的人文温度。

目前，大调研工作依然在如火如荼开展中。徐汇干部纷纷表示，大调研"永远在路上"，将持续改进工作作风，把深入群众、走进企业、发现问题、解决问题变成常态。

唐小丽

人民网上海频道

党建引领美好生活　上海社区举办首届"美好论坛"

点　评　**程福财**
上海社会科学院·社会学研究所研究员

习近平总书记明确指出，"人民对美好生活的向往"是我们党的奋斗目标。党的十八大以来，上海各级党组织与各级政府努力通过观念创新、制度创新、基础设施建设、精细化管理与人性化服务，千方百计创造条件让市民过上美好生活，在实践中取得了许多卓越成绩。今天的上海，不仅已经成为全国改革开放、创新发展的排头兵，也已经成为高品质生活的文明之都，成为国内外年轻人趋之若鹜的魔幻之都。另一方面，必须承认的是，民众对生活的需求是多元化的，对美好生活的定义亦有差异。党和政府有效回应每一位市民对美好生活的需求的能力，还有待进一步提升。

在这样的形势下，浦东新区周家渡街道党工委与上海市委党校、人民网上海频道联合组织的"美好论坛"显得格外有价值。它不仅充分展示了三方对党建引领下共建共治共享的美好社区生活愿景的真切追求，也为基层党政部门、专家学者、社区实务工作者等搭建了一个高层次的对话平台。在这个平台上，美好生活是众人聚焦的唯一主题词，政策制定者、实践者与学术界一起总结达成美好生活的经验与模式，一起认真描绘更好地达成美好生活的路线图。在"美好论坛"上，思想观点与实务经验碰撞，实践总结与理论前瞻交汇，为城市基层党建和社会治理开拓了视野，拓展了思路。我们期待上海基层社区举办的"美好论坛"，不仅能为基层党建、基层社会治理带来更美好可行的理论成果，也将为市民过上美好生活带来更多的实践策略。

案例 党建引领美好生活　上海社区举办首届"美好论坛"

人民网上海频道 2018 年 8 月 8 日

"有风有雨是常态，风雨无阻是心态，风雨兼程是状态。今天的中国，正经历成长的风雨。'莫听穿林打叶声，何妨吟啸且徐行'，无论什么样的风雨，都无法阻挡中国人民奔向美好生活的脚步。"8 月 8 日，人民日报头版刊发了题为《风雨无阻创造美好生活》的文章。

周家渡街道作为国际化大都市里的基层社区，如何发挥党建的引领作用创造美好生活？ 8 日，由浦东新区周家渡街道联合上海市委党校社会教研部、人民网上海频道举办的第一届基层"美好论坛"在周家渡社区文化中心举办。论坛主题为"聚焦组织力：党建引领美好社区生活"，这是一次创新之举、一次头脑风暴，更是一次党建引领为民服务的精神大餐。

今年年初，周家渡街道党工委、办事处按照"目标导向、问题导向、效果导向"的原则，提出了以"五美五好"为总体布局的"美好周家渡"发展规划，以厚植发展优势赢得发展主动，实现超越式发展，着力打造美好生活先行区。从提出建设"美好周家渡"目标，到确定"五美五好"具体标准、以"美好党建360"引领美好社区建设，再到先期建设美好社区样板示范区，周家渡街道不断在实践中探索现代化大都市老城区社会治理的创新之路。

与会代表为"美好论坛"揭牌　周家渡街道办事处供图

上海市浦东新区周家渡街道党工委书记、人大工委主任张安平　周家渡街道办事处供图

　　"'美好论坛'是一个对话交流的平台，让理论、实务、媒体等各界人士在这个平台上交流思想、共享经验；是一个理论与实践结合的重要平台，让理论专家与实践者互相学习、碰撞智慧，找到理论与实践结合的有效路径；是创新社会治理的重要载体，让社会治理的新理念、新经验、新问题在这个平台上共同探讨、集思广益。"上海市浦东新区周家渡街道党工委书记、人大工委主任张安平表示，"美好论坛"不仅是加强基层党组织组织力建设的重要阵地，为提升基层党建组织力的途径与方式提供智力支持和实践论证，也是人才培养的重要渠道，通过学习思索、实践锤炼，源源不断地培养出一批又一批的社区工作能人与理论思想大家。

中国纪检监察学院副院长、中共中央党校党建教研部
教授蔡志强　周家渡街道办事处供图

　　研讨会上，中国纪检监察学院副院长、中共中央党校党建教研部教授蔡志强从组织力是新时代党的执政能力的要求、新时代组织力提升面临的一些问题与挑战、提升基层组织力的基本的路径和对策三个方面发表题为《加强基层群众组织力建设的若干思考》的主旨演讲。

　　"核心在支部，专心抓队伍，热心办实事，真心换民心，听群众最想说的话，想群众最关心的问题，办群众最要办的事，做群众最贴心的

上海市居村协会会长、长宁区萍聚工作室理事长朱国萍 周家渡街道办事处供图

人……"上海市居村协会会长、长宁区萍聚工作室理事长朱国萍用自己28 年的居委会总支书记的经历分享着题为"真心换民心"工作经验。接着，无锡青谷营造社理事长边莉君分享题为"社区自组织培力"工作经验。

"家庭小党校提升居民区党建组织力""巧用党建之针、美好楼道""党组织强起来、社区活起来"，随后，周家渡街道云台第二居民区党总支书记陈纯、周家渡街道云台第一居民区党总支书记刘霞、周家渡街道齐河第五居民区党总支书记何超分别做了交流发言。

下一步，"美好论坛"将遵从"创新、发展、前瞻、开放、共享"的核心理念，承担起对话平台、合作载体、智力支持等功能，服务于有关各方研讨问题、交流经验、凝聚共识、筹划思路、宣传展示、推广应用、培养人才等工作，进而为进一步提升区域党组织引领社区治理创新、服务社区居民群众的能力提供新载体，为更好地动员社区党员、社区居民和社区单位等各方力量搭建新平台，为共建共治共享美好社区生活营造浓厚氛围，为增强基层党建组织力和社区治理行动力夯实基础。

上海市委党校副校长、教授曾峻　周家渡街道办事处供图

上海市委党校副校长、教授曾峻表示，"美好论坛"不仅是一个开放式的对话交流、实践检验、理论探索、人才培养、宣传展示的平台，更是营造社区美好生活的"讲习所"。

"美好论坛"现场　周家渡街道办事处供图

王文娟

人民网上海频道

上海宝山"神器"上线，社区通实力圈粉 50 万

点　评　**臧得顺**
上海社会科学院·社会学研究所副研究员

当下的社会，是一个互联网深度融入人们生活、影响人民衣食住行的信息新时代。在这个移动互联的时代大潮中，上海市宝山区的"社区通"，让党建引领的基层社会治理插上了互联网的翅膀，向着智能化的天空越飞越高。

宝山的"社区通"，就是一个以党建为引领、以移动互联网为载体、以居村党组织为核心、以全体城乡居民为主体、以有效凝聚精准服务为特点的智能化治理系统。"社区通"从 2017 年 2 月试运行以来，全区 500 多个

村居全部上线，50多万群众实名加入，是目前国内由政府主导、区域覆盖率最广、活跃度最高的网络共同体。

宝山的"社区通"，网聚的是基层群众，解决的是民生需求。社区公告、党建园地、办事指南、议事厅、左邻右舍、警民直通车、家庭医生、物业之窗、业委连线、公共法律服务、邻里交流、社区服务等12个版块中绝大多数都是社区自治共治版块，"广场变菜园"和"20路公交调整"等事件的及时有效解决，真正体现了"即时反应、线上线下联动、制度保障、工作监督、数据分析研判"工作机制的优势。

宝山的"社区通"，以创新思维破解基层治理困局，实现了信息速递、为民服务，推动了多元主体积极参与社区事务，完善了基层治理架构，是基层政府顺应互联网时代呼唤、创新社会治理模式的创举。

案例 上海宝山"神器"上线，社区通实力圈粉50万
人民日报中央厨房·大江东工作室 2018年8月23日

在移动互联时代，城市基层党组织如何整合资源、服务群众、引领社会？单靠走街串巷，掀锅盖、送红包，未必能孚众望。大江东工作室注意到，上海宝山区推出一款神器——"社区通"党建引领自治共治服务平台，直面基层党建难题，运用互联网思维创新社会治理模式，让"门对门陌生人"变"社区里老熟人"，破解"堵点""难点"，引发新时代基层治理模式新变革。

事关人民满意，决策层高度关注社会治理创新，新路怎么走

大江东工作室发现，"社区通"的出现并不偶然。

习近平总书记2017年在全国"两会"上海团讨论会上指出，"走出

一条符合超大城市特点和规律的社会治理新路子，是关系上海发展的大问题"，"城市管理应该像绣花一样精细"。

在今年召开的上海市委创新社会治理加强基层建设推进大会上，上海市委书记李强指出，认真学习落实习近平总书记关于社会治理的一系列指示要求，从人民群众关心、让人民群众满意的事情做起，把党建引领贯穿始终，在智能化上加快步伐，更好激发社会参与活力，不断增强基层队伍本领，全面构建既井然有序又充满活力的社会治理新格局。

宝山区委书记汪泓在接受大江东工作室采访中，则道破探索推进"社区通"的初衷："随着基层社会治理创新的持续深入，借助信息化技术，拉近党群关系、精准服务民生、建立共治共建共享格局需要破题。"

"社区通"催生"世外桃源" 年轻人秒变"通心粉"

"社区通"神器是怎么发挥作用的？

"芳草鲜美，落英缤纷"，陶渊明描述的"桃花源"，在宝山区庙行镇共康雅苑二居成了现实。在"社区通"，居民金女士提议，将小区的一块荒地，改成公共绿地并取名"世外桃源"，引发热议和投票。居民区党组织迅速行动，"世外桃源"如今已成居民的休闲去处，小小种植园的果实，也成困难家庭和孤老的餐桌美味。更多可喜变化出现在这个经适房、动迁房、廉租房混合的小区：物业费收缴率从75%跃升到95%；更多年轻人加入"社区通"，成为"通心粉"。

去年2月宝山区试运行的"社区通"，在很多村居让党组织实力"圈粉"：全区453个居委、104个村全部上线，50万余名居村民实名加入，覆盖近40万户家庭，解决问题4万余个，是目前国内由政府主导、区域覆盖率最广、活跃度最高的网络共同体，在上海奉贤以及山东东营市也得到推广。

共康雅苑二居荒地改造前　宝山区供图

如今荒地变身"世外桃源"　宝山区供图

且给"社区通"编个名词解释：一个以党建为引领、以移动互联网为载体、以居村党组织为核心、以全体城乡居民为主体、以有效凝聚精准服务为特点的智能化治理系统。

宝山区委副书记周志军说，"社区通"是社情民意的显示器、问题解决的推进器、基层组织力的放大器，"看一个平台有没有持久的生命力，关键看能不能真正为老百姓解决问题。"

宝山区供图

"挖井要问喝水人"，社区通将水火不容，秒变成水乳交融

古筝老师练琴到深夜备战比赛，楼上孩子即将高考……张庙街道呼玛二村一位家长在"社区通"反映后，居委干部立即联系双方，沟通后请古筝老师到社区"公共客厅"练琴，老师还表示愿意为社区义务提供古筝教学。社区趁热打铁，在"社区通"发布古筝公益班招募通知，居民报名踊跃。

水火不容，就这样成了水乳交融。

罗店镇宝欣苑八村的冯女士因共用防盗门锁损坏，与邻居口角，争执推搡中，她丈夫不慎摔成脚趾骨折。如何从法律上解决纠纷？她在"社区通"公告中看到"法律之窗"开通，便点开看到新法速递、热点难点法律咨询等内容，便赶紧发布需求。没想到平台立即回应。她接受了"法律之窗"尹律师的建议，在调解干部和社区民警共同参与下，与邻居自愿达成调解协议，"小窗口解决了我的大问题"。

每天每时，这就是"社区通"的日常，呼吁和请求秒获回应，让社区温暖如家。

以基层治理需求为导向，"社区通"设立社区公告、党建园地、办事指南、议事厅、左邻右舍、警民直通车、家庭医生、物业之窗、业委连线、公共法律服务、邻里交流、社区服务等版块，今年初还开设了"宝山大调研"版块。针对农村特点，开设村务公开、乡愁乡音版块。每个小区设置独立二维码，居村民只要微信扫码，经实名认证，即可注册成为用户。

"做书记这么多年，很深的感受是，做什么事情不能自己拍脑袋，'挖井要问喝水人'。过去听居民意见的渠道不很畅通，有了'社区通'完全不一样了。"共康雅苑二居党支部书记戴建国认为，"社区通"是服务居民、治理小区的利器。

"不等群众打电话，直接倾听心里话"，工作效率大大提高

"社区通"背后，是一个强大的工作支撑体系，一个"不等群众打电话，直接倾听心里话"的服务平台，让反映的问题得到及时有效的回应和解决。

吴淞街道吴淞新城的周女士发布了题为"广场变菜园"的帖子，指出广场有人私自种菜毁绿。党总支书记第一时间回复，迅即与城管中队、街道网格化中心、物业公司联系，集中整治。第二天，被损坏的绿化带便恢复原貌。周女士说："我发帖只想试一试，没想到居委会这么给力！"

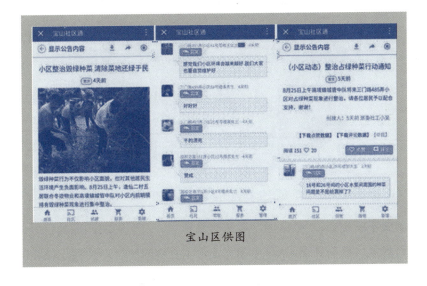

宝山区供图

庙行镇居民在"社区通"呼吁，希望调整宝山 20 路公交运行时间，解决出行难题。区、街镇两级上下联动，新春首个工作日，区委书记汪泓带队现场办公、督促落实。两周后，20 路新班次开通，沿线居民拍手称好。

类似"广场变菜园"和"20 路公交调整"的故事层出不穷。正是得益于完备的工作支撑系统——在区层面成立领导小组，建立联席会议制度，构建三级联动工作体系；制定"社区通"相关配套制度；形成"即时反应、线上线下联动、制度保障、工作监督、数据分析研判"等工作机制。推进问题分层处置，自治共治能解决的由居村解决；超出居村范畴的上报街镇解决；历史遗留问题约请职能部门解决；难以解决的 9+X 问题纳入网格化平台解决。同时定期开展大数据分析研判，找准重点热点，精准施策。

互联网还弥补了现实社区功能不足的部分。去年夏天，有居民在"社区通"报送两起老人走失，杨行镇富锦苑居委会走失的老人患有阿尔茨海默病，信息快速扩散，调动了周遭居民"眼线"，不到两小时老人就找到了。

民警借助"社区通"促成老人和家人重新团聚　宝山区供图

随着不断圈粉，"社区通"收集居民需求、及时解决问题的巨大能量也不断释放，已获评 2017 年中国（上海）社会治理创新实践十佳案例。

党员"亮身份"，党组织零距离，群众需求才能"高亮"

"'社区通'让我们多了眼和嘴、手和腿，让群众需求从'隐性'到'显性'。"罗店镇党委副书记汪碧云说。

汪碧云道出基层干部服务群众遇到的堵点、难点。当人们的互动社交从线下转移到线上，生活的自主多元以及私密性增加，仅靠"敲百家门"化解矛盾、服务群众已力不从心，群众不知情更不领情。

有了"社区通"，居村党组织让群众随时随地"看得见、找得到、叫得应"。社区党组织、党员和群众心声在网上交织，从"你我"变成"我们"。

在吴淞新城，楼道和小区停车位有很多废弃多年的自行车，影响小区"颜值"。怎么办？居委和物业通过"社区通"开展"僵尸"自行车换领生活用品的"绿色当铺"活动，响应者众。党总支将回收的"僵尸车"拆分后装点护栏，招募志愿者涂上色彩，彩绘自行车护栏成为一道别样的风景线。

吴淞新城小区里的自行车护栏　宝山区供图

"社区通"专设的"党建园地"版块，设置"党员亮身份"功能，亮身份的党员用户名后面，会出现一面醒目的小党旗。

杨行镇天馨花园党组织在社区通开展"七彩微心愿、点亮微梦想"活动，党员踊跃参与，把困难群众提出的 80 多个微心愿一抢而空。有党员说，平时没什么时间服务小区，现在动动手指就能帮人解决实际困难，很满足。退休党员陆永法主动在"社区通"认领了社区微公益项目"整治共享单车"，和其他志愿者一同把近百辆单车移到小区外有序摆放。

一面面飘起的党旗，让社区居民看到近在咫尺的党员形象，亲切而温暖。

以改革思维激励社区自治共治，自下而上议事成为新常态

"社区通"以改革思维破解基层治理困局，实现了信息速递、为民服务，还连通多元主体，完善基层治理架构。

过去，社区公约写在纸上、说在会上、挂在墙上。借助"社区通"，社区公约是居民提出、共同讨论、表决形成，群众愿意自觉遵守和维护。

去年 4 月 24 日，月浦镇宝月尚园居民区在"社区通"发起《宝月尚园社区居民自治公约》议事规则投票活动，近千人参与，最终形成公约。宝山各社区建立了"提出议题—把关筛选—开展协商—形成项目—推动实施—效果评估—建立公约"的操作链，让自下而上提出议题、形成公约成为常态，包括上班族在内的社区群众广泛参与社区事务，社区自治共治广度和深度前所未有。

两年前，罗店镇琥珀郡园初次组建业委会，遭到年轻业主反对，认为组建工作不透明，有暗箱操作嫌疑。2017 年，业委会组建工作再次启动，组建意义、相关政策、工作流程、候选人情况等信息，全程通过"社区通"发布，取得业主的信任，业委会终于顺利组建。借鉴琥珀郡园做法，一批居民区正通过"社区通"推进业委会换届工作。

"社区通"营造了一个真实可信、民主协商、互助友爱的网上家园，

网络上有温情，社区里有温度。更可喜的是，还吸引了越来越多年轻人参与社区治理，50 岁以下群体上线占比达 59%。

连日调研，东哥东姐不禁为"社区通"大大点赞——宝山不仅在运用互联网思维进行社会治理模式创新上蹚出新路，更借助这款"神器"拓展了基层社会治理的"新空间"，构建了思想政治工作的"新阵地"，开辟了精准服务群众的"新渠道"，健全了社区多元参与的"新机制"，真正连通了党心民心。

轩召强 励漪

人民网上海频道 人民日报社

上海市黄浦区淮海中路街道：以商务楼宇社区为平台　探索新时代城市基层党建新路径

点　评　**曾燕波**
上海社会科学院·社会学研究所研究员

当前，城市深度发展，城市空间改造升级迅速，作为全球城市的上海，楼宇经济已成为上海经济社会发展的重要支撑。楼宇党建不仅是城市基层党建的一个新领域，而且也是基层党建符合城市深化和城市发展的新趋势。上海市黄浦区淮海中路街道在繁华的市中心，既有旧区，更有商务楼宇。他们面临的主要问题是：居民区党员年龄老化，商务楼宇"两新"党组织尤其是在外资企业党建工作边缘化，社区与商务楼宇之间、楼宇与楼宇之间资源共享和深度融合不够。然而，淮海中路街道是商业商务的集聚地、时尚休闲的生活地和特色文化的展示地，有党的"一大"会址，党建工作资源十分丰厚，在长期的实践中也形成了一系列的党建品牌和工作经验：以商务楼宇社区为依托，以公共管理、公共服务、公共安全为主要内容，搭建治理载体、构造服务平台，推动"居民区党建""两新组织党建""区域化党建"等各领域党建融合发展。街道依托楼宇社区平台，有力整合了片区网格的党建群团资源，有效实现了对城市基层党建的全覆盖，推进了基层党建的规范化、精准化。总之，淮海中路街道以"楼宇经济—楼宇社区—社区治理"为基石构建基层党建联合体，形成以"楼宇＋社区"为党建平台的城市基层党建新格局，走出了一条新时代超大城市基层党建新路径，形成了一系列可复制可推广的经验与做法。在今后的工作中，党建工作全覆盖是前提，重点工作重点抓是根本，着力打造中心城区党建工作的精品。

案 例 **上海市黄浦区淮海中路街道：以商务楼宇社区为平台　探索新时代城市基层党建新路径**
人民网中国共产党新闻网 2018 年 10 月 31 日

　　作为全球城市的上海，高楼大厦林立，是众多大型商务楼宇的集聚地，楼宇经济已成为上海经济社会发展的重要支撑。淮海中路街道借鉴居民社区的理念和治理经验，探索以商务楼宇和功能片区为治理单位，打造楼宇社区党建新架构，创新楼宇社区党建新方法，努力扩大党在城市基层的组织覆盖和工作覆盖，增强基层党组织的政治功能和服务功能，提升党领导城市基层社会治理的能力。现就相关调研及实践情况汇总如下：

一、背景和起因

　　淮海中路街道处于黄浦高端服务业发展的核心地带，因淮海中路而得名。街道"四地特色"明显，即：党的"一大"会址所在地、商业商务的集聚地、时尚休闲的生活地和特色文化的展示地。辖区拥有世界级商业街区和国际高端商务区，有31幢商务楼宇，100多万平方米的商业、商务办公面积，其中18幢为年税收亿元楼，实际工作人口近10万；同时，"二元结构"特征明显，南部地区仍有近20万平方米的成片二级以下旧里。

党的一大会址坐落在淮海街道，历史传承的红色资源丰富；经济繁荣繁华，央企、市企、区企等体制内的组织坚强有力，教育医疗体系、保障完善，为街道党建工作提供了坚实的基础，在长期的实践中也形成了一系列的党建品牌和工作经验。新时代，在新的形势下，在推进城市基层党建方面普遍存在两方面矛盾：一是组织设置与城市经济社会发展不相适应；二是党建责任落实与全面过硬要求还有一定差距。具体表现在"老、弱、散"三个方面：一是体现在居民区层面是"老"：居民区存在党员年龄老化，工作活力不足，工作后劲乏力。二是体现在商务楼宇层面是"弱"：商务楼宇企业主动做党建的内生动力不足，"两新"党组织（尤其是在外资企业）"弱化、虚化、边缘化"，"两新"组织党员身份意识弱化、主动性积极性不强等现象依然存在。三是体现在基层党建组织力方面是"散"：社区与商务楼宇之间、楼宇与楼宇之间、企业与企业之间，相互服务、资源共享、自我管理还缺少机制化常态化平台；居民区党建、"两新"组织党建、区域化党建"三建"深度融合还缺少有效的"黏合剂"。

商务楼宇，作为城市发展和城市空间改造升级而出现的新型产业、经济或空间形态，是新型的城市聚落生态。商务楼宇既因为天然的地缘业缘关系而成为"垂直的社区"，又因为作为相对独立的功能单元而成为"治理的社区"，这就是楼宇社区。但过去楼宇服务中，往往只注重经济效益，而忽视了其社会属性。如何兼顾楼宇社区的双重属性，更好地服务和凝聚楼宇人群，回应楼宇社区居民的诉求，打通楼宇内部企业之间、楼宇与楼宇之间、楼宇社区与居民社区之间的融合渠道，成为街道需要迫切解决的治理难题。

二、创新与措施

淮海中路街道按照社区理念和社区治理的基本思路，出台《新时代商务楼宇党建工作行动方案》等文件，以商务楼宇社区为依托，以公共管理、公共服务、公共安全为主要内容，搭建治理载体、构造服务平台，通过楼宇社区党建工作，巩固党在城市的执政基础，服务区域发展和广大群众，推动"居民区党建""两新组织党建""区域化党建"等各领域党建融合发展，从而为高质量发展和高品质生活提供坚强的组织保障。

（一）创新楼宇社区党建架构：片区"小网格"助推党建"大格局"

一是科学划党建分片区网格，推动区域化基层党建格局形成。街道根据商务楼宇性质特点和分布情况，将辖区划分为3个功能片区和5个责任网格，街道处级领导分领责任片区，机关干部联系居委、楼宇分组，加强统筹协调，推进党建责任网格与城市管理网格相对接，在片区和网格内统筹设置基层党组织，统一管理基层党员，形成以街道党工委为核心、楼宇社区党组织为基础、其他基层党组织为结点的区域化和网格化的党建工作体系。

二是以党建"小网格"为基础，创新楼宇社区党建组织架构。街道在东、中、西三个功能片区分别建立"片区联合党委"，标志性楼宇建立"楼宇联合党委"，其他楼宇建立"楼宇党建促进会"。片区或楼宇联合党委由街道社区党委提名，街道党工委任命产生；"楼宇党建促进会"实行轮值召集人制度，一般由楼宇业主或物业单位党员负责人担任。片区和楼宇党组织负责统筹本片区各类社会资源，凝聚各类党组织，领导、管理、监督本片区党建工作。

三是以党建联席会议为平台，助推楼宇社区党建"大格局"。在"市—区—街道—（楼宇）社区"四级联动的城市基层党建工作体系中，街道充分发挥"轴心"作用，通过区域化党建联席会议，下设社会治理、民生保障、社区公益、文化体育、经济服务等 5 个专门委员会，并依照功能和责任片区的划分要求，将这些职能分解下沉各个片区、楼宇，优化组织设置，完善工作机制，加强分类指导，以片区或楼宇党建助推城市基层党建"大格局"。

（二）创新楼宇社区治理框架：变单一"经济体"为综合"社会体"

一是以"楼宇党建"为引领，打造利益、责任和命运共同体。街道按照"党建引领、面向企业、服务员工、社企共建、商务共管"的思路创造性地构建集"三公"职能与社区治理于一身的"商务楼宇社区"。促进街道与楼宇、楼宇与社区、楼宇与企业，以及楼宇间、企业间的互动交流沟通，达到"楼宇党建"引领人、"楼宇网络"组织人、"楼宇服务"吸引人、"楼宇活动"凝聚人，形成"楼宇＋社区"的生活共同体和利益共同体。

二是"一委一会"联动融合，打造楼宇社区治理新框架。街道积极协调区相关职能部门事权下沉，将辖区企事业单位的负责人代表纳入商务楼宇服务管理平台，在片区联合党委牵头指导下，吸纳重点企业负责人代表，"淮海＋伯乐汇"、"企业家恳谈会"、"楼宇物业联席会议"以及"淮海路经济发展促进会"等平台成员代表，成立"企业发展促进会"，与片区联合党委合署办公，着力打造集多元自治共治于一体的楼宇社区治理新框架。

三是"一站多点"立体服务，打造党建管理服务新阵地。街道依托于楼宇产权单位、物业公司、入住单位的资源优势，利用楼宇和驻楼企业"共享空间"，采用"一中心一站多点"的布局模式，服务辐射辖区内所有商务楼宇。"一中心"即党建服务中心，"一站"即企业新天地党建服务站，"多点"即坐落于主要商务楼宇的党群服务联系点，引入党务、政务和社会服务的资源项目和活动平台，构建立体化的党建管理服务工作体系。

（三）创新楼宇社区党建工作机制：从被动等待到主动服务零距离

一是实施党建群团"全岗通"，实现服务精准化。街道在辖区内片区网格科学细分的基础上，明确片区网格员党建、群建、社会建设、统战工作、营商环境等五大职责清单，实行党建（群团）全岗通。动态完善"一企一表、一楼一档"制度，按照组织覆盖情况分类，进行"红、黄、蓝"分色管理。同时，街道按照有活动阵地、有工作队伍、有服务项目、有信息平台、有经费保障的标准，有针对性地打造楼宇社区各类党建平台，完善线下党建阵地。

二是完善党建信息平台，实现党建"智慧化"。街道依托社会治理信息管理系统，搭建党建（群团）全岗通信息平台，实时更新汇总每幢楼宇和每家企业、白领员工以及居民区各类需求和意见建议，推进党建工作信息化智能化工程。同时，街道运用"互联网＋党建"手段，借助街道APP、微信公众号、微信群等手段，将辖区内楼宇、社区、企业和白领有效连接起来，打破传统党建"限时、限地、限人"的束缚，建设线上党建阵地。

三是开发打造"淮海＋"，实现党建品牌化。"淮海＋"是淮海街道党建工作品牌。"淮海＋"有三层寓意：一是谐音淮海家，寓意幸福淮海家；二是加法的"＋"，寓意大数据互联网时代，党建内容和对象不断叠加；三是更佳的意思，寓意通过共同努力，前景更加美好光明，品牌内涵不断丰富。街道针对商务楼宇社区，创造性地开发了诸如"淮海＋伯乐汇""淮海＋六益服务""淮海＋智库"等一系列"淮海＋"党建品牌，推动形成体制内外联动联通协同一体的、区域化网格化立体化的楼宇社区党建新格局。

三、初步成效

（一）合理设置片区网格，有效推进了基层党建的规范化精准化。街道按照城市基层治理网格化的要求，利用区位优势和商务楼宇云集的特征，以商务楼宇社区为依托，将辖区分为若干功能片区和责任网格。同时，通过整合资源、搭建平台、区域统筹、条块联动、分片负责、网格覆盖，将片区或网格打造为城市基层治理的有效单元，努力夯实城市基层党建的治理基础。由于街道在所辖区域合理设置片区网格，合理细化和明确工作责任分工，努力推动需求在网格发现、资源在网格整合、问题在网格解决，有力推进了楼宇社区党建工作的科学化、规范化、精细化和精准化。

（二）创设党建组织框架，有效实现了对城市基层党建的全覆盖。街道依托功能片区、责任网格和商务楼宇，按照"党委建在楼上、建在片区"和"党建＋管理服务"的总体思路，依托市、区、街道和社区各级党务行政资源，统筹协调政府各职能部门事权下沉，将公共管理、公共服务和公共安全等事务分解落实到相应片区、网格，将相应管理服务延伸至楼宇、企业和员工，在城市区域化基层党建新格局中创新楼宇社区党建的组织架构和工作方式，以党建为引领，将楼宇社区打造为公共管理和服务平台，实现了城市基层党建对楼宇社区这一新兴领域从有形覆盖到有效覆盖的转变。

（三）依托楼宇社区平台，有力整合了片区网格的党建群团资源。街道依托楼宇社区这一平台推进城市基层党建的进程中，将楼宇社区视为网格化的治理单元，将楼宇党建视为区域化的党建平台，按照"大党建"的思路，着力打造立体化综合性的党建管理服务阵地。从而打破了各领域党组织的隶属关系界限，打破了各基层条线工作的各自为政状态，将各种不同成分、不同类型、不同隶属和挂靠关系的党组织整合在一起，将党建、群团、统战、管理、服务、优化营商环境等各条线工作整合在一起，使得以楼宇党建为抓手的城市基层党建和基层治理呈现出整体推进的态势。

（四）科学设计党建项目，提升基层党建引领城市基层治理能力。街道"支部＋"党建模式，街道通过整合区域化党建等资源，科学设计党建项目，创造性地开发一系列"淮海＋"党建品牌：为了凝聚外资企业人力资源，打造"淮海＋伯乐汇"；围绕辖区党员群众的集中需求，打造"淮海＋六益服务"品牌；聚焦社区和"两新"组织家庭子女的多元需求，打造"淮海＋幸福暑期夏令营"；为了提升"淮海＋"党建品牌建设，建立"淮海＋智库"专家顾问团，为推进城市基层党建献计献策。街道开发的这些党建品牌，组织联建、队伍联育和项目联办，有效提升了基层党建引领城市基层治理的能力和水平。

四、经验与启示

淮海中路街道按照区域化和网格化的工作思路，以打造楼宇社区为导向，创新楼宇党建工作法，以楼宇党建引领楼宇社区参与城市基层治理，推动城市基层党建工作的优化和完善，形成了一系列可复制可推广的经验与做法，为新时代探索符合城市化特点、趋势和规律的基层党建新路提供了有益的参考。

（一）打造以"楼宇经济—楼宇社区—社区治理"为基石的基层党建联合体。作为城市综合体，商务楼宇既是一种新型的产业或经济形态，又是一种新型的社会聚落形态，同时还孕育着一种新型的城市治理路径。在网格化的城市基层治理和区域化的城市基层党建中，淮海中路街道推进楼宇党建的基本主旨，就是以楼宇为社区，强化党建引领，强化区域融合、智能联通、功能完善和队伍支撑，将楼宇打造为有着共同的利益纽带、责任关联和情感认同以及稳定的工作圈和生活圈的社区共同体，打造为集楼宇经济、楼宇社区、楼宇管理和楼宇服务于一身的治理综合体，打造为集各种类型的党组织于一身的基层党建联合体。

（二）推动形成以"楼宇＋社区"为党建平台的城市基层党建新格局。作为城市基层新兴领域的党建工作，淮海中路街道利用商务楼宇稳定的商务关联、地缘空间、业缘纽带，统筹各类资源，创新管理体系，打造服务平台，来对冲"两新"组织的"不稳定性"和"两新"党员的"高流动性"，构建以楼宇党建引领的集"自治—共治—法治—德治"四治于一体的基层治理新格局。同时，统筹楼宇（工作社区）和居民区（生活社区），通过健全体系、优化机制、强化功能、加强队伍建设和组织保障，统筹各类党建资源，着力形成全区域统筹、多方面联动、各领域融合的，适应城市深化发展的区域化基层党建新格局。

（三）深入把握楼宇社区党建规律，探索新时代超大城市基层党建新路径。在城市深度发展和城市空间改造升级的今天，楼宇党建不仅是城市基层党建的一个新领域，而且也是基层党建符合城市深化和城市发展的新趋势。淮海中路街道始终按照"党组织建在楼上"和"党建引领社区治理""党建服务营商环境"的总体思路，从宏观"规划"思路而不是既定"供给"思路出发，将商务楼宇这一新兴领域作为新型的微观治理单元，纳入城市基层治理网格，将其着力打造为有着共同的利益、责任和情感连带的新型社区，在城市基层区域化党建新格局中积极创新商务楼宇社区党建工作，逐渐走出一条引领城市基层治理、符合城市化要求的基层党建新路。

上海市黄浦区淮海中路街道党工委

人民网中国共产党新闻网

未来已来，就在上海！
比肩全球最高追 AI

点 评 **雷新军**
上海社会科学院·经济研究所副研究员

《未来已来，就在上海！比肩全球最高追 AI》一文用简约诙谐的文字从上海建设具有全球影响力的科技创新中心、市委市政府高度重视 AI 产业发展以及上海发展人工智能优势条件等方面，诠释了在当前人工智能成为新一轮科技革命和产业变革重要驱动力量的大背景下，上海是如何加强领导，做好规划，明确任务，夯实基础，促进自身同经济社会发展深度融合，推动我国新一代人工智能健康发展。

文章在结构上层层递进，不断抓取读者兴趣点。该篇报道以标志性、重量级的人物和单位以及一个个沉甸甸的数据开头，吸睛效果显著。随后通过一系列的自问自答，让读者逐渐明白企业为何选择上海，上海为何选择 AI，AI 为何落地上海，让读者在作者的不断发问下，跟随作者的思路逐渐对上海发展 AI 产业有了更加形象地了解。

文章在内容上，聚焦重点，紧扣热点。准确把握上海近期在发展 AI 产业上的几个大动作，紧密围绕科技创新中心、营造良好营商环境、打响"四个品牌"等近期上海重点推动的热点主题，将上海举办 2018 世界人工智能大会，建设国家人工智能产业发展高地工作放在上海整体城市战略的大环境下来描写，立意较高。

案例 未来已来，就在上海！比肩全球最高追 AI
人民网上海频道 2018 年 9 月 10 日

网上曾经流传，互联网企业不 care 上海，这话，谁信谁就输了。上海金秋向来醉人，今秋先醉的不仅仅是人，还有 AI。

上海浦江两岸美景，左为徐汇滨江，首届世界人工智能大会
将在这里举办。西岸集团供图

全球 **AI** 剑气，不日尽聚沪上。

互联网及人工智能业界中外"大佬"的日程表，最近都标注了同一个地点：上海徐汇。排在"**AI** 琅琊榜"上的成名人物非他们莫属，不仅囊括了马云、马化腾、李彦宏等国内互联网"巨头"，还有谷歌、微软、英伟达等世界知名互联网企业的高管，以及多位诺贝尔奖、图灵奖获得者，包括 **10** 位全球人工智能顶尖科学家、**50** 位中外院士、百位国内外龙头企业 **CEO**、百位青年领军专家、**1000+** 创新企业……

就问你，这场面震撼不震撼！

2018 世界人工智能大会的会议主办方也都是重量级的：国家发展和改革委员会、科学技术部、工业和信息化部、国家互联网信息办公室、中国科学院、中国工程院和上海市人民政府。

世界这么大，为啥 **AI** 大佬都相约上海？

此间奥秘，大江东工作室也在琢磨——云端也是江湖，"论剑"大事必有因果，试为看官一一道来。

对标最高、最新，着眼"关键核心技术"——"建设有全球影响力的科创中心"，上海当仁不让

AI 江湖上早就注意到，马云、马化腾等最近往魔都走动得愈发勤

了。对，还有那个浑身都是奇思异想的美国小子马斯克——这是万"马"奔腾进魔都的节奏？

特斯拉不管不顾地来了，小米、阿里巴巴、蚂蚁金服、腾讯也争先恐后和上海签署合作协议，"超级工厂""创新中心""研发中心"等新项目、新机构不断落地。

企业家都精明着呢，何况是坐拥国际级巨无霸公司的他们，看中魔都，必有慧眼。

无他，能让他们和魔都一拍即合的，唯有共同的追求：最新、最高。

嗅觉灵敏的他们，不可能不注意到，除了"当好全国改革开放排头兵、创新发展先行者"的一贯期待，习近平总书记2013—2017连续五年在全国两会上海团谈话都提到一个高频词"创新"，更特别给上海立了一个军令状：加快向具有全球影响力的科技创新中心进军。

习近平总书记希望上海要抓住时机，瞄准世界科技前沿，全面提升自主创新能力，力争在基础科技领域做出大的创新、在关键核心技术领域取得大的突破。

向来为共和国披坚执锐、有长子之风的上海，心领神会，当仁不让。

"关键核心技术"，这几个字，愈到今天愈显出其沉甸甸的分量；而上海不赚快钱的"迟钝"，以及在"基础科技""核心领域"十年磨一剑的埋头苦干，也愈显其珍贵。

原本就离世界最近的上海，有底气有能力，闻风而动。

上海市委书记李强的话，成了沪上流行语，"对标国际最高标准、国际最好水平"。国内抢人争项目，上海不为，要争就争全球"最高""最好"。上海，不再满足于国内领先，而是定位于"全球卓越"。

上海有条不紊，布局科创中心——落子。

先是推出科创中心建设22条，从人才新政、成果转化、财政科技投入等角度，为科研人员松绑加油，为奇思妙想落地生根开辟"快速通道"。

十九大闭幕不久，又推出《推动新一代人工智能发展的实施意见》，上海市政府与人工智能企业的合作次第展开，全球人工智能深度学习领军企业纷纷落沪。

都叫筑巢引凤，上海的"巢"简直高级到令人目眩。打造国际一流的大科学设施，上海不吝投入。张江综合性国家科学中心的"场效应"，让顶尖科学家近悦远来。比如上海光源，是国际上性能领先的中能第三代同步辐射光源之一，在聚焦基础研究前沿、参与国家重大专项同时，也为能源、环境、材料、物质、地球和生命科学领域的重大科技问题攻坚突破提供研究实验平台。

厚培人才沃土，深耕科创良田。新选"两院"院士公布，上海 13 人当选，沪上院士总数达全国第二。而 2017 年度国家科学技术奖共授予 271 个项目和 9 名科技专家，合计 280 项（人），上海共获得 58 个奖项，占全国授奖总数的 20.7%，连续 16 年保持在两位数获奖比重的上海，更首次突破 20%。

抢人才，那也是抢世界级的。上海首创"中国绿卡"，世界一流科学家纷至沓来。诺奖得主伯纳德·费林加和库尔特·维特里希通过"绿色通

2018 年 4 月，上海市公安局出入境管理局为外籍人才颁发永久居留身份证。上海市公安局出入境管理局供图

道"拿到永久居留身份证，入沪工作。

最近，又推出弹眼落睛的"上海扩大开放100条"。其中汽车、飞机、船舶产业等先进制造业领域，上海在引进外资等方面突破政策限制，特斯拉的超级工厂，便是新政策的率先受益者。

围绕建设"有全球影响力的科创中心"，上海在下一盘很大、很大的棋。

这盘棋能不能下得"活"，走得"稳"，能不能赢得先手，决定的绝不只是上海局部的兴衰起落……

上海AI论剑，市委书记直接发出英雄帖——"更高层次、更高水平"，聪明的科学家、企业家焉能错失良机

走笔至此，AI千里马们，何以纷纷奔来魔都，看官们也该心领神会了。

他们看中的，是决策层对上海"最新""最高"的期许，是上海在未来科创的全球影响力，更是上海新一轮开放中"更高层次、更高水平"所带来的市场机遇。

上海与他们"高度契合"。

上海市委书记李强说过，上海不必再纠结是否错过了"BAT"。但这并不等于上海不要"BAT"，关键是怎么培育吸引未来的"BAT"。

据沪上媒体报道，一直以来，李强密集会见了众多科技企业精英以及多家500强企业巨头。他见过不少民营企业家，尤其"青睐那些机制灵活、创新活力强、理念先进的企业"，最关注互联网、人工智能、集成电路等位居产业前沿、体现国家战略同时上海急需的领域，尤其是一些关键核心技术和前沿技术的研发与应用。招揽项目，则注重寻找地方同企业之间的"共同关切"。

上个月，他和上海市市长应勇紧锣密鼓，先后与小米、阿里、腾讯签署战略合作协议，共同推动智慧零售、智慧城市、政务云等项目落地。

相关报道中，这些词频频出现：打造人工智能高地，推动人工智能创新应用示范区建设，加速"一网通办"政务服务体系建设，推进云计算、大数据、互联网金融服务、智能物流骨干网、跨境电商……

最近，马云、马化腾、雷军等互联网"大佬"来上海走动得越发频繁了，在上海，他们受到了最高礼遇。上海发布

而在李强对马云、马化腾、雷军们的谈话中，更加高频出现的，是这样一些意味深长的话：三家公司不少业务与上海的科技、产业、社会发展方向高度契合。

高度契合，这个用词非比寻常。上海的科技、产业、社会发展方向，有深意存焉。总书记都说好几回了，"当好全国改革开放排头兵，创新发展先行者"——如此举足轻重的上海，和三家民营企业业务"高度契合"？

高度契合的，是科技创新的血性、活力与能力，是用互联网思维，用人工智能等前沿科技，提升城市能级和核心竞争力，助力推动上海走向不败的未来。

7月上旬，上海市委中心组学习会上，就曾专门邀请清华大学国家金融研究院院长朱民来做关于人工智能与产业发展的专题辅导报告。李强听课后说，新一代人工智能正在深刻改变世界，对国家和城市的未来发展至关重要。上海在人工智能领域具有良好基础，要主动求变应变，坚定信心决心，紧紧抓住人工智能这一战略突破口。

自称上海一号"店小二"的市委书记李强，甚至直接发开了"英雄帖"：盛情邀请三家企业积极参与上海将于9月举办的世界人工智能大会。

如此礼遇，企业云胡不喜？云胡不来？

李强的身体力行，给他所倡扬的"店小二精神"打了最响的广告。相信一向以高素质著称的上海各级领导干部，也"心领神会"，齐心营造更好的发展环境、营商环境。

"人工智能"戏份越来越重，近两年连续写入政府工作报告——AI巨头看中上海，上海自有优势

2017年的全国两会，"人工智能"首次被写入政府工作报告。政协委员李彦宏，最早向国家层面提出构建基于人工智能技术的"中国大脑"计划，他认为，政府工作报告提及人工智能的意义与"威力"，堪比6年前首次提出"加强对互联网的利用和管理"，中国互联网从那时起方迈入发展的"高速公路"。

2018年，政府工作报告再次提到"做大做强新兴产业集群，实施大数据发展行动，加强新一代人工智能研发应用……"2017年，人工智能只是一闪而过，今年则单列了以人工智能为核心的重点内容，明显"戏

份更足"。

AI 巨头轻易请不动。国内企业家和上海"高度契合"或能理解，海外大牛为何也"云之君兮纷纷而来下"？

像谷歌全球副总裁杰伊·亚格尼克、麻省理工学院名誉校长埃里克格里姆森、亚马逊 AWS 副总裁斯瓦米、Landing.AI 创始人及 CEO 吴恩达、英伟达高级副总裁比尔·戴利……也齐齐发足疾奔，只为上海徐汇西岸轰动 AI 江湖的那场"论剑"。

上海梦中心是"西岸传媒港"的旗舰项目，离人工智能大会主会场不远，图为梦中心剧场群落效果图。西岸集团供图

上海，值得光顾。

魔都人工智能有多强？上海人低调地吐出了几个词：产业有基础、应用有保障、人才有优势、生态具雏形。

上海市经济和信息化委员会新鲜出炉了《AI@SH 行动报告》，显示中国人工智能产业发展迅速，企业数量仅次于美国，人工智能企业集中分布在北上广深。全球最值得关注的 100 家人工智能企业中，中国有 27 家，腾讯、阿里云、百度、科大讯飞等，已成全球人工智能领域佼佼者，正推动中国建设新一代人工智能开放创新平台。

而这些企业也纷纷"牵手"上海开始布局，比如腾讯将把华东总部落户徐汇滨江，阿里把更多新业务、新技术、新产品、新模式放在上海，科大讯飞更是早已在智慧医疗、智慧教育、智慧法院等诸多领域与上海展开深入合作……

先行者上海，安能缺了人工智能这枚重要砝码？

上海市委、市政府高度重视——把人工智能作为上海建设卓越的全球城市、打响上海"四个品牌"和建设具有全球影响力科创中心的优先战略。

李强强调，要以举办世界人工智能大会为契机，加快推进人工智能深度应用和产业发展，努力打造国家人工智能发展高地，成为全国领先的人工智能创新策源地、应用示范地、产业集聚地和人才高地。

据亿欧智库统计，中国人工智能商业落地的100强企业中，上海拥有22家，人工智能产业规模达700亿元左右，核心企业150多家。上海正筹建的人工智能发展联盟，集聚了超过300家人工智能相关的企业、投融资机构及科研院所。

上海优势呼之欲出，以上海之强，局已布好，AI的发展将会有怎样的想象空间？

向AI业界海外巨头"快递"英雄帖的"店小二"，是上海市经信委主任陈鸣波。

他今年7月在硅谷拜访了谷歌、新思、应用材料、安谋、特斯拉、英特尔、小马智行等企业，邀请人工智能相关企业参加2018世界人工智能大会，得到积极回应。

那么，这场浦江AI论剑，有哪些看点？

高端论坛、应用体验、AI精品展示、创新大赛这四大板块，看官们不妨特别留意应用体验和现场展示。

全球AI哪家强？现场"比剑"分高下。

大会举办地很"奇葩"——龙华直升机场和油罐艺术公园。这样的场地，让AI能从容展示十八般最新武艺。近百家中外企业，将来一场集中式、场景式、浸入式的AI应用体验展示。

想穿越未来？来这里走走就对了，7个"AI+"主题随你挑：

昔日储油罐改建成的油罐艺术公园，
就在人工智能大会主会场附近。西岸集团供图

"AI+ 交通"，体验无人驾驶汽车的"毫秒安全"以及无人机服务"智慧城市"；"AI+ 金融"，体验无人银行、个人理财、智慧风投；"AI+ 零售"，体验无人超市、无人货柜；"AI+ 健康"，与手术机器人、康复机器人、病历阅读等零距离；"AI+ 智造"，走进虚拟可视化工厂、工业智造、智慧家居；"AI+ 教育"，AI 教师告诉你啥是"个性化学习"；"AI+ 服务"分布在场馆各处。你走着走着，可能就会撞见一位 AI，"拔下三根毫毛"，帮你实现异想天开呢！

你还有直接提问、叫板大咖的机会。人工智能是否具备商业道德？AI 用任何人的口气讲任何话，需要惕惧吗？进入国际 AI 市场，咱还要突破几道重围……

9 月 17—19 日，魔都。

未来已来，你来不来？

李泓冰　唐小丽　励漪
人民日报社　人民网上海频道

上海：出台"扩大开放100条" 打造全面开放新高地

点 评　**张晓娣**
上海社会科学院·经济研究所副研究员

　　对外开放是上海最大的特色和优势。40多年来，上海不遗余力地推动"引进来"和"走出去"双向开放，开放型经济取得丰硕成果。目前，中美之间的贸易争端短期态势不明确，全球经济发展进入转换期，中国经济发展的外部环境更加错综复杂，上海也必须继续以加强开放赢得未来。这其中的关键在于，持续优化完善对外开放的制度环境和政策支持体系，明确落实各项政策的具体载体，营造良好投资环境，使各行各业共享开放带来的政策红利，不断增强企业的获得感和幸福感。上海今日出台的"扩大开放 100 条"，正是立足于建立稳定公平、可预期以及法治化、国际化、便利化的营商环境，降低各类交易成本特别是制度性交易成本，为包括外资企业在内的各类市场主体创造更大的发展空间，彰显"上海服务"的辐射带动，进而提升城市核心竞争力，加快构筑新时代上海全面开放的新优势。

上海扩大开放的力度，从微观上看将有助于缓解在沪内外资企业所面临的经营压力和高企的综合商务运营成本，解决企业在投资决策时"不能投、不愿意投、不敢投和往哪儿投"等问题；从宏观上看亦是打造全国投资成本最低、经营环境最优、服务效能最高、创业创新活力充分涌流的发展高地，推动上海代表中国参与国际合作和国际竞争、共赢未来的核心环节。"上海扩大开放 100 条"中有约 1/3 措施将涉及国家层面的协调甚至改革，折射的则是党中央提升整个国家开放水平的决心。

案 例 **上海：出台"扩大开放 100 条" 打造全面开放新高地**
人民网上海频道 2018 年 7 月 12 日

上海，应开放而生、因开放而兴。正是盛夏时节，浦江两岸处处涌动开放的激情与澎湃。

7 月 10 日，作为改革开放排头兵的上海，在扩大开放方面出台重磅方案：《上海市贯彻落实国家进一步扩大开放重大举措加快建立开放型经济新体制行动方案》(简称"上海扩大开放 100 条")，明确在提升上海国际金融中心能级等 5 个方面，出台 100 条举措，对上海下一步扩大开放做出了具体部署。

"100 条"公布当天，地处东海之滨的上海临港，便迎来了有史以来最大的外资制造业项目——规划年产 50 万辆纯电动整车的特斯拉超级工厂在这里落户，这也是上海落实国家部署，加快取消汽车制造行业外资股比以后的首个项目。

7月11日，上海市政府举办发布会解读"100条"。
上海市政府新闻办供图

"坚定不移走开放路是新时代上海发展的必然选择，全市上下要凝聚起新起点上扩大开放的磅礴力量，以改革开放再出发的决心和勇气，全力打造全国新一轮全面开放新高地，努力当好新时代全国改革开放排头兵、创新发展先行者。"在7月10日召开的上海市进一步扩大开放推进大会上，上海市委书记李强这样说。

公布"扩大开放100条"，给企业吃下一颗"定心丸"

今年是改革开放40周年。向外看，经济发展的外部环境趋于复杂多变，不稳定、不确定性加大；对内看，经济结构转型升级的现实需求将长期存在。党中央、国务院审时度势，做出主动向世界开放市场，开启新一轮高水平对外开放的决策部署。4月10日，习近平主席在博鳌论坛开幕式上宣布扩大开放重大举措，并要求"尽快使之落地，宜早不宜迟，宜快不宜慢"。

这些，正是促使上海公布"扩大开放100条"方案的深层次原因和背景。

"开放是上海最大的优势。在新的起点上，上海将坚定不移贯彻中央部署，扩大对外开放，不断创造更全面、更深入、更多元的对外开放格局，建设开放型经济新体制。"7月11日，上海市委常委、常务副市长周波向记者表示。

事实上，这并非近年来上海首次推出对外开放的相关政策和举措。去年4月27日，上海市政府就出台了《关于进一步扩大开放加快构建开放型经济新体制的若干意见》，共计33条。而此次推出"扩大开放100条"行动方案，则进一步加速和拓展了上海扩大开放的步伐与内涵。

"2017年出了'33条'，2018年出了'100条'，这是在目前国际经济形势相对不确定的背景下，能够给企业特别是给外资企业有一个相对确定的预期，形成一个政策相对可预期的未来，从而不断深化上海对外开放的制度环境和政策体系。同时，这是中央对外开放有明确的方向指引之后，上海的工作落实。"在上海市政府副秘书长、市发改委主任马春雷看来，与去年推出的"33条"若干意见相比，这次公布的行动方案"100条"非常具体，针对性更强，"一条管一个项目，或者说一类项目，这样可以使得我们的企业都能够找得到相对应的落实点，更便于操作。"

7月10日，上海市政府和美国特斯拉公司签署合作备忘录。上观新闻供图

早在今年 5 月，美国的金融机构摩根大通就已经提出申请新设一家持股比例为 51% 的全新证券公司，并计划在未来数年内监管允许的条件下将持股比例增至 100%。

就在此次上海出台"100 条"半个月前，国家发改委和商务部公布了《外商投资准入特别管理措施（负面清单）》，对于"上海扩大开放 100 条"，摩根大通中国区 CEO 梁治文格外兴奋并给予高度评价，"中国代表着全球最大的发展机遇之一，中国也是摩根大通在全球发展战略中最重要的市场之一。习近平主席在博鳌论坛提到要进一步扩大金融业开放，明确了下一步工作的具体措施。我们很欣喜地看到，这些充满魄力的改革举措正在逐步落地。"

1/3 为国家扩大开放"探路"，90% 以上年内可实施

值得注意的是，在此次出台的"上海扩大开放 100 条"中，有 34 条需进一步争取国家支持，足足占到全部改革举措的三分之一，这无疑体现了上海对外开放的勇气和决心。

"原则上，我们对国家统一实施的开放政策，争取率先落地项目；对国家统一部署的开放安排，争取先行一步试点；对国家没有条件全面铺开但有战略需要的开放项目，主动争取在沪实施并服务全国；对国家还在探索研究中的开放举措，主动争取压力测试。同时，加快补上具体开放领域的短板弱项。"周波表示，"据初步研究统计，上海 100 条开放举措中，90% 以上可以在年内实施。"

而这也正是此次出台的"100 条"为何是行动方案，而不是实施意见的关键所在，"我们在制定中重点突出'实'字，一是突出国家扩大开放的 4 方面重要举措在上海都有具体的载体支撑，二是突出上海开放型经济基础较好、国际关注度较高的优势，在开放中探索创新突破，探索建立开放型经济新体制。"周波说。

"这也就意味着，结合上海较好的开放型经济基础，上海在建立开放

型经济新体制上，勇当排头兵、敢为先行者的勇气和担当。"上海民营经济研究会副会长、上海社科院研究员汤蕴懿对此予以解读，"上海是中国对外开放最早的窗口，开埠后的近代上海成为远东最繁荣的港口和经济、金融中心；上海也是工业时期中国最重要的经济城市，产业体系最为完备；上海更是改革开放的重镇，浦东开放近30年使得上海形成了外资、国资和民资并重的经济格局。在新一轮经济转型和全球贸易格局中，如果发挥好'码头'和'源头'的双向作用，上海在结合前期自贸区试点的基础上，将更多在关键、难点领域率先突破，既是上海打造'五个中心'，建设全球顶级城市的内生性需求，也为推动国家进一步扩大开放提供了新制度的'试验田'。"

此外，我国的新一轮高水平对外开放举措中，将有不少项目今年内在上海落地。比如，在备受社会关注的进口药品和医疗器械领域，"100条"中就有专门的章节涉及。上海市发改委副主任朱民表示，因为上海有很好的医疗临床包括第三方检测检验、事中事后监管的条件，国家主管部门对上海在相关领域的先行先试给予了充分肯定和大力支持。"我们将在前期充分沟通和理解的基础上，加快启动相关报批程序。"

100条举措聚焦五大领域，突出上海优势和特色

"马斯克：侬好，上海！"这是7月10日晚特斯拉电动车官方公众号推送的一则消息标题，"这可能是特斯拉今年最大的新闻了"。

这家备受全球瞩目、刚刚宣布在上海临港独资建设超级工厂的新能源汽车企业，用自己的独特表达方式，为能够成为上海出台"扩大开放100条"后的首个"吃螃蟹"者而欣喜和兴奋，同时也向外界传递出对未来中国市场的坚定信心。

能够吸引到以特斯拉为代表的重量级外资企业落沪，"100条"行动方案究竟有哪些独到的上海优势和特色？

"100条开放举措中，约三分之一的改革举措为上海独有，例如'一

网通办'、自由贸易账户、上海证交所服务'一带一路'等，体现了上海对外开放先行先试的探索。"周波说。

从整体上看，此次公布的行动方案更具系统性，既体现了服务国家战略的意图，又突出了上海的优势和特色。行动方案聚焦金融业开放合作、构筑更加开放的产业体系、建设知识产权保护高地、打造进口促进新平台、创造一流营商环境等 5 个方面，提出 100 条开放举措。

其中，在"以更大力度开放合作提升上海国际金融中心能级"方面，突出了上海的市场优势和功能特色，包括了金融要素市场和自由贸易账户等优势。比如，"支持境外企业和投资者参与上海证券市场，修改完善发行上市等规则"等。

在"构筑更加开放的现代服务业和先进制造业产业体系"方面，就体现了上海开放的先发优势，如"争取外资新能源汽车项目落地""按照国家部署加快取消汽车行业外资股比限制以及整车厂合资数量等的限制"等。

同时，在"打造更具国际市场影响力的进口促进新平台"方面，就提出"利用办好中国国际进口博览会的契机，推动海关事务担保方式创新、保税展示展销常态化运行等"。在药品、医疗器械、化妆品进口等以及宝玉石交易、跨境电商等领域，体现上海口岸贸易特色和优势。

在优化营商环境方面，方案提出了 10 条具体措施，重点突出上海在外商投资负面清单管理、政务服务"一网通办"和"证照分离"等营商环境改革领域的特色。

"上海'扩大开放 100 条'将按照中央部署推进落实，不涉及中央事权的地方事项自发布之日起立即启动，原则上大部分争取今年三季度落地。行动方案的 5 个方面，都明确了分管领导牵头推进、部门协同的工作机制，将主动争取国家部门的支持，抓紧抓早，成熟一项、推出一项、落实一项，确保高质量落地，发挥扩大开放的最大效益。"周波说。

轩召强

人民网上海频道

魔都打工苏南住
高铁为长三角一体化提速

点 评　**王红霞**
上海社会科学院·经济研究所研究员

　　长三角城际交通条件的大幅改善在不断提升长三角城际交通圈的时间效率。从"铁路时代"到"高铁时代"，长三角地区经历了城际通勤时间从平均3—4小时到平均2小时左右的演进。目前，整个长三角城市群地区已经基本形成"两小时交通圈"。随着高铁运营效率的进一步提升，上海与周边地区的"一小时交通圈"也在加速形成进程中。得益于高铁发展，"魔都打工苏南住"的现象正在愈加普遍，高铁时代带来的同城化效应正在显现。

高铁带来的城市之间交通效率的巨幅提高无疑促进了城市间的人口、资本、物流等要素交流空前活跃，特别是随着上海、南京、杭州等都市城际通勤圈的形成，高铁时代不仅加快了长三角一体化的进程，而且，随着高铁效应带来的人口就业和居住空间模式以及企业布局和商业空间发展模式的变化，上海与周边地区的交流更加便捷、高效，交通条件的改善正在明显缩小区域发展差距。

随着沪宁杭城际快速轨道交通网络的逐步建成，一方面围绕上海中心城市的发展趋势在逐渐加强，另一方面长三角城市群区域的扁平化发展趋势也日益明显。长三角城市群城市功能分工与时空格局正在发生巨大改变，高铁时代正在助推长三角一体化进入高质量发展新阶段。借鉴东京大都市圈发展的经验，可以预测：长三角城市群层次结构将更加明显，未来，以上海为中心的核心圈层将逐渐扩展，包括苏州、南通、无锡、常州、南京、泰州、嘉兴、杭州、宁波、绍兴、湖州，都将融入上海大都市圈，实现同城效应。

案例　魔都打工苏南住　高铁为长三角一体化提速
人民网上海频道 2018 年 6 月 4 日

在长三角，高铁被许多买不起"魔都"房的上班族当"班车"，也在担纲"一日生活圈"的出行重任。记者发现，当坐高铁如乘公交，确实大大提升了不少白领一族的生活品质。

曹怡是无锡人，定居苏州，两年前，她开启了"苏州—上海"的"双城生活"。每天早上 8:10，曹怡离开家赶往苏州园区站；8:28，坐上"复兴号"高铁；8:58，抵达上海站，换乘地铁；9:35，走进位于曹家渡的办公室，开始一天工作……

记者发现，每天在长三角城市之间穿梭，已经成为很多职场人的日常。每月 2000 元左右的高铁通勤费用，比在魔都合租房都便宜太多，生活品质也大大提升。长三角高铁的便捷，使"双城生活"逐渐成为他们

中国铁路上海局集团有限公司供图

的人生标配。

当年，记者最怕坐火车出行，"咣当咣当"速度慢，车厢脏乱差，还经常无座一路站着来回，想想都是一把辛酸泪。而今翻天覆地，不由感叹"年轻人赶上好时光了"。

交通强国，铁路先行　长三角铁路发展驶入"快车道"，"复兴号"再度刷新"大国速度"

杨坚坚，是上海机务段高铁司机。工作 30 余年，从世界上最落后的时速四五十公里的蒸汽机车，到最先进的时速 350 公里的"复兴号"，他都开过。

最初开烧煤的蒸汽机车，一身汗水全身黑，杨坚坚被笑称为"掏炭工"；开烧油的内燃机车，满身油污，被戏称为"油博士"；开电力机车，穿着整洁工装，人称"蓝领"；现在，白色衬衣打领带，开上了"高大上"的高铁列车飞驰，坐在驾驶舱里的他，感觉像足"飞行员"。

1984 年，15 岁的杨坚坚考取浙江金华铁路学校，父亲送他报到，他第一次坐火车，300 多公里的路，开了一整天。"学校好远！"他感慨。

杨坚坚在驾驶舱中工作 中国铁路上海局集团有限公司供图

1987年，杨坚坚刚工作开的是蒸汽机车。没开两年，换成内燃机车，先进多了，没灰，但回了家老婆说他一股柴油味儿。

2004年，中国铁路第五次大提速。杨坚坚开上代号为"跨越"的电力机车往返京沪。"噪音好大，两个司机要讲话都跟吵架似的。"

2007年，他驾驶着运行时速200公里的中国首趟动车组列车，从上海站始发，"噪音没了，瞭望更好，操作简单，速度也更快，司机精神更集中，更安全了。"

2017年，"复兴号"高铁动车组在京沪线上以350公里时速"开跑"，杨坚坚"跑"得更快了。

30年来，杨坚坚亲历了"火车头"巨变：速度从每小时60公里到350公里，从最高牵引1000吨到10000吨重载机车，从一次交路最长开行300公里到3000公里，从燃煤"污染大王"到电能零排放……他成了"大国速度"的见证者。

我国现在是世界上高铁运营里程最长、商业运营速度最快的国家。长三角高铁成网，运能提升，实现多个站点、多个方向开行动车，缓解了区域运力紧张。只要高铁、动车通达的地方，"一票难求"明显缓解。

智能服务，"幸福指数"攀升 指尖购票、"刷脸"进站、高铁外卖，长三角铁路迈入新时代

祁苏兰，来自江苏泗洪农村，初中毕业，很快成家，夫妻躬耕于乡野。

1997 年，20 岁的她向往外面的世界，千里迢迢来上海寻梦，在一家玩具厂做流水线工人。2004 年，上海铁路局首次对外招聘保洁员，她从众多报名者中脱颖而出，成为铁路保洁工。

2007 年，祁苏兰被选拔到沪宁线动车组做保洁，还被提拔为保洁班长。她和姐妹们扮靓列车，总结出"收、掏、扫、刷、擦、整、摆、清、拖、验"保洁"十字作业法"，有效提升了保洁效率。

祁苏兰（中）带领姐妹们学习"十字作业法"
中国铁路上海局集团有限公司供图

2016 年，智能信息化普及，她们认真学习操作引进的抛光机、地毯清洗机、吸尘器、蒸汽机、板壁机等现代化保洁机械，吭哧吭哧的苦劳力变成了轻松操作的操盘手。

2017 年，"复兴号"开行，她带头运用"互联网＋"技术对库保作业进行信息化管理，大大提高保洁管理信息化水平。

"21 年前在田间劳作，我怎么也没想到今天能在中国最繁忙的高铁车站工作，操作最先进的保洁机器，参与具有世界水平的保洁用品研发……"祁苏兰常常会在梦里笑醒。

智能化的岂止是保洁？且听记者掰着指头数一数。

购票方式。2011 年 1 月，12306 铁路售票官网正式运行。微信、支付宝、APP 自主选座、接续换乘等指尖购票方式，走出人工、电话买票难的困境，再不必为一张火车票彻夜排队，倒票"黄牛"失去了市场，回家过年的愿望越来越容易实现。

候车服务。"刷脸"进站、站车智能语音播报、视频安全监控，带来更安全、便利的体验。长三角数十个较大客站和"复兴号"都实现 WIFI 免费全覆盖，旅客可以自由网上"冲浪"。

乘车环境。高铁车站空调开放，环境舒适，"脏乱差"变身"洁净美"。环境改造人，旅客随地吐痰、乱扔瓜子皮杂物、随处抽烟的少了，自觉排队、文明出行成为新常态。

高铁就餐。"啤酒饮料矿泉水，花生瓜子火腿肠"悄然退场，外卖模式开启。乘客在飞驰的高铁上动动手指就可以在线订餐、支付、预约用餐时间，还可以选购途经地方的特产……

古有"丝绸之路"，今有"中欧班列"　助力"一带一路"，长三角铁路通达欧亚 16 个国家

3 月 7 日凌晨，杭州细雨蒙蒙，城郊的乔司编组站灯火通明。

葛跃华戴上工作手套，别好对讲机，带上扳手和检车锤，打着手电筒，与同事向乔司运用车间上行场走去。他们在等待一趟特殊列车——从义乌西站发车，经过乔司站，终到西班牙首都马德里的 X8024 次"中欧班列"。

这是新年第一趟从义乌始发的"中欧班列"。义乌至马德里的班列已安全运行满 1200 天，沿途经过 6 省份，从阿拉山口口岸出境，沿着第二

亚欧大陆桥，途经 8 个国家，全程超过 13000 公里，是运输距离最长的货物列车。

葛跃华正在检修列车　中国铁路上海局集团有限公司供图

列车检车员葛跃华的工作，就是在列车中途停车"休息"时，争分夺秒检查"底盘"每一个零件。凌晨 1:08 分，"中欧班列"抵达，检修作业要在经停的 35 分钟内完成。

"中欧班列"是中国铁路货运的一块金字招牌。近年来，葛跃华在站台上看到义乌出发的"中欧班列"越来越多。"出口的主要是小百货，海外华人春节用品，很多从这里运出。"他还记得，当年的第一趟车就是自己亲手检修的。

斗转星移。180 多万种小商品由东向西，横贯整个亚欧大陆，源源不断送往欧洲各国，作为往来中欧"移动桥梁"，红酒、奶粉、巧克力、汽车配件等随着返程列车，抵达中国，进入千家万户。

2013 年 9 月 29 日，一列编组 43 辆、承载 40 英尺大型集装箱的中欧班列，首次从苏州西站发车，经满洲里开往欧洲波兰，拉开长三角铁路货运班列跨境运输帷幕。

2017 年 5 月 13 日，X8024 次列车满载着 50 个集装箱的义乌小商品，从义乌西货运站驶向 13000 公里之外的西班牙马德里。这是第 1000

中国铁路上海局集团有限公司供图

列中欧班列。

作为"一带一路"倡议的一项重要合作举措，长三角铁路"中欧班列"开行方向、频次、运量和规模不断扩大，如今已铺画至德国、英国、俄罗斯、阿富汗以及中亚五国等 16 个国家。

如今，长三角高铁成网，与珠三角和京津、东西部地区城市群互联互通，形成快速便捷的"交通圈"。一条条高铁联结成网，带动一座座新城如雨后春笋般拔地而起。10 年来，上海虹桥、南京南、杭州东、合肥南等一大批现代化高铁客运站建成投入使用，形成"1 至 3 小时"高铁交通圈，为区域经济发展搭建了新动脉。

长三角一体化扎实推进。中国高铁版图上，长三角是运营里程最长、线路最密集的地区，41 个地级以上城市，34 个开通了高铁，还有 6 个在建。

有了高铁，你从上海出发，1 小时内可达无锡、常州、杭州；2 小时内可达镇江、南京、金华、宁波；3 小时内可达合肥、蚌埠、徐州、芜湖、温州、丽水……难怪长三角高铁"通勤一族"正越来越多。

沈文敏　唐小丽

人民日报社　人民网上海频道

"一窗通"实现5天可营业
企业感叹"幸福来得太快"

点 评 陈建华
上海社会科学院·经济研究所副研究员

上海积极构建以政务服务平台为枢纽的一体化政务服务体系，加强各区域与各部门间信息数据的共享共用与互联互通，消除"信息孤岛"现象，努力实现政务服务"一网通办"，不断打破部门、行业与领域之间的界限，发展"一窗受理"和"一证通办"管理方式，结合实际，深入推进"放管服"改革，为市场主体提供良好的营商环境，进一步发展"一口受理式"、"一体化"和"全过程"管理方式。上海以新一代信息平台为技术支持，加强部门间的政府服务、协同监管与合力，实现司法、海关、海事、金融、检验检疫、市场监管等部门信息的互通、交换和共享，促进政务服务与综合执法，优化监管流程，提高更好的公共服务，形成部门联动与信息共享的监管机制与服务体系。

这些都是上海加快系统集成式制度创新的重要举措。现阶段，上海正在构建不同政府职能部门各司其职又相互联动的有机服务整体，形成纵横联动与快速处置的政府服务体系。通过营造更加便利的准入环境、培育公平竞争的市场环境和建设安全放心的消费环境，上海不断优化营商环境，促进经济与社会发展，增进公众对于改革与开放的获得感。未来，上海将继续运用新一代信息技术促进制度创新系统集成，构建制度发展高地，不断优化上海营商环境，促进上海"五个中心"建设，奠定建设"卓越的全球城市"的政务服务基础。

案 例 **"一窗通"实现5天可营业企业感叹"幸福来得太快"**
人民网上海频道 2018 年 6 月 22 日

目前，上海每千人拥有企业 77 户，居全国省级行政区划第一，超过伦敦、东京等国际大都市。同时，上海日均新增企业由登记制度改革前

企业法人通过"一窗通"平台领取营业执照只需 5 天　上海工商供图

2013 年的 431 户增长到 2017 年的 1174 户。

那么，想开办一家企业需要多长时间？近日，上海市工商局局长陈学军在接受记者采访时表示，在上海，只需要 5 天。

100 天开 100 多个协调会 时间从 22 天"抠"到 5 天

今年 3 月 31 日，上海市工商局上线开办企业"一窗通"服务平台，开办企业时间由原先的 22 天缩短为 5 天。

为何要上线"一窗通"平台？去年底，上海市委市政府提出，2018 年加快建成上海政务"一网通办"总门户，将面向企业和群众的所有线上线下服务事项，逐步做到一网受理、只跑一次、一次办成。

陈学军说，2017 年底中共中央政治局委员、上海市委书记李强在调研优化营商环境工作时强调，营商环境是重要软实力，也是核心竞争力。根据上海市委、市政府优化营商环境的工作部署，按照《着力优化营商环境加快构建开放型经济新体制行动方案》工作要求，许昆林副市长召开推进商事制度改革优化营商环境工作专题会议，提出了明确的目标要求。会后，进行了多次专题研究、协调推进，落实了在 2018 年 3 月底实

许昆林副市长召开推进商事制度改革优化营商环境工作专题会议

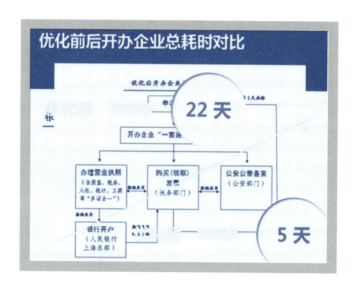

现 3 天可领照、5 天可营业的改革目标。

"开办企业涉及多个委办局，比如税务、社保、公安、银行等等，每个部门有自己的办事流程。"说起"一窗通"的出台，陈学军感慨，"整个过程流程再造、系统重建，需要一个部门一个部门去谈，每个部门的系统也都不一样，大家半天半天地抠时间，看看能不能再挤出半天……改革过程中，能不涉及审批的，就不要审批，流程和环节上要努力减少。比如公安的刻章，原来是两个环节，企业需要先到公安局拿到刻章审核证明许可，才能到外面的刻字社刻章，刻好以后印模，再反馈给公安，改革后，这两个环节给减少到一个环节。"

陈学军笑言，从 12 月底部署到 3 月底上线，不到 100 天的时间，开了 100 多个协调会，"因为上线时间已经明确，必须按时上线，所以春节期间也要赶进度。首先要一个个部门谈，然后组合式地谈……"除夕前一天的下午 4 点，陈学军还带队到人民银行去沟通相关事项。

就这样一点点抠，半天半天抠时间，最终从 22 天"抠"到了 5 天。

流程再造之后，审批流程少了，工作人员的工作是不是就轻松了呢？陈学军说，其实并不尽然。原来每年新设企业 12 多万户，现在新设企业达到每年 29 万户。"就拿企业核名来说，原来每天核名 2300 多个，这 2300 多个名称要和存量的名称进行比对。现在每天平均要核 6000 多个，高峰时达到 8000 多个，最高的时候甚至到了 1 万多。"

从"串联"到"并联"企业说"幸福来得太快"

何谓"一窗通"？这是由上海市工商局牵头搭建的上海市统一开办企业网上申报平台，包含两个部分的功能：一是实现开办企业工商营业执照、公安刻制公章、税务涉税事项的在线申报，二是提供银行开户预约、社保用工办理等服务。"一窗通"的特点主要体现在"一网通办"。申请人只需进入"一窗通"即可一次性完成开办企业的申报，避免了原先重复填报数据的麻烦，极大方便了申请人。

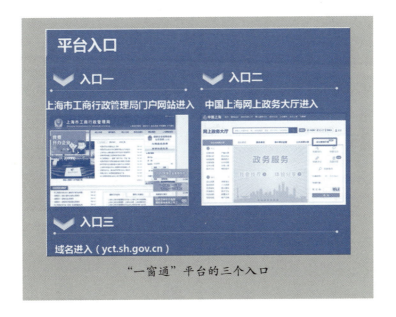

"一窗通"平台的三个入口

"一窗通"将工商、公安、税务部门所需的信息整合统一申报，企业可享受到"一窗式"的办事服务。用"数据多跑路"换"企业少跑腿"，最大程度释放"互联网＋政务服务"的改革红利。

谈及"一窗通"的亮点，工商部门用了三个字来概括——易、快、便。

"易"是环节大幅简化。工商部门将企业名称预先核准、办理营业执照合并为一个环节。企业名称采用负面清单管理模式，实现名称申报"零见面"。公安部门取消了公章刻制许可，企业在拿到执照后即可在线选择刻章点刻章。3月31日起，上海开办企业的环节减少为工商执照、公安刻制公章、税务涉税事项（含申领发票）3个环节。

"快"是时间显著缩短。各部门对于原有审批时间都进行了不同程度的缩短，工商部门由2个环节耗时8天缩短到1个环节耗时3天，税务部门由10天缩短到1天。3月31日起，上海开办企业环节必要时间缩短到5天。

"便"是服务更加便民。"一窗通"不仅仅是业务申报平台，还提供了大量的便民服务。企业在开办的过程中，会通过短信或者电话主动告知办理进度。另外，通过"一窗通"，企业可以自主选择开户银行网点，享受预约开户服务。

这一举措，不仅从原来的"串联式"流程变成了现在的"并联式"服务，还实现了"两个连通"，连通了规土部门和不动产登记信息库，连通了国家人口资源库。同时，还实现了共享工商企业登记信息、共享公安公章备案信息、共享银行开户信息。

吴先生成为奉贤区首位通过"一窗通"领取营业执照的法定代表人

4 月初，吴先生在行政服务中心拿到了营业执照，成为奉贤区首位通过"一窗通"领取营业执照的法定代表人。早上，他才委托代办送审员通过"一窗通"一次提交了开办企业所需的信息，下午，窗口就通知预审通过。赶到现场的他在相关材料上签字，半小时后，崭新的营业执照就到手了。更让他惊讶的是，所有数据只需填报一次，递交后，同时被"复制"到了公安、税务、银行等部门进行审核，甚至出现了执照还没领，税务事项已核好、发票已领好的情况。

如今，申请人只需登录"上海工商"网站，进入"企业名称自主申报"系统，根据提示即可随时随地申报企业名称，实现核名全程"云服务"，企业准入"零见面"。申请人纷纷表示："幸福来得太快！"

进一步深化、深度、深入改革 改革没有最好只有更好

工商局作为政府部门面对企业的第一线和第一站，"一窗通"平台的上线，无疑为企业带来了重大利好。而且，这种营商环境组合系统的打通，上海目前是全国首创。

那么在改善营商环境方面，工商局下一步还将会有哪些举措？针对这一问题，陈学军列举了四个方面。

首先，涉及法律法规方面，如何才能更便捷。比如电子签名法和档案法，现在正在推进全程电子化，如何为企业网上电子签名提供法律保障等。

其次，企业名称，如何更好地满足企业起名的需要，也需要法律的支撑。"企业都想有个好名字，但是在此之前，好名字都已经被用了，中国有一亿户企业，上海有 180 多万户企业，企业的重名和近似名就特别多。需要遵循名称在先权利，要保证先有名称的公司权利不受侵犯，还要兼顾到后面企业的市场需求，这个难度就非常高。"

再者，政府部门如何减少行政许可审批，审批可以通过信息化来解决。

最后，关于事中事后监管问题，在改革后的开放大环境下，如何监管才能更有效。

对于如何改善营商环境，陈学军表示，要营造更加便利的准入环境，培育公平竞争的市场环境，建设安全放心的消费环境。"工商部门要进一步深化改革、深度改革、深入改革，我们的理念就是，改革没有最好，只有更好，永远进行时。"

唐小丽
人民网上海频道

沪上优化营商环境，
如何保护企业家合法权益

点 评　文雯
上海社会科学院·经济研究所助理研究员

　　改革开放以来，大批优秀企业家在市场竞争中迅速成长，为积累社会财富、创造就业岗位，促进我国现代化经济体系建设和经济持续健康发展做出了重要贡献。2017年9月，中共中央、国务院印发《关于营造企业家健康成长环境弘扬优秀企业家精神更好发挥企业家作用的意见》（以下简称《意见》）。该《意见》的提出为我国进一步营造尊重和激励企业家创新创业的法治环境和社会氛围产生了重要的推动作用。

　　为深入贯彻党的十九大精神和《意见》要求，2018

年以来上海进一步从法制层面推动依法保护企业家合法权益，着力营造企业家健康成长、创新创业的良好环境，并将其作为进一步优化营商环境，提升城市软实力和竞争力的重要举措。针对当前企业家关切、反映较为突出的问题，上海市高级人民法院和人民检察院分别出台《关于充分发挥审判职能作用为企业家创新创业营造良好法治环境的实施意见》和《上海市检察机关服务保障优化营商环境的意见》。这两项实施意见主要从平等保护各类市场主体，依法保护企业家的人身自由和财产权利，依法保护诚实守信企业家的合法权益，依法保护企业家的知识产权和自主经营权，努力实现企业家的胜诉权益，有效防范和切实纠正涉企业家产权冤错案件，依法打击经济犯罪，维护公平竞争的市场秩序，不断完善落实保障企业家合法权益的司法政策、推动形成依法保障企业家合法权益的良好法治环境和社会氛围等方面提出多项意见和措施。针对不同类型企业正常的生产经营活动和企业家的合法权益进行依法保护、平等保护和全面保护，充分发挥司法服务保障企业家创新创业环境建设的职能作用。上海在推动形成依法保障企业家合法权益的良好法治环境中不断探索，既增强了企业家人身及财产财富的安全感，稳定了社会预期，也为进一步推进供给侧结构性改革，加快建设开放型经济新体制提供了更加优质的司法服务和有力的司法保障。

案例　沪上优化营商环境，如何保护企业家合法权益

人民日报中央厨房·大江东工作室 2018 年 7 月 17 日

2017 年底以来，"优化营商环境"成为沪上热词，各部门各区对标国际最高标准、最好水平，纷纷出台保护和优化营商环境的政策措施，深化"放管服"改革，不断改善政务服务。

企业界眼中的"一流营商环境"，不仅要国际化、便利化，更要法治化。从毛振华公开控诉亚布力管委会事件，到张文中蒙冤 12 年

坚持无罪申诉终被改判无罪，可以看出，企业家最在意的还是法治环境。

国有企业、民营中小企业和外来投资者的合法权益是否得到平等保护？企业家人身合法权益能否得到有效兑现？能否依法惩治黑恶势力犯罪，维护公平竞争的市场秩序？近日，上海法院、检察院分别出台服务保障优化营商环境意见，从制度供给、权益保障等方面回答了这些问题，内容包括平等保护各类市场主体、保护企业家合法权益、加强知识产权保护、依法打击经济犯罪等等。其中，依法保护企业家人身自由和财产权利等条款让人眼前一亮。

对社会危险性不高的涉案企业家慎用逮捕强制措施

上海市人民检察院出台的《上海市检察机关服务保障优化营商环境意见》，从平等保护各类市场主体、保护企业家权益、加强知识产权保护等方面提出 20 条措施。其中，前三条特别聚焦公正司法和企业家权益保障。

《意见》第一、二条提出，平等保护各类市场主体，切实维护民营中

上海检方颁布 20 条措施服务保障优化营商环境　上海市人民检察院供图

小企业和外来投资者、中小投资者的合法权益，加大对非公有制经济市场主体、诚信经营市场主体的司法保护力度，统一诉讼标准和工作要求；保障企业家人身合法权益，对社会危险性不高的涉案企业重要岗位人员慎用逮捕强制措施，切实履行羁押必要性审查职责，依法保障涉案企业家在服刑期间的申诉权。

何为"社会危险性不高的涉案企业重要岗位人员"？为什么对此类人员慎用逮捕强制措施？

"在嫌疑人构成犯罪的基础上，少捕、慎捕，要考虑犯罪嫌疑人。如果不被羁押，是否有自杀、逃跑、窜供、毁灭证据等行为发生？如果不存在这些危险行为，我们评价为不存在社会危险性。"上海市人民检察院公诉一处处长奚山青解释说，"从保障企业家人身合法权益这个角度讲，我们考虑到很多民营企业家一旦被羁押，整个企业可能无法继续经营，或者走向破产，从这个方面考虑，我们实行少捕、慎捕。"

上海市人民检察院研究室主任胡春健介绍："逮捕在案件前期办理过程中是一个很严厉的措施。我们在意见中提出的慎用逮捕措施，首先是以事实为依据、以法律为准绳，其次在具体案件操作中要慎重评价其对社会的危害。还要综合其认罪态度、退赃、挽损、赔偿等方面情况。只要是能够达到不予逮捕的标准，我们就从宽处理。"

同时，《意见》的第三条提出，依法保护企业家财产权，全面保护物权、债权、股权等各种类型的财产权，依法打击侵犯企业家财产权、创新权益及经营自主权等犯罪。《意见》第十四条还指出，准确把握法律政策界限，坚持罪刑法定原则，准确区分经济纠纷与经济犯罪、企业正当融资与非法集资等界限，防止司法不当介入企业正常生产经营活动。

让企业家安心、放心、专心地撸起袖子加油干

早在今年3月，《上海市高级人民法院关于充分发挥审判职能作用为企业家创新创业营造良好法治环境的实施意见》发布，从依法保护企业

上海高院发布 31 条举措依法保护企业家权益　李裔杰摄

家的人身自由和财产权利、依法保护诚实守信企业家的合法权益、依法保护企业家的知识产权、依法保护企业家的自主经营权、努力实现企业家的胜诉权益、有效防范和切实纠正涉企业家产权冤错案件、不断完善落实保障企业家合法权益的司法政策、推动形成依法保障企业家合法权益的良好法治环境和社会氛围等 8 个方面，出台 31 条举措、39 个细化项目，依法保护企业家权益。

其中，6 条举措明确依法保护企业家人身自由和财产权利。《实施意见》指出，"严格执行刑事法律和司法解释，坚决防止利用刑事手段干预经济纠纷"，对于各类经济纠纷，特别是民营企业与国有企业之间的纠纷，要坚持依法办案，公正审判，坚决防止把经济纠纷认定为刑事犯罪。《实施意见》还强调，"依法慎用强制措施和查封、扣押、冻结措施，依法适用非监禁刑，依法保障企业的正常生产经营活动。"对确已构成犯罪的企业家，应当综合考虑行为性质、危害程度等决定适用强制措施的种类。对已被逮捕的被告人，符合取保候审、监视居住条件的，应当变更强制措施；对被依法羁押的被告人，依法保障其正常行使企业经营管理权等权利。对犯罪情节轻微的企业家，符合非监禁刑适用条件的，应当尽量适用非监禁刑。

"上海是全国创新创业法治环境最好的城市之一，能够使企业家安心、放心、聚精会神地撸起袖子加油干，同时还能吸引国内外一大批优秀的企业家前来施展才华，使上海这座城市充满生机和活力。"上海市法学家企业家联谊会会长柴俊勇表示。

上海市政府法制办副主任罗培新认为，上海高院的《实施意见》，呵护的不仅是企业家群体，更是呵护社会进步之源泉。他说："中央多次发文，明确要求为企业家营造健康成长环境，弘扬优秀企业家精神。正致力于建设五个中心和卓越全球城市的上海，更加需要企业家精神。司法裁判所承载的如此宏大的社会价值，是通过无数个案裁判来完成的，而其中，司法政策对裁判技术的引领极为关键。"

打出知识产权保护"组合拳"，营造安全有序市场环境

加强知识产权司法保护，也是上海市法院、检察院系统关注的重点。上海市高级人民法院提出，要破解知识产权权利企业"举证难"；推进知识产权民事、刑事、行政案件审判合一；建立以知识产权市场价值为指引，补偿为主、惩罚为辅的侵权损害司法认定机制，解决侵权成本低、维权成本高难题；依法保护用人企业的商业秘密等。上海市人民检察院

浦东新区检察院检察官集体讨论一起侵犯商业秘密案　潘文婕摄

《意见》第七条强调，维护公平竞争的市场秩序，深入开展扫黑除恶专项斗争，依法惩治黑恶势力犯罪，坚决铲除经济领域黑恶势力滋生土壤。

今年 5 月，浦东新区检察院受理并提前介入一起侵犯商业秘密案，这也是上海自贸区自成立以来首起侵犯商业秘密案。2015 年 4 月起，犯罪嫌疑人李某某、周某某违反与被害单位某油站设备有限公司签署的劳动合同中的保密条款，在未经被害单位授权的情况下，擅自复制具有相关商业秘密"秘密点"的甲型加油枪图纸，并另行成立公司，生产制造并销售与甲型加油枪实质相同的乙型加油枪。5 月 25 日，浦东新区检察院以涉嫌侵犯商业秘密罪，依法批准逮捕犯罪嫌疑人李某某、周某某。

2017 年初，徐汇区检察院检察官在接受一家游戏企业现场咨询时，发现涉网络侵权犯罪线索，遂指导该企业保全固定相关证据，并建议报案。经查，2016 年 9 月，被告人郑某某在担任该游戏企业技术总监期间，因工作原因接触到该企业享有著作权的《航海王》源代码，遂萌生私自运营牟利的念头。徐汇区检察院在办理案件中，引导公安机关查证各犯罪嫌疑人的分工、追查资金流向，最终认定 5 名被告人涉嫌侵犯著作权罪，向法院提起公诉。2017 年 8 月 16 日，法院采纳指控意见，被告人均当庭认罪，并退赔违法所得 80 余万元，弥补了游戏企业的全部损失。

数据显示，2016 年至今年 5 月，在侵犯知识产权类案件方面，上海检察机关批准逮捕 218 件 314 人次，提起公诉 409 件 648 人次。

王文娟
人民网上海频道

上海制造

上海航天："长二丁"缔造发射奇迹 "金牌火箭"创新再启航

点　评 **曹祎遐**
上海社会科学院·应用经济研究所副研究员

　　长征二号丁火箭科研制造团队26年磨一"箭"，磨砺出被誉为"金牌火箭"的长征二号丁火箭。这型已成功发射39次，将64颗卫星送入预定轨道，成功率100%的火箭，缔造了中国航天的三次"龙抬头"奇迹。

　　而在奇迹的背后，是长征二号丁火箭科研制造团队精益求精、专业敬业、高效务实的执着精神，堪称中国航天版的"工匠精神"。这种"工匠精神"的塑造，一方面与科研团队成员对科学的信仰和追求密不可分，另一方面则与该团队健全的制度建设与合理的激励机制密切相关，比如以首任总设计师孙敬良院士为代表的长征二号丁团队总结出了型号研制"六严"航天文化，即：严格执行上级的各项规定，严格按研制程序办事，严格技术要求，严格地面试验，严格落实行政、技术两条指挥线的岗位责任制，严格全过程质量控制。这些傲人成就为我们勾勒出"中国品牌"的发展之路：长征二号丁火箭所缔造的中国航天三次"龙抬头"奇迹阐释了奠定"中国品牌"基础所必要的"精益求精"的质量文化；该团队研制的"六严"航天文化阐释了树立"中国品牌"形象所亟须的"高效务实"的制度自信；"小平台"与新平台的交接班阐释了激发"中国品牌"活力所蕴含的"勇攀高峰"的创新精神。

案例 上海航天："长二丁"缔造发射奇迹"金牌火箭"创新再启航

人民网上海频道 2018 年 5 月 9 日

火箭发射
上海航天供图

说到"长二丁"，或许你会感到陌生，但一提到"悟空""墨子""张衡一号""高景一号"等这些"网红"卫星来，很多人都会印象深刻。事实上，它们奔向太空的伟大旅程中，都有一个共同的座驾——长征二号丁火箭。

自 1992 年首飞至今，长征二号丁火箭已成功发射 39 次，将 64 颗卫星送入预定轨道，成功率 100%，被誉为"金牌火箭"。

2018 年计划 8 次发射任务，刷新了长征二号丁火箭年度发射次数新纪录。近期更是实现了 60 天内五战五捷、五天之内两个基地连续 2 次成功发射，完成中国航天高密度发射的新挑战……

这是一型怎样的火箭，为何能创下发发成功的奇迹？如此骄人的成绩背后，是一支怎样的团队在支撑？

火箭箭体转运途中　上海航天供图

三次"龙抬头"奇迹 为中国航天"提气"

"20 世纪 80 年代末 90 年代初，我国火箭发射连遭失利，航天事业陷入困局。"现任长征二号丁火箭总指挥谈学军介绍，长征二号丁团队背

箭上设备测试检查　上海航天供图

负着巨大的压力，领受了"只能成功、不许失败、没有退路"的军令状。

在这种情况下，长征二号丁背水一战，1990年立项，1992年8月9日首飞成功，连续三发三成，被称作中国航天的三次"龙抬头"。

当时的国防科工委要求团队提炼成功经验，在全国军工系统中大力推广。当时以首任总设计师孙敬良院士为代表的长征二号丁团队总结出了型号研制"六严"航天文化，即：严格执行上级的各项规定，严格按研制程序办事，严格技术要求，严格地面试验，严格落实行政、技术两条指挥线的岗位责任制，严格全过程质量控制。

7年前，35岁的洪刚被任命为长征二号丁运载火箭型号副总设计师，成为当时中国最年轻的运载火箭副总设计师之一。而如今，刚刚40岁出头的他已经有3年的总设计师任职经历。洪刚自1998年加入上海航天团队，20年矢志不渝，一直奋战在长征二号丁研制最前线，见证并参与了37次火箭成功发射的完美时刻。

"20多年过去了，'六严'航天文化，我们依然在这么做。每一个'严'都对应着大量的工作和试验，只有脚踏实地奋斗，才能确保运载火箭的每一次成功发射。"洪刚从一名普通的技术员成长为火箭系统的总设计师，就是在这样的航天文化熏陶下成长起来的。

尽管长征二号丁已是一枚非常成熟的火箭，但每一次发射，洪刚都严阵以待，坐镇现场，从不缺席。"从去年底到今年初，我们实现了60天内五战五捷，辗转酒泉、太原两个基地，很多队员一直奔波在外地。"他带领试验队把每一次发射都看作全新的开始，杜绝懈怠心理，始终保持清醒的头脑，每一次发射成功后都以饱满的激情和干劲投入到下一次发射任务中，不断续写长征二号丁火箭的新辉煌。

"牵一发而动全身" 要像机器人一样精准

"失之毫厘，谬以千里""牵一发而动全身"……洪刚说，用这些词形容航天人的工作再合适不过。

"当大家看到火箭矗立塔架或直刺云霄时的震撼场景，一定想不到火箭伟岸靓丽的身躯是由几十个舱段、上百台单机、上百根导管、上百束电缆、上千个螺钉和上万个标准件，经过几千个连接点的定力安装、几百个电连接器的插接，一丝不苟精心细致组装出来的。"总装团队成员马璎告诉记者。从一个螺钉、一根导管、一束电缆、一台单机、一个舱段到组装出一发完美的火箭，任何环节都不能出差错，他们需要"像猴子一样灵敏，像机器人一样精准"，否则就有可能"千里之堤，溃于蚁穴"。

马璎是团队里的"花木兰"，她所在的总装团队出差任务重。"每一次的发射任务，我们还承担了火箭的千里押运和装卸工作。从上海到酒泉，专列一般需运行 5 天 6 夜，专列车厢是现在铁路上难得一见的绿皮车。寒冬滴水成冰，夏日酷暑难耐，大家必须按时检查产品状态，确保火箭沿途安全。今年大年初五，本应还沉浸在阖家团圆的喜悦中时，我们的总装团队已经再度出发了。"记者了解到，这个团队只有 20 人，且绝大多数为 85 后、90 后，平均年龄不到 32 岁。

火箭箭体转运　上海航天供图

与总装团队一样，杨勇所在的总体团队也是出差多、进场多、外出跟产多。"总体团队也是一支年轻的队伍，有不少'新晋奶爸'。我印象比较深刻的是，有两三个同志，在小孩出生不到三个月的时候，就奔赴酒泉卫星发射中心执行任务了。"

总体工作的特点就是协调的系统多、单位多，对外与卫星、发射场和测控等系统进行协调，对内与箭体结构、控制、遥测、推利、外安等系统进行沟通。为解放设计师队伍，缩短发射场工作周期，总体团队通过提高工作效率、优化工作流程，打破传统，通过减少冗余工作项目、一人多岗等形式，对发射场工作程序进行优化。

"长二丁"团队　上海航天供图

"总体无限责任。"总体主任设计师朱亮聪说，"这是院长对我们的要求，也就是说整个火箭，不管是几千个紧固件中的一个小螺栓，还是上万个元器件里的一个二极管出了问题，总体都有相应的责任。在这种质量要求下，逐渐让我们形成了职业病，以至于大家每次上车前都会检查下轮胎是否正常、下车后会拉拉车门看看是否已锁牢。"

朱亮聪谈起去年年底，在太原卫星发射基地执行任务的时候，室外冰天雪地，温度已经降到零下 35 摄氏度，站在室外的塔架上，一会儿就全身冻透。这时推进剂的温度也还处在能接受的范围，但为了数据更理想、任务更完美，他们扶着冰冷的扶手，踏着哐当作响的铁楼梯，一晚上从楼底到四十多米的塔顶来回回至少要走十几趟。"我们为的只是测控大厅那一声'长征二号丁运载火箭发射任务取得圆满成功'。"

技术创新融进血液　敢于"第一个吃螃蟹"

2018 年 2 月 2 日，当长征二号丁遥十三运载火箭在酒泉卫星发射基地发射取得圆满成功时，除了以往的喜报外，许许多多上海航天人的朋友圈还充盈着不舍与自豪交织的情绪。因为，这是曾荣获"上海市科技成果一等奖"的"小平台"的第八十一次任务，也是它的最后一次任务。

长征二号丁火箭在 20 世纪 90 年代实现的三次"龙抬头"，就离不开小平台的功劳。小平台，又叫动力调谐陀螺平台，是运载火箭控制系统中的核心单机，常被比喻为运载火箭的"眼睛"，可以感受火箭的实时速度、位置、姿态，很大程度上决定着火箭的入轨精度。

1988 年，刚踏上工作岗位的房红就加入了这个团队，被分配在平台组。在这个团队里，她不断提升着自己的技术水平，也从懵懂的小姑娘成长为高级技师，并被任命为平台组组长。长征二号丁遥十三运载火箭发射任务是房红参与的第 39 次发射任务。

在小平台之前，中国所有的运载火箭都是采用大平台。但大平台体积大、质量重，在一定程度上制约了运载火箭有效载荷的增加。上海航天控制技术研究所的专家们很早就看出了大平台的这一弊端，下定决心要研制出具有我国自己特色的小平台。

1994 年 7 月 3 日，一个激动人心的时刻，随着火箭点火发射，小平台以完美的方式完成了它的首秀。这次发射不仅一扫此前中国航天接连失败的阴霾，更使火箭入轨精度提高了一个数量级。

小平台即将退役，房红也即将退休。回忆与小平台的不解之缘，房红写道："我的职业生涯从平台开始，也将与平台一起结束。"她用十二个字"表白"航天：十分幸运、无比自豪、无怨无悔。

从 1994 年的首发，到 2018 年的退役，小平台走过了 24 年的光辉岁月，铸就了 81 发发发成功的丰功伟绩，尽管它的成绩如此耀眼，但在对尖端技术近乎偏执的航天人眼里，它并不是完美的。随着航天事业的发展，火箭发射任务逐年增加，小平台的缺点越发明显，它的制造工艺、加工流程仍需要精雕细琢，它越来越难以适应现今的高密度发射任务了。

如今，小平台退役，航天人不仅研制出了高可靠、低成本的光纤惯组，更有高精度、长寿命的半球陀螺组合。它们的技术指标不仅国内领先，更是达到了国际一流水平。

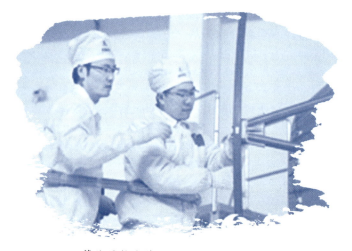

箭体结构安装检查　上海航天供图

就如同小平台的启用和退役一样，长征二号丁火箭首飞成功以来的26年，持续的技术改进和管理创新理念早已深深地融入这支队伍的血液里。

为了提高火箭运载能力，长征二号丁火箭通过加长二子级并改进发动机等方式，同时采用各种规格的整流罩，适应了更重的卫星以多种串并联形式进入空间的能力。

为了适应各种商业搭载卫星的需求，长征二号丁火箭设计了标准搭载接口，满足了各种用户的搭载需求，曾经利用距发射前不足3个月的时间创造性地完成了某微小卫星的搭载发射，而一般型号的搭载任务至少要提前6个月明确。

为了提高火箭入轨精度，长征二号丁火箭应用组合导航技术，并通过控制和选配单机精度，使火箭入轨精度均达到了百米量级，卫星入轨精度得到大幅提高，前不久发射的卫星实现了半长轴入轨偏差仅 50 米、入轨轨道倾角零偏差，创造了中国航天入轨精度的新纪录，为卫星实现快速组网创造了条件……

火箭转运　上海航天供图

不气不馁不放弃　"金牌火箭"迈向国际

当下，是全球竞争的时代，长征二号丁火箭也面临着激烈的全球竞争。如今的长征二号丁火箭不仅在国内战功卓绝，而且在国际舞台上也因高可靠性、高性价比以及专业敬业、高效务实的团队而声名显赫。

洪刚清楚记得长征二号丁首次承接整星对外发射任务的经历。"当时，我们与俄罗斯第聂伯火箭、日本的 H2 火箭同台竞标，长征二号丁以 100% 的成功率和合理的价格首轮竞标成功。但没想到，在与外方技术交底时，我们发现存在星箭同频共振的风险，我们如实相告，对方竟在没有商量的情况下单方面废标。"

"有些意外，有些沮丧，但没有气馁。"洪刚说，"绝不能放弃，我们一定能找到解决办法。"

于是，洪刚带领团队一头扎进工作，反复研究解决方案，大胆使用复合材料和增加减震等措施，消除了风险，并以专业敬业和高效务实的

"长二丁"发射外国卫星　上海航天供图

态度重新赢得了外方的信任和赞许，最终再一次竞标胜出。2012年，发射任务取得圆满成功，并且创造了当时入轨精度的新纪录，"外方比我们还激动。"

通过这次整星对外发射服务，不仅形成了长征二号丁火箭对外发射服务的规范流程，而且塑造了一支综合能力强、专业素养高、特别能攻关的火箭研制队伍，极大提升了中国长征系列运载火箭在国际商业发射市场上的影响力。

迄今为止，长征二号丁火箭已经为委内瑞拉、荷兰、阿根廷、厄瓜多尔、土耳其、波兰、乌拉圭、丹麦等十几个国家提供了国际发射服务。2017年，长征二号丁火箭更是以一箭七星的方式为5个国家的卫星提供了优质的发射任务。

"航天是高风险行业，运载火箭更是如此，识别风险、控制风险，压力如影随形。"洪刚坦言。"但如果说风险是一匹野马，我们愿意努力成为驾驭风险的最好骑手。让长征二号丁火箭在建设航天强国征程中创造一个个奇迹，铸就一项项辉煌。"

唐小丽

人民网上海频道

上电所：C919 圆梦蓝天，他们让国产大飞机智慧翱翔

| 点 评 | **曹祎遐**
上海社会科学院·应用经济研究所副研究员 |

C919 作为我国首款按照国际适航标准研制、拥有自主知识产权的大型民用飞机，在其研发制造过程中，航电系统作为飞机的"大脑"和"神经系统"，成为 C919 研制过程中的核心技术难点，上电所作为二级供应商独立承担了航电系统的显示系统工作包的研制任务，在没有任何可借鉴经验的基础上，上电所人攻坚克难，最终出色完成相关科研攻关任务，促成 C919 飞机的成功首飞。

上电所在航电系统研发与制造方面的成功，为我国

航空产业乃至其他高端制造产业核心技术的研发、核心产品的制造以及高端制造业技术与产品供应链的打造提供了非常有价值的经验与模板。上电所成功研发并制造国际顶尖标准航电系统的经验主要有两点，一是坚持以我为主的基本原则，在没有任何先验理论和经验的情况下，上电所人以敢于担当、艰苦磨砺的精神进行内部挖掘，通过内部培训等方式提升科研人员的专业能力，始终以致力于提升自身科研人员的自主创新能力为主要目标和基本原则；二是注重合作、兼收并蓄，在当前经济全球化背景下，全球范围内的专业化精细化分工水平日益提高，闭门造车已非合理之策，因此，上电所人十分注重与美国等其他科技发达国家的专家之间的交流与合作，并且通过自身的韧性与努力，最终与国外专家之间打造出公平相待、平等信任的合作关系，这对于我国制造企业"走出去"参与国际市场竞争与合作具有重要意义，同时也是打响"上海制造"这一重要品牌的精彩一笔。

案例 上电所：C919 圆梦蓝天，他们让国产大飞机智慧翱翔

人民网上海频道 2018 年 6 月 6 日

3000 米高度，78 分钟。

2017 年 5 月 5 日，我国首款按照国际适航标准研制、拥有自主知识产权的大型客机 C919 在上海浦东机场成功首飞，标志着中华民族的"大飞机梦"正在成为现实。

在震耳欲聋的欢呼声中，大飞机稳稳降落在浦东国际机场第四跑道。机舱门打开，首飞机长蔡俊第一个走了出来，向人们招手，40 出头的他飞过 20 多种机型。"非常成功，非常圆满，飞机状态非常好。谦虚一点，99 分。"蔡俊难抑心中激动。

作为 C919 项目中唯一一家独立承担 A 级复杂系统研制的国内供应商，中国航空无线电电子研究所（简称"上电所"）所长王金岩等受邀参

上电所所长王金岩等参加 C919 大型客机首飞仪式　上电所供图

加首飞仪式，在现场见证了这一激动人心的历史性时刻。

挑战、担当、磨砺 从"全运会"走向"奥运会"

航空工业，一直是国民经济发展中的战略产业，被称作一个国家的"工业之花"。而航电系统与航空发动机一样，被誉为"飞机制造业的明珠"。

"熟悉上电所的业界同仁都知道，我们是以研发高品质的军机航空电子和航空无线电系统产品见长，曾为我国航空武器装备事业的发展做出了突出的贡献。但是我们深知，如果没有民机航电产业的快速健康发展，上电所的产业拼图是不完整的。"王金岩所长在接受记者采访时说。

关于军机和民机，王金岩用了一个形象的比喻来解释，"如果说军机项目是'全运会'，是来自全国的单位参与研制和竞争；那民机项目就是'奥运会'，需要与世界先进水平同台竞技。不参与'奥运会'，你永远不知道世界一流水平是怎样的。"

上电所在 **C919** 大型客机项目中承担驾驶舱显示系统和 **A664** 网络交换机研制任务。航电系统被业界称之为飞机的"大脑"和"神经系统"，而显示系统和网络交换机分别是航电系统的关键分系统和部件。这是由上电所独立研制的系统包，是上电所迄今为止承接的复杂性最高、难度最大、挑战性最强的民机研制任务，也是国内唯一独立承担研制安全保障等级为 **A** 级的航电分系统。

C919 大型客机驾驶舱显示系统　上电所供图

C919 大型客机立项之初就已经确立的与其他项目最大的不同点，在于它是首款按照国际最新适航标准研制的干线民用飞机，**A** 级也是整个适航标准中最为严苛的等级。上电所在军机型号研制上，具有丰富的经验，而民机严苛的安全性要求，对他们来说是个全新的挑战。**A** 级，也就是说，故障概率要低至 **10** 的负九次方。

民机项目不同于军机项目之处，就在于将来要适航取证并获得市场的认可。适航是指航空器各部件及子系统的整体性能和操纵特性在预期运行环境和使用限制下安全性和物理完整性的一种固有特征。适航的目的是为了飞行安全和公众安全，是国家法律层面的一种强制性要求。根据航空条例，任何飞机唯有取得适航当局颁发的适航证，并经过运行合格审定或补充审定才能投入运营。

"那时候，国内没有可以借鉴的经验和技术，"上电所民机战略业务单元 C919 项目适航技术组组长陈冬梅苦笑道，"我们请来国外咨询公司的专家给我们讲课，但是很抽象，加上各种专业术语、外语缩写、语言上的障碍……总之一言难尽，感觉听不懂，理解不了。"

接下来的日子，陈冬梅带领自己的团队比照着国外的标准一句句研读，用陈冬梅的话说，就是"依葫芦画瓢"，"画着画着不对了，就改"，"在变化中创新"，不断消化、吸收，终于形成了一套适航研制体系。

上电所副总工程师黄栋杉对此也深有感触，"我们如同刚入门的运动员，就一下子从'全运会'跳到了'奥运会'的舞台上，跨度很大，但是也要一步一个脚印，每一步都要有证据来支撑，所有的证据都必须留下来。"

敬业、奉献、专注　研发团队能力迅速提升

没有一个国家、一座城市、一家企业，可以凭单打独斗造出大型商用客机。各个国家、不同企业各有专长和比较优势，一款商业大型客机问世，谁也离不开谁。中国商飞作为主制造商，将 C919 航电系统核心

上电所先进民机航电研发环境　上电所供图

处理系统总包给中美合资成立的昂际航电公司，上电所作为二级供应商承担了显示系统工作包的研制任务。因此这场"奥运会"，不只参与的国家多，而且不同国家的企业之间还环环相扣，你中有我、我中有你。

上电所首席技术专家何亦征记得，当时与国外的技术团队联合工作，每周需要开两次电视电话会议，"美国是白天九点钟，我们是晚上九点钟，国外的专家刚开始态度比较强硬，而且他们不同意加班，所以有时候出现问题协商起来进度就很慢。"

"我们国内的团队，多数是年轻人，能吃苦，面对这样一个重大项目，大家都有一种'希望国产大飞机早日翱翔蓝天'的情怀在，所以加班加点也是家常便饭。"何亦征说，通过一段时间的合作，我们团队的工作态度和能力得到了国外专家的认可，"他们也提出开会的时间进行轮流交替，不能总是让我们在晚上开会，而且在发现重大问题后也会主动加班尽快解决，这让我们感受到了一种公平相待、平等信任的关系。"

何亦征特别提到了全国先进工作者、在 C919 显示系统研制中担任总设计师的吴华，吴华 1986 年从南京航空航天大学硕士毕业后到上电所工作，已经为航空事业奋斗了 30 多年。不仅全力保障了大飞机的首飞，她还以她深厚的技术功底和高尚的人格影响和带动了一大批年轻人。"能跟着这么牛的一位总设计师做事，真是上辈子的福气"，一位新员工这样评价她。

正常情况下，一名优秀的航电系统设计师至少需要十年的航空电子产品研制经验，而上电所民机管理部和民机系统部的一百多名员工至少有 70% 是 2012 年后入职的新员工，员工业务能力和经验相对不足。并且，该部门还承担了 C919、AG600 等多个型号的研制和多项预先研究任务，可谓任务繁重。这个团队怎么带，怎样快速有效地提升他们的技术力和团结力？民机系统部部长、民机系统党支部书记周海燕动了不少脑筋。

周海燕以民机适航文化建设、业务能力提升和发挥党员先锋模范作用为切入点，组建党员"突击队"，组织进行技术培训、支部共建等活动，将支部工作与部门中心任务紧密结合。"仅是 2017 年，支部就开展内部培训 30 余次，外部培训 10 余次，通过广泛的技术交流培训，让每一位员工都得到了实实在在的技术提升。"

上电所民机系统党支部与上飞院航电党总支开展支部共建　上电所供图

2014 年，民机系统党支部还与上海飞机设计院航电党总支签订支部共建协议，双方约定通过座谈讨论、专题业务交流、联谊活动等形式，开展定期的共建活动。四年来，双方技术团队在适航与安全性、人机工效等方面进行了多次技术交流。

攻坚、克难、坚守　助力国产民机智慧翱翔

"在做民机之前，从没想到做民机会这么复杂。"上电所民机战略业务单元 C919 交换机项目负责人彭俊感慨道，"举个例子，比如要换一个三极管，需要先一层一层上报，报告更换以后可能造成的影响，之前从来没有经历过，需要在沟通上花费大量的时间。确实这也是非常必要的，否则不知道会对后面的飞行造成什么影响。"

在首飞前一个月，商飞地面联试时，开机 10 秒左右断电，出现了交

换机不工作的情况。"刚开始，我们不认为是交换机的问题，后来不断试验，居然把这个情况给复现了，那说明的确是我们的问题。"彭俊告诉记者，"然后，我们开始查找原因，二十多个人的团队，把所有功能拆出来进行分析，直到凌晨三点多，一个软件工程师找到了问题所在，我们写了详细的分析报告提交给商飞。因为时间紧迫，商飞给了 5 天的时间来修改，我们开始倒排每个环节，具体到半个小时内必须要做完哪些工作，终于在 5 天之内将软件提交到商飞。"

上电所民机科研人员集智攻关 上电所供图

1986 年出生的范博书是参与 C919 显示系统项目的年轻代表，"首飞前期，大飞机每天要在浦东机场进行滑行试验，因为不能影响正常运营，所以滑行是在凌晨进行。"那是 2016 年的冬天，范博书记得每天凌晨就要早早守在现场，每次滑行后都有讲评，本着以人为本的理念，主要是飞行员提出改动，与预期有哪些不相符的地方，怎样更改操作起来更舒服。

首飞当天，作为"跟飞小分队"的成员，范博书也在现场见证，"大飞机成功首飞那一刻，太激动了！"

驾驶 C919 大型客机 102 架机执行转场东营任务的试飞员徐远征，最近为了保持飞行状态，去航空公司飞了几次航线。他说："919 的客舱比 320、737 更胜一筹，仪表、面板，看起来更舒服。好比以前车子都是机械仪表，现在都是液晶显示。"

在副总工程师黄栋杉听来，这是最好的褒奖！随着航空电子技术的发展，过去飞行员面前令人眼花缭乱的机械仪表，现在已经逐步被直观的液晶显示器所取代，业内称之为"玻璃座舱"，飞机航电是否先进，显示屏幕大小是其中很关键的衡量因素。C919 驾驶舱，最醒目的就是五个 15.4 英寸的显示器，单个屏的面积是 A380 的两倍多。"屏幕大了，显示的信息能够更多，放哪些信息，布局都不一样。请飞行员做评估，怎么样更舒服，怎样才能让飞行员简洁地获知他想要的信息。"

正如王金岩所长所说，"C919 大飞机项目，我们交付的不光是产品，交付的更是一种能力，是独立自主的航空工业体系、专业体系和相关的供应链体系。"

"通过参与 C919 项目研制，让我们对民机航电的研发理念和适航要求有了更深的理解，初步建立起了完整的民机航电研发体系，积累了丰富的民机研发经验，并培养和锻炼了一支研发队伍。让我们对未来承接更多的民机航电研发任务，并逐步成长为国际知名的航电产品供应商充满底气。"王金岩表示，"上电所的愿景是'让飞行智能、简单、可靠，让天空智慧、安全、高效'，因此助力更多的国产民用飞机智慧翱翔是我们矢志不渝追逐的梦想，这个梦想的实现需要一代代上电所人的接续奋斗。"

唐小丽

人民网上海频道

联影医疗：攻坚核心技术，打响高端医疗设备中国品牌

点 评 **曹永琴**
上海社会科学院·应用经济研究所副研究员

　　高端装备制造业是以高新技术为引领的战略性新兴产业，处于价值链高端和产业链的核心环节，是全球制造业竞争的焦点和我国科技创新的主战场。高端医疗装备制造业作为高端装备制造业的重要组成部分，在中国制造强国战略中发挥着重要作用。作为上海一家"小公司"，联影医疗不断攻坚核心技术，取得一系列重要的研究成果，打破国际巨头对高端医疗设备的垄断，引领中国高端医疗装备制造业的发展：2017 年世界首台全景动态扫描 PET-CT uEXPLORER "探索者"首次全球公

开亮相，实现了国际学界一个未完成的梦想；2018 年自主研发的火鹰支架在欧洲大规模临床试验的研究结果登上全球医学界权威学术刊物《柳叶刀》，这是《柳叶刀》创刊近 200 年来首次出现中国医疗器械的身影，中国智造的"呐喊"迅速在全球医学界传播开来……

联影医疗核心技术研发的不断突破，使得中国高端医疗装备制造业敢叫板"国际金标准"，向价值链高端和产业链的核心环节进军，在全球的竞争力逐步提升，促进了上海高端制造和智能制造的发展，推动中国由制造大国向制造强国的转变。

案 例　联影医疗：攻坚核心技术，打响高端医疗设备中国品牌
人民网上海频道 2018 年 9 月 3 日

一台 7 米多的巨型机器，只要躺在上面扫描 15 秒，分分钟就可以得到一张完整的人体全身高清代谢图像……

灵敏度提升 40 倍，辐射剂量降低 40 倍……联影 uEXPLORER 探索者被称为探测人体的"哈勃望远镜"，它的出现几乎让中外医疗器械行

2017 年 5 月，世界首台全景动态扫描 PET-CT uEXPLORER "探索者"首次全球公开亮相。

业惊掉了下巴……

而这样的惊讶对于上海联影医疗科技有限公司来说早已不是第一次。

时间追溯到 2014 年，美国加利福尼亚大学戴维斯分校、宾夕法尼亚大学及劳伦伯克利国家实验室分子影像领域的国际顶尖专家组成了"探索者联盟"，获得美国国立卫生研究院（NIH）一笔大额专项资金支持，来将全身人体扫描的 PET 设备从构想变为现实。

"探索者联盟"为了确保项目的成功，四处寻找可靠的工业界合作伙伴来执行这个项目，最终却选择了上海一家在欧美名不见经传的小公司。是什么样的团队什么样的产品有这样的魅力？

"说到底，这么大的项目选择我们这样的新公司，连我自己都有一点出乎意料。"联影分子影像事业部 CEO 包峻坦白，"但是转念一想，研发这些年花了这么多心血，联影在这个领域已经有了很深的技术积累，选择我们也是情理之中的事情。"

新兴企业探索科研无人区

"这块科研前无古人，是一个空前的挑战。"包峻介绍到，高端医疗设备是个非常复杂的工程，包括机械、电子、物理、图像、算法、软件、工艺，难度极大。传统 PET-CT 轴向视野只有 15.7cm—21.6cm，最长也不过 30 cm，如今要实现 2 米长的轴向视野，工程的复杂度将提升无数倍，处于真正的科研无人区。2 米 PET-CT 并不是简单的探测器模块的组合，对于可靠性、易用性等方面要求很高。以可靠性为例，假定一个普通 20cm 长的临床 PET 产品的可靠性为 95%，简单地将十台这样的产品凑在一起是可以组成一个 2 米 PET，但这样的 2m PET，其可靠性将只有 0.95 的 10 次方——59.87%。

由于技术难度极高、工程量巨大，美国顶尖分子影像团队"探索者联盟"也望而却步，希望交给具备丰富产品研发和转化经验的企业来完成。因此，在拿到项目后为期两年的时间里，"探索者联盟"开始在全球寻找合适的工业合作伙伴。

继首台商业化 PET-CT 在 2001 年诞生以来，PET-CT 技术迅速成为全球临床、学界、产业界关注和研究的焦点，几大国际巨头高端医疗设备公司都陆续研制出 PET-CT 产品并推向全球市场。而在中国，PET-CT 这一前沿且高端的设备鲜有企业能够研制成功，2015 年数据显示，日本每百万人口拥有 PET-CT 4.3 台，美国 5.1 台，而中国只有 0.2 台，且市场被外资品牌几乎 100% 垄断。

"探索者联盟"寻找合作伙伴期间，国际知名跨国公司均进入候选行列，但由于这些企业始终没有提出令项目团队特别满意的方案，合作伙伴的最终人选迟迟没有落定。没有人想到，在中国，已经有一家公司掌握了关键的核心技术。

成立于 2011 年的上海联影医疗科技有限公司是一家自主研发、生产全线高性能医学影像及放疗设备，并提供医疗信息化、智能化解决方案的高新技术企业，早在 2014 年就成功研制出了性能领先的 96 环光导 PET-CT。

与全球巨头技术 PK

无巧不成书，在 2015 年的美国核医学与分子影像学会年会（SNMMI）现场，"探索者"项目负责人、加利福尼亚大学戴维斯分校教授 Simon R. Cherry 博士见到了联影美国子公司 CEO 李弘棣教授。

在有限的 15 分钟时间里，李教授直奔主题，介绍了联影在 PET-CT 领域的独特优势：联影已经成功研制了 112 环数字光导 PET-CT，拥有当时业界最高灵敏度、业界最高分辨率、业界最大轴向视野等核心性能。最为关键的是，联影 PET-CT 的核心部件探测器中，藏着一个全新的"物种"——替代传统部件的高灵敏度硅光电芯片 SiPM。较传统光电部件而言，其尺寸从厘米级缩减至毫米级，却能突破现有 PET 技术极限，极大地提升了系统稳定性与可拓展性，SiPM 所带来的全面模块化的设计更意味着这台机器具有良好的可扩展性，能够更为方便地组成轴向视野长达两米的 PET。

"造这台人类史上最强 PET，探测器是核心，而基于 SiPM 的探测器技术就是其核心中的核心。但他们没想到，这一技术早已由一家中国企业实现了产业化！"李弘棣回忆说。这次匆匆会面，为联影赢得了一次技术答辩的机会。

一个月后，在加利福尼亚大学戴维斯分校举办的"探索者"项目技术答辩会现场，会议厅内核医学领域世界顶级科学家、临床专家云集，答辩实况在伯克利分校和宾夕法尼亚大学同步直播。所有人的目光聚焦于李弘棣身上，"那么多模块，怎么同步？如此庞大的数据量，怎么保证重建速度？系统优化、维护怎么办？"面对一个又一个极具挑战的难题，李弘棣总能给出完美的解决方案。

答辩会持续了整整一天——在李弘棣同与会专家分享学术成果、与探索者核心团队在项目技术、风险、开发计划及经费预算等方面开展深入讨论后，"探索者联盟"终于决定将联影纳入合作伙伴的候选名单。

尽管"探索者联盟"与联影达成了初步合作意向，但在高端医疗设备领域，历数美国尖端科研项目，还尚未有过中国企业参加的先例。想要说服美国国立卫生研究院（NIH）特批这次合作，必须拿出切实的证据证明联影的实力。

2016 年初，Simon 与项目另一位负责人，加利福尼亚大学戴维斯分校教授 Ramsey Badawi 带领着一个由美国加利福尼亚大学戴维斯分校及劳伦斯伯克利国家实验室研发人员组成的考察团到访上海，对联影开展了全方位无死角的考核，并同期比对其他竞争者方案。

现场，Simon 与联影研发人员一起聊技术，在工厂车间仔细勘察制作工艺与质量控制……团队经过与业界主要的 5 家企业广泛的接触和研讨，对各家厂商提出的实施方案做了技术评估，并进行了实地考察，从技术解决方案、质量控制、设计创新能力以及公司对项目的承办决心和力度等方面对厂商进行评估。美方代表还去了复旦大学附属中山医院，

2016 年 1 月，美国探索者联盟团队来到联影，开展全方位无死角的考察。
图中左一为李弘栻，左三为 Ramsey Badawi，右一为包峻。

考察设备的图像质量以及系统在临床应用的情况。

一回到美国，考察团就向美国国立卫生研究院（NIH）提交了一份书面报告。他在报告中提到："综合考核全球范围内的各大高端医疗设备企业，联影在技术实力、质量控制、设计创新和产品化能力上极具优势，是探索者项目合作的首选。"

2017 年 1 月，"探索者联盟"正式对外宣布选择联影为全球范围内唯一的产业化合作伙伴，全权负责 2 米 PET-CT 的研发和产业化，并掌握完全的知识产权。

"收到邮件说和我们合作，虽有些惊喜，但根据考察期间的交流情况看也是意料之中的"，包峻和他的团队回忆起当时的场景，"对方来上海考察的时候，我们就觉得是有戏的，因为在这个领域我们有研发优势并且积累时间长，但是这么快就落槌，是有一点点的意外，开心过后就意识到，新的艰巨任务要启动了。"

从 0 到 1 夜以继日一天工作 16 个小时

2 米 PET-CT 的项目，国际上没有任何可以借鉴的经验，一切都是

2018 年 5 月，美国顶尖分子影像团队"探索者联盟"的领头人再次来到联影，与所有参与 uEXPLORER 项目的成员面对面交流，亲自表达感谢。

从 0 开始。

"这个项目对于我来说就是一个挑战"联影 MI 研发工程师丁喻谈到自己的感受，"我主要负责升级算法，这个项目的数据量是以前的 100 倍，这代表以前我们运行只需要几分钟可以完成，数据量增加 100 倍以后，我们运行需要几个小时才能完成。"

如果继续按照以前的算法，不改进升级系统，普通人去医院使用新机器拍片子，可能需要几个小时才能拿到报告。

更大的挑战来了，从前段数据采集和发送到后端图像重建，所有的软件架构设计都需要推翻了重新来。

有一次，一个问题没法解决，一直在测试，却百思不得其解，研发工程师李俊有一天在睡梦中，突然有了灵感，想到可能是哪里出了问题，当即起床，打开电脑，把梦里的想法记录了下来，"第一个可能是、第二个可能是……"写完倒头再睡，第二天醒来，根据梦里的想法一个个排查，竟然把这个问题解决了。

"预期没那么准确，反馈到哪些问题都不可预测，问题解决不了的时候，会萦绕着我 24 小时，也睡不着觉，睡睡醒醒，都是在想问题"。MI

研发工程师谢辉滨跟记者分享道，"那段时间大家都是一天工作 16 个小时。不过我当时大学一毕业就来到了这里，有着自己的梦想。"

当时联影还是个刚起步的小公司，在清华开毕业生招聘宣讲会，一位前来宣讲的 CEO 说："长久以来，中国高端医疗设备市场被跨国公司垄断，中国高端医疗设备行业发展疲弱，国产设备难以进入三甲医院。"谢辉滨告诉记者，"就在那个时刻，我意识到我们国家在这块的欠缺，没有自主创新的技术，就会被人牵着鼻子走，出于这样一种心理，我决定去参加联影的招聘。"

在 PET—CT 这个团队，每天早上中国项目各个小组的团队负责人会在公司一楼的测试间一起开早会，大家围绕着一个机器，共同探讨昨天研发过程中碰见了什么问题，应该如何来改进。会一起分享昨天做的实验，以及采集的实验数据，哪里需要重建，哪些地方有遗漏。

"早会的时候就是工程师们思想的碰撞，可能一个工程师的想法对另一个工程师有启示。"包峻给记者看了他们交流讨论的几十个微信群，"因为时差，美国分公司的同事不能参加上海的早会，但信息会在微信群里每天同步。"

"一个巨大的系统单单要找出是哪个零件出了问题，就要付出千百倍的努力。"李俊形象地比喻说："如果有 36 个零件的机器哪里坏了，我们最多测试 36 下就可能知道哪里坏了，如果是 2000 个零件的机器，就要另当别论了。"

"工作带来的成就感也是不可比拟的。"丁喻说，"这么大的项目，对于我们来说就是不断发现问题，解决问题，这个项目做下来最大的进步是在自主创新中拥有解决问题的能力。"

实现了国际学界一个未完成的梦想

今年 5 月，探索者项目开始渐入尾声，美国顶尖分子影像团队探索者联盟几位领头人迫不及待地来到中国了解项目进展，这是他们两年内

2018 年 5 月，"探索者联盟"的领头人再次来到联影，验收项目阶段性成果。图中左一为包峻，左三为 Simon R. Cherry。

第三次来到联影。

其中的领头人 **Simon R. Cherry**，还在今年 6 月获得了国际顶尖会议 **SNMMI**（核医学与分子影像协会）的 **Paul C. Aebersold** 大奖，奖励其为核医学领域做出的杰出贡献。在获奖报告发言中，他提到自己职业生涯中最自豪的成就，当数与联影共同开发的这个探索者项目。

他们站在联影的机器旁边，爱不释手地摸着 **2 米 PET-CT**，并亲自对联影的工程师表示感谢，为中国速度点赞。

"这么短时间完成基本的研发工作，关键因素在于成熟完善的通用硬软件平台、扁平化架构、跨部门快速响应协同、以往成熟的经验和技术积累。"包峻总结道。

刚刚从费城开会回来的包峻告诉记者，国外多家顶级研究机构对 **2 米 PET-CT** 的诞生表示了惊讶和赞叹，并提出了购买意向。目前，除了欧美日等高端国际市场，联影的影像产品还获得来自缅甸、越南、斯里兰卡、孟加拉、菲律宾、乌兹别克斯坦、哈萨克斯坦及许多非洲国家的订单。

只有自主研发，才能在产品性能的持续提升和成本的持续下降上掌握主动权和自由度。短短 7 年时间，联影已攻克全线高端医学影像设备一系列关键技术，自主研发出中国第一台 3.0T 磁体、第一台"0"噪声时空探测器、第一台数字光导探测器等一系列核心部件，彻底改写中国人不掌握这一领域最核心技术的尴尬历史。

陈晨

人民网上海频道

振华重工：中国力量打造风电领域的"海上巨无霸"

点 评 **曹永琴**
上海社会科学院·应用经济研究所副研究员

　　1992 年，改革的春风吹拂着中华大地，全国各地改革开放力度逐步加大。与此同时，全球经济一体化的趋势不可逆转，国际贸易空前发展，全球港口机械面临巨大的历史发展机遇。

　　也是在 1992 年，十几个人以 100 万美元注册资本、三间办公室，在上海浦东创立了一家名叫"振华"的港口机械公司，依靠天时地利人和抓住机遇，凭借着敢为人先、勇于创新、立足国际的精神，面对强手林立的国际港机市场，从港机到悬索钢梁再到航母龙门吊，从亚洲最大、最先进的绞吸挖泥船"天鲲"号，到"魔鬼码头"洋山港，再到世界最大2000吨自升式风电施工平台"龙源振华叁号"，振华重工从初创时业内籍籍无名的新兵，成长为叱咤风云的港机巨子。26年来凭着自主创新的拼搏精神和敢闯敢为的劲头，振华重工完成了诸多被西方世界认为不可能完成的任务，攻克了一项项技术难题，创造了一系列令人瞩目的世界第一，产品远销海外101个国家和地区，覆盖全球300余个港口，在全球集装箱岸桥市场连续20年雄踞第一，市场份额达到70%以上。全体振华人谱写了一曲中国制造的卓越华章，实现了"世界上凡有集装箱作业的码头，都要有上海振华的集装箱机械作业"的梦想，引领中国制造走向全球，继续谱写着中国制造的卓越华章。

案例 振华重工：中国力量打造风电领域的"海上巨无霸"
人民网上海频道 2018 年 9 月 10 日

7月19日，上海振华重工（集团）股份有限公司自主研制的世界最大2000吨自升式风电施工平台"龙源振华叁号"在江苏龙源大丰二期风

"龙源振华叁号"在江苏龙源大丰二期风场进行现场施工　黄海舟摄

场完美完成"首秀"，将重 650 吨、直径 5.5 米的风电基础桩"锤"入海底，施工垂直精度在国际标准的千分之三以内。

2000 吨级！"海上巨无霸"如期交付使用

"龙源振华叁号"是振华重工自主研制的世界最大风电施工平台，于今年 5 月 18 日正式交付使用。该船长 100.8 米，型宽 43.2 米，型深 8.4 米，是集大型设备吊装、打桩、安装于一体的多功能自升式海上风电施工平台。

近年来，海上风电已成为全球风电发展的研究热点，世界各国都把海上风电作为可再生能源发展的重要方向。我国海岸线长约 18000 公里，近海风能主要集中在东南沿海及其附近岛屿，海上风能资源丰富，因此我国制定"风电发展'十三五'规划"，并将海上风电划入战略性新兴产业的重要组成部分。

记者了解到，"龙源振华叁号"风电施工平台拥有 10 多项创新技术，起重能力达 2000 吨，为全球最大，双钩最大吊重 2000 吨，可轻松吊起 6 兆瓦大功率海上风机基础，实现空中翻身；高达 120 米的起升高度，是目前全球自升式风电施工平台之最；配备 DP-1 动力定位系统，使整个平台在波涛汹涌的海水中可保持"纹丝不动"；拥有双层单桩抱桩器，既可进行单桩沉桩作业，也可进行风机吊装作业；开创国内最大 50 米海下作业深度。最值得骄傲的是，它的起重机、升降系统、推进器、动力定位系统等关键配套件实现了百分百国产化，是我国海上风电作业从浅海走向近海的关键"利器"。

除此之外，"龙源振华叁号"还可以存储大量风机设备，容纳 108 人在海上生活居住，其高达 3000 平方米的装载面积，使海上风电施工团队能顺利在海上"安营扎寨"，可谓是当今海上风电领域当之无愧的"海上巨无霸"。

据"龙源振华叁号"项目经理、振华重工海工集团党委副书记吴富生介绍，目前，我国海上风电建设尚处于起步阶段，海上风电设备的运输与安装需要高端的技术支持，风电安装平台这种"独门武器"便应运而生。海上风电施工平台具有作业环境恶劣、打桩工艺复杂、桩腿齿条焊接要求高等一系列难题，因此，其设计长期掌握在国外设计公司手中，核心装备多依赖进口。

"为了突破国际垄断，振华重工组建了一支年轻的设计队伍，项目组成员克服了技术资料缺乏、无参考母型船、现场施工经验基本为零等困难，积极与科研院校合作，自主设计了风电平台的船体，从零突破，攻克了多项关键技术，目前实现多项国内首创，陆续设计研制了龙源振华贰号、三航风华、龙源振华叁号等风电施工平台，设计水平居世界先进。"吴富生说。

"集团公司的目标是'每年做一个世界第一'，在这之前，全球自升式风电安装平台的最大起重能力为1500吨，我们这次直接做到了2000吨，十年八年里领先国际应该不成问题。"作为"龙源振华叁号"的总体设计工程师、31岁的晃世方尽管年轻，一言一行给人的感觉却是稳重踏实。

世界最大风电施工平台"龙源振华叁号"进行全程抬升试验　徐金鑫摄

每一个"世界第一"背后都有动人的故事

要做到"世界第一"，可不是喊句口号那么容易，每一个"世界第一"的背后，都伴随着多少工作人员的心血和付出。

先说长度为 85 米的四条圆柱形桩腿，需要用 120 毫米厚的钢材卷成圆柱体，最后成品的直径公差要控制在 6 毫米以内。"焊接过程中，钢材特别容易变形，所以要控制好这个尺度并不容易。"吴富生说，后来大家反复讨论，想办法，终于想到一个合理的办法，在钢材的内部加了 T 型环及加强筋板，用来控制夹板与筒体的焊接变形。"因为桩腿的制造工期比预期延长了一个月，就需要在其他地方补回来。"

"'龙源振华叁号'设计之初，是要能够抵抗百年一遇的海上风暴的，通俗点讲，就是能抵抗十五级强台风。"晁世方告诉记者，这样高的标准，首要的就是增强平台的稳定性，因此想到了给四条桩腿"穿上靴子"，增加桩腿的受力面积，以保持稳定。

晁世方介绍，这个被称作"桩靴"、类似于船体四只脚的部分，每个的面积是 100 平方米。"一百平方米，比咱们这个大会议室还要大很多，是一套普通房子的面积了，而这才仅是一只'靴子'的面积。"如此一来，平台才得以在升降及作业时，"靴子"牢牢立在水中，抓住水底，让"海上巨无霸"经得住狂风暴雨的袭击。

"做靴子不易，拔靴子也不简单呢，尤其是第一次调试的时候。"调试经理成华给记者讲述了第一次拔桩靴的经过，当时，整个船体在南通近海区域进行总装生产，"桩靴"已经在水里矗立了三四个月的时间，就像"长"在了水里一样。后来，反反复复不断倾斜船体，一点一点让"桩靴"动摇，用了数小时才将其拔出。

提到过程的不易，就不得不提起重机上的回转轴承，这个轴承的直径 12 米多，这么大规格的圆柱滚子轴承在国内从未制造过，在此之前，国内最大做到 9 米。后来，与振华重工有过多次合作的洛阳 LYC 轴承有限公司接下了这个难度颇高的任务，洛阳轴承厂克服种种技术难关，用了 13 个月的时间，终于制造成功。这是一个剖分式轴承，剖分成了 6 个部分。晃世方说，"洛阳在内陆地区，没有方便的水运渠道，所以是陆运过来的，尽管分成了 6 块，但尺寸依然很大，据说在运输过程中，还协商拆过几个收费站通道。"

"龙源振华叁号" 2000 吨风电安装平台项目部青年突击队　徐金鑫摄

作为"龙源振华叁号"项目"青年突击队"的一员，于亮亮感慨良多。这支青年突击队约 30 人，平均年龄 33 岁。"这支队伍有很强的创造力和执行力，因为轴承、桩靴制造的延期，为了按期交付，我们春节期间全部放弃了休息，加班加点赶进度，确保后面吊装试验的顺利进行。当一次次技术难题被解决，一个个节点按时完成，就觉得白天黑夜的付出都值了！"

憧憬未来　他们要引领中国制造走向世界

前段时间，纪录片《厉害了，我的国》在朋友圈刷屏，看过这部片子的人，想必对"振华重工"这个品牌一定不会陌生。在这部纪录片中，"振华重工"的产品多次出现，"振华 30""蓝鲸 2 号""自动化港口"……

2018年4月10日，李克强总理考察振华重工。中国政府网供图

引领着中国制造、上海品牌走向世界。

4月10日，李克强总理到振华重工集团公司考察，了解到振华重工不仅出售成套装备，还为客户提供长年后续服务时，李克强称赞道，你们不仅生产一流的中国装备，更提供一流的中国服务，一流装备加上一流服务，才能在激烈竞争的全球装备市场上始终站稳脚跟、勇立潮头。

5月18日，振华重工自主研发的世界最大风电施工平台2000吨级"龙源振华叁号"风电施工平台如期在江苏南通交付使用，标志着我国打破国外技术垄断，实现大型风电安装平台国产化，为我国加快发展海上风电产业提供了装备支撑。

在此之前的4月20日，振华重工刚刚与龙源振华签订2500吨坐底式海上风电安装平台项目。

坐底式海上风电安装平台是世界首创的新型风电安装平台，是集成了众多尖端科技的综合性工程。该平台由上下两个船体组成，下浮体为密闭结构，与四条桩腿相连可沉到海床的硬泥层上。桩腿插拔容易且迅速，比传统插桩式风电安装平台至少提高效率 2 ~ 3 倍。坐底式海上风电安装平台由振华重工自主研发、设计、制造，船长 100 米，型宽 48 米，型深 14 米，最大起重能力 2500 吨，超越了之前的"龙源振华叁号"，居目前世界同类平台之首。

"我们一直调侃自己是'吃着碗里的，望着锅里的'。"吴富生笑道，尽管 2000 吨级已在国际上遥遥领先，但还是早早提出了 2500 吨级的概念，并开始付之行动。要建造的 2500 吨风电船，在插桩、拔桩上有新的设计，时间更短，更容易快速更换地方作业。"我们坚信，就像 2000 吨级的制造过程一样，道路是曲折的，但前途是光明的，每做一件新产品都要经历这样一个过程。"

唐小丽
人民网上海频道

宝钢硅钢：十年砥砺厚积薄发
摘取钢铁"皇冠明珠"

点　评　**吴璟桉**
上海社会科学院·应用经济研究所副研究员

2018年，是我国改革开放40周年。40载流金岁月，改革开放，春风化雨，改变了中国，影响并惠及了世界。40年来上海既享受到了改革开放的巨大红利，拥有了领先世界的国际大港——洋山深水港；拥有了速度上的世界领先——磁悬浮；举办了举世瞩目的上海进口博览会等傲人成绩，也作为改革开放的先行者，多年来在投资领域开放、贸易方式转变、金融改革深化、法律制度创新等方面积极改革试点，为国家取得了很多可复制，可推广的经验。

正如李强书记所强调的"直面难点、痛点,补齐短板弱项"。四十不惑,我们既要看到成绩、总结经验,但更要清醒地认识到我们的不足与差距。当前上海制造科技创新能力不足是上海重塑制造业的最大短板。硅钢是钢铁产品"皇冠上的明珠"。为建设具有全球影响力的科技创新中心,铸就"上海制造"品牌,上海迫切需要一大批宝钢这样的企业,把产品定位在国内无法生产或生产达不到要求的产品上,十年如一日,厚积薄发,勇攀高峰,致力于研发生产对国家具有重大战略意义、高技术含量的产品。

案 例 **宝钢硅钢:十年砥砺厚积薄发摘取钢铁"皇冠明珠"**
人民网上海频道 2018 年 10 月 10 日

提到钢铁产品,大家首先想到的可能钢筋钢材,可能是生活家电,也可能是汽车高铁⋯⋯跟我们日常生活息息相关的,几乎都有钢铁产品的影子。

但你可知,日常生活中随处可见的但凡与"电"相关的电器设备,从随手携带的手机中的元器件,到家用冰箱、空调里的压缩机,到出行乘坐的地铁、高铁上的大小电机,再到三峡水电站的大型发电机、西电东输的各种大型变压器,他们的"核芯"制造材料是什么?这就是记者此次采访的重点,它们是有着"钢铁产品中的工艺品"之称的硅钢。

如果说,普通钢铁历经的是"千锤百炼",那么硅钢可以说在此基础上还增加一道"精雕细琢"的工艺。含硅,易碎,因此它除了"铁骨铮铮"和"刚直不阿",还有"工艺品"的特性。

大批大型工程上马,生产取向硅钢迫在眉睫

硅钢,因含硅元素而得名,含硅为 1.0% ~ 4.5% 的钢铁称作为硅钢。硅钢又分为无取向硅钢和取向硅钢。那么这么专业的名词该如何解

释呢？

宝钢股份硅钢部刘宝军部长用了这样一个形象的比喻：生产硅钢就好比是在做大饼，一把芝麻撒下去，如果芝麻随意分布，那就是无取向硅钢；如果做到饼面上每一粒芝麻的头尾朝向都朝着同一个方向规律分布，那就是取向硅钢。

试问，撒一把芝麻，还要让它们朝同一个方向规律排列，就像阅兵时的仪仗方阵整齐划一，丝毫不能有差错，难度何其大！毫不夸张地说，取向硅钢是钢铁产品中制造难度最大的品种，因此它也被誉为钢铁产品"皇冠上的明珠"。而能否生产取向硅钢，则是衡量一个国家、一家钢铁企业制造技术水平的重要标志。

2008 年之前，国内取向硅钢年产能只有 27 万吨左右，只能满足国内市场的 50% 左右，其余完全依赖进口，严重制约了我国电力行业的发展。

当时世界上只有少数国家的钢铁企业有能力制造取向硅钢。我国是世界上最大的取向硅钢进口国，每年进口量占世界总产量的 10% 以上，尤其是用于高性能变压器的高磁感取向硅钢，几乎全部依赖进口。

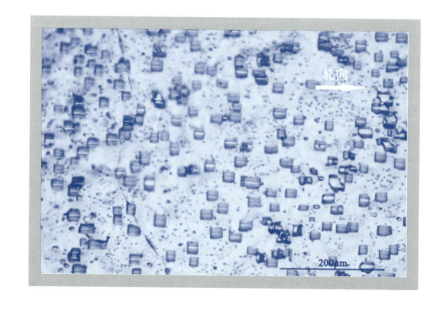

随着我国国民经济的发展以及国家能源战略的实施，三峡工程等一大批大型水电工程和电站上马，对取向硅钢的需求也急剧增长。市场需求引发了进口取向硅钢价格暴涨，单次提价高达 1000 美元 / 吨。取向硅钢生产能力的严重不足，成为制约国家电力传输系统效率提升和节能政策落实的瓶颈。

回想当年，刘宝军说，宝钢之所以要发展取向硅钢，承担的是强国的重任。三峡工程建设阶段，激光刻痕高等级取向硅钢国内不能供应，国外企业不仅"坐地起价"，而且"限量供应"，国家电力的发展与安全受制于人，这绝对不行！宝钢人十分清楚，要成为世界一流的钢铁企业，必须跨过制造取向硅钢这道坎。

核心技术是买不来的，必须走自主创新道路

取向硅钢的研发过程是异常艰苦卓绝的。当时的宝钢，随着竞争力的不断提升，已为全球同行所瞩目，被国际钢铁"巨头"视为在中国本土的第一竞争对手，而取向硅钢技术是他们仅存的"秘密武器"。

"就算你想花大价钱购买，人家也不卖。"刘宝军说，事实证明，核心技术是买不来的，即使花大价钱购买的也是国外的落后技术，最多也只能达到二流水平，这不符合宝钢的定位，也无法完成国家的重托。

"不能一直被国外企业卡脖子！"面对国外钢铁企业的技术封锁，宝钢从 1997 年就着手开始了取向硅钢制造工艺技术研究。担负如此重大使命，宝钢上下深知选择发展取向硅钢就是自古华山一条路，只能成功，不能失败。公司历任领导对取向硅钢高度重视，倾注心力、高度关注和关心。2004 年，宝钢凭借多年积累的技术优势和努力，在前期探索的基础上反复试验，逐步建立和形成了取向硅钢工艺方案和关键技术路线，取得了实验室研发的成功。

项目启动伊始，是采用风险最小但发展潜力低的高温 CGO 技术，或是风险次之但制造难度极大的高温 HiB 技术，还是研发难度和风险并

存、但如能实现突破将彻底改变我国取向硅钢技术长期落后局面的低温 HiB 技术？三条路摆在了硅钢团队面前。

志在远方的宝钢人决定义无反顾投身于最尖端取向硅钢生产技术的研发，唯有掌握最尖端的技术，才能将命运攥在自己手里。掌握取向硅钢的生产技术和生产能力是宝钢赢得市场竞争的必要条件，也是激烈的市场竞争对宝钢提出的硬性要求。

黄浦江畔，上海制造正不断碰撞出新的火花

历经风雨，方能见彩虹。2008 年 5 月 15 日，第一卷合格取向硅钢的产出，标志着宝钢历经十年艰辛，通过自主集成创新，掌握了代表钢铁业顶级制造能力的取向硅钢工艺技术。同年 7 月 29 日，代表着当今世界钢铁业最高工艺技术水平的低温高磁感取向硅钢、激光刻痕取向硅钢产品在宝钢相继下线，并实现批量生产，标志着宝钢取向硅钢研发、生产技术已跻身世界一流。自此，掀开了宝钢硅钢从赶超到引领的跨越式发展。回首过往，从彼时高等级取向硅钢全部依赖进口，到今天宝钢取向硅钢广泛应用于代表着输配电行业最高技术水平的双百万工程和特高压直流工程，宝钢取向硅钢的自主创新之路越走越宽。

　　"一支能够制造钢铁皇冠'明珠'的队伍，是宝钢硅钢迈向一流的基石。而党组织战斗堡垒作用的发挥和体现，正是打造这支'不一样'员工队伍的保障。"宝钢股份硅钢部党委书记蔡志庆这样说。为了淬炼高素质的员工队伍，硅钢部党委以党员的先锋模范、率先表率为示范，以员工的行为习惯、技能提升为抓手，从排队上下班、列队交接班做起，点点滴滴、潜移默化中规范；从员工"技能健身"、工匠培育做起，苦练

内功、榜样引领中提升。由小及大、由表及里，不断打造这支"不一样"的员工队伍。

回首硅钢一路走来的风雨路程，蔡志庆说，每遇技术瓶颈来临时，每当急难险重任务接踵而至时，每当身处困境一筹莫展时，必然会有党员身先士卒、敢为人先，必然会有党员不畏艰难、勇挑重担，必然会有党员披荆斩棘、踏浪前行。

由于特殊原因，上海电气制造百万千瓦火电机组用硅钢进口供料突然中断。国家电力发展与安全受制于人的局面再度上演。如何打破困局，突破长期依赖进口所产生的发展瓶颈？宝钢挺身而出。

当时，可供货上海电气百万千瓦火电机组的宝钢硅钢产品尚无投入使用的实绩，双方党组织率先行动，将国有企业党组织"把方向、管大局、促落实"的要求落到实际行动，开展党委共建，两家上海制造龙头企业的通力合作，携手走上了打造中国硅钢民族品牌之路。

在双方党组织共建的基础上，宝钢硅钢部迅速响应，协同多个部门，组织专业人员进行攻关。从原料采购、物料准备到生产组织、试验检测，先后进行了 6 次共十多种工艺的优化试验，经过两个多月夜以继日的辛勤付出，最终通过了上海电气技术评审，宝钢硅钢产品完全满足上海电

气对产品性能的需求，完全可以替代进口。

自此，采用宝钢硅钢高等级无取向硅钢 C6 产品的上海电气百万千瓦火电机组挺起了国产化的脊梁，完全摆脱了对进口产品的依赖，为上海制造再添新功。现如今，宝钢硅钢与上海电气围绕产品、市场、用户使用技术的党组织共建已深入到方方面面。"黄浦江畔，上海制造正不断碰撞出新的火花。"蔡志庆说。

小平同志说"历史将证明，建设宝钢是正确的"

宝钢取向硅钢的自主创新之路，正映射了与改革开放同龄的宝钢，历经 40 年风雨征程，从无到有、从有到优、从优到强的历程。

1978 年 12 月 23 日，标志着中国历史大转折的党的十一届三中全会闭幕的第二天，位于上海宝山区月浦以东滩涂上的宝钢工程即将正式开工建设。这个设计规模为年产钢、铁各 600 万吨的上海宝山钢铁总厂，成为当时新中国成立以来最大的工程立项。

宝钢能够落户上海，与当时上海钢铁业的发展现状及上海市委的积极争取有着千丝万缕的关系。上海钢铁厂曾是我国重要钢材生产基地之一，钢产量占当时全国总产量的 1/5，但上海的生铁产量却仅有 100 万吨，缺口需要从鞍钢等大型钢铁企业调运。当得知冶金部有从日本引进钢铁设备的消息后，上海市委认为这是个难得的机遇，应当积极争取将这一项目放在上海。后国务院派出专门的工作组到上海考察，经过全面权衡，最后决定把第一套引进项目建在上海。

宝钢投资规模巨大，对国民经济全局影响甚巨。很多当初没有全面考虑的问题，开工后都暴露出来。公路等基础设施严重不足，建钢铁厂需要新建配套；华东电力、用水本来就紧张，再加上一个宝钢就更困难……破土动工不久的宝钢要不要停建或者缓建，成为众说纷纭的热门话题。

1979 年 7 月 21 日，邓小平到上海视察时明确表示："宝钢国内外议

论多，我们不后悔，问题是要搞好。第一要干，第二要保证干好。"**1979年9月**，他在中央一次会议上指出："历史将证明，建设宝钢是正确的。"这给了千万名宝钢建设者以极大的信心和勇气，使得宝钢的建设在危难中获得调整、恢复和发展。

"建设宝钢，绝不仅仅是为了**1**年多生产几百万吨钢，而是要迅速缩短我国钢铁工业与发达国家的差距，满足国家经济建设的需要。"从诞生那天起，宝钢就承担了这样的使命。因此，宝钢把产品定位在国内不能生产或生产达不到要求的产品上，并从此确立起在市场竞争中的品种质量优势。

一路走来，宝钢一直致力于研发生产国内市场紧缺、替代进口的高附加值、高技术含量产品，严格苛求的精神品质已高度凝练成宝钢的钢铁精品战略，成为宝钢保持竞争优势与生俱来的基因。

宝钢是"中国改革开放的产物"，年届不惑的宝钢，与改革开放同龄。经过**40**年来的艰苦创业、持续创新，宝钢创出了世界一流业绩，建成了世界一流企业，引领中国钢铁工业走上了现代化发展之路，开创了中国钢铁工业发展的新模式，走出了一条中国国有企业做强做优做大的改革发展之路。

　　40 年，宝钢始终用实际行动践行着属于它的使命和担当，宝钢取向硅钢的发展，已然成为我国钢铁业自主创新道路的缩影。宝钢人用行动履行了"建好一个宝钢、上交一个宝钢、输出一个宝钢"的承诺，用事实印证了邓小平同志当年的决断——"历史将证明，建设宝钢是正确的。"

唐小丽

人民网上海频道

上海核电：从"零"走向"深蓝" 自主创新释放"国之光荣"

点 评 **张剑波**
上海社会科学院·应用经济研究所研究员

　　能源与物质、智慧及信息一起构成人类社会的战略性资源。在我国改革开放40年的工业化、城镇化和现代化的过程中，能源的需求一直很大并持续增长，有力地支撑了"三化"进程。由于我国矿石能源产地和能源使用地的严重脱节，沿海地区用能紧张局面一直持续。核能是矿石能源的有效补充，二战以后在主要工业国家得到了有效利用。核电站技术难度高，资本投入大，需要综合技术实力和工业制造能力的有机结合。1958年，在自主发展原子弹和核反应堆的背景下，交通大学上海部分（今上海交大）同清华大学、交通大学西安部分（今西安交大）等几所著名大学几乎同时办起了工程物理系，下设原子工程、放射化工、电物理、核材料等专业，开始了核工程研究探索和人才培养。1970年中央赋予上海开始研究部署核电站建设工作的重大历史使命，上海成立了"728"工程领导小组（上海市核电办公室前身）负责项目推进总体协调，组建了"728"工程设计队（上海核工程研究设计院前身）负责工程总体设计。1998年上海交大与上海核工程研究设计院共建博士点，2000年与上海核工程研究设计院共建博士后流动站，同年建立工程硕士点，为上海及中国核电事业不断输送人才。

《上海核电：从"零"走向"深蓝"自主创新释放"国之光荣"》一文，介绍了我国第一座自行设计建造的秦山核电站（第一代核电站）由上海承担主要设计、提供一半国产设备（上海提供了占总量三分之一强的设备）、打响上海核电品牌的光荣历史；也展现了上海核电产业初步形成'两柱一台'的发展框架即设计支柱、装备制造支柱及产业服务平台以及中国核电国家名片、上海核电服务中国的整体实力；还为读者呈现了从三十万千瓦、六十万千瓦到百万千瓦，从二代到"二代加"核电技术进步，积极开展第三代AP1000、EPR核岛主设备制造技术的引进、消化、吸收和再创新，开展第四代核电高温气冷堆核岛主设备制造技术的研制工作，以及我国自行设计制造的第三代核电机组出口国外、中核集团地区总部设在上海、拥有25年历史的世界核电运营者协会（WANO组织）决定将在上海建设第五中心的激动人心的宏大画面。读后让人不禁对中国核电事业感到自豪，并对中国核电事业的领导者、建设者萌生由衷的赞佩和深深的敬意。

案 例	**上海核电：从"零"走向"深蓝"自主创新释放"国之光荣"**

人民网上海频道 2018 年 7 月 2 日

"1991 年 12 月 15 日零点 14 分，秦山核电站正式并网发电！"

　　曾亲身经历秦山一期核电站起步及发展全过程的市核电办"老法师"汪祖蓉，对上海核电事业如数家珍，每一分每一秒，都牢牢镌刻在脑海中。

　　27 年前，作为中国大陆第一座 30 万千瓦核电站，秦山核电站（又称"728"工程）的发电，结束了中国大陆无核电的历史，也使中国成为继美、英、法、苏联、加拿大、瑞典之后世界上第七个能够自行设计、自主建造核电站的国家。

　　"728"工程由上海承担主要设计；全部设备 70% 都是国产，主要设备一半是上海的。秦山核电站有着深深的上海元素和烙印。

　　与国际核电技术相比，从望尘莫及、望其项背，到并驾齐驱，如今甚至在有些方面有所超越……中国核电的发展过程中，上海核电地位和作用不可磨灭。

1991 年，中国大陆第一座商用核电站——秦山核电站并网发电。上海核工院供图

筚路蓝缕　秦山核电标志中国核电实现"零的突破"

　　"上海是我国命脉产业的基地，由于少煤缺电，许多工厂面临停产，更有新办的工厂不敢开工建设……"1969 年底，来自上海的一份紧急报告引起了中央领导的关注。

1970 年 2 月 8 日，上海传达了周恩来总理"从长远来看，要解决上海和华东用电问题，要靠原子能发电"的指示精神，并开始研究部署核电站的建设工作。

由此，开启了中国和平利用核能、核工业"军转民"的崭新一页。根据周恩来总理的指示，要通过"728"工程掌握技术、积累经验、培养人才。围绕"728"工程，上海成立了"728"工程领导小组（上海市核电办公室前身）负责项目推进总体协调，组建了"728"工程设计队（上海核工程研究设计院前身）负责工程总体设计。

但由于国内外政治、经济等多方面因素，改革开放前，核电起步困难重重。作为首座核电站，项目技术路线、堆型方案的选择经历了无数次曲折反复；定位也一再转变，从最初的"原型堆""试验堆"到正式确立为"商用堆"，工程建设也是步履维艰。

"中国工业基础比较薄弱，制造、材料、工具、手段、人才、标准、整个体系的能力都不足。当时情况下，是以举国之力，汇集了 437 个单位参加秦山工程建设。"上海核工程研究设计院郑明光院长回顾道。

20 年时光流转，秦山核电站自力更生，从无到有，到并网发电、安全运行，凝聚了中国一代核电人的智慧和心血。同时，秦山核电站的成功建成，不仅促进我国初步建立了包括核电评审体系等在内的"八大体

2000 年，中国第一个出口核电站——恰希玛核电站 1 号机组完成临时验收并交付巴方管理运行。上海核工院供图

系"，也成了中国核电发展的摇篮。

"很自豪！设计、建造、验证、装备……**100** 多家上海企业分布在这个产业链，全部参与的将近 **200** 家，更是长三角联动的典范。上海拥有国内最完整的、最成体系的核电产业链，这在世界也不多见。"上海核电办公室副主任张宏韬说。

"上海核电产业初步形成了'两柱一台'的发展框架，即设计支柱、装备制造支柱及产业服务平台。"汪祖蓉回忆到，就在秦山核电站发电后的 **15** 天，**1991** 年 **12** 月 **31** 日，我国就与巴基斯坦签订了成套出口同样 **30** 万千瓦级堆型机组的合同，成为当时我国能源领域规模最大的、综合性最强的、科技含量最高的出口项目。

三十万千瓦到百万千瓦站在世界高起点中国核电实现新腾飞

"**上海核电品牌是秦山一期打响的。**"1982 年，从上海铁道学院机械化专业毕业后，唐伟宝进入上海锅炉厂工作，便投身到中国的核电事业，从上海电气的一名工程师成为领军人才。

从秦山一期核电站起，唐伟宝便参与了核电站蒸汽发生器的研制工作。核电蒸汽发生器，在一定程度上代表了核岛承压设备制造能力的最

秦山二期六十万千瓦蒸汽发生器　上海电气供图

高技术水平。

得益于中国改革开放，秦山二期六十万千瓦核电站蒸汽发生器、压力容器的设计和制作技术方面有机会与国外合作。唐伟宝回忆到："由于经济方面的窘迫，无法引进国外先进技术。"值得一提的是，业主方主动出资与美国西屋和日本三菱签署了技术转让合作协议，唐伟宝等人抓住机会出国接受培训，真正接触到核电质量管理等核心技术，这也为上海电气核电发展打下了一定的基础。

2005 年起，中国核电进入了快速发展阶段。一度，大锻件资源落实及 U 形管的锁定曾制约了上海核电进入二代改进型百万千瓦核电核岛主设备领域，但上海电气人不畏艰辛，通过艰难的谈判，锁定资源，取得核电业主的信任。之后，该集团首次将红沿河、宁德的百万千瓦核电蒸汽发生器、压力容器和稳压器等设备的制造任务交由上海电气负责。

从三十万、六十万千瓦到百万千瓦，从二代到"二代加"核电技术进步，完成了自主开发到技术进步的跨越；面对国外更加先进的第三代技术，上海核电人积极开展第三代 AP1000、EPR 核岛主设备制造技术的引进、消化、吸收和再创新，以及开展第四代核电高温气冷堆核岛主设备制造技术的研制工作。

面对中国核电的发展，上海建设了临港重装备基地，实现了高端制

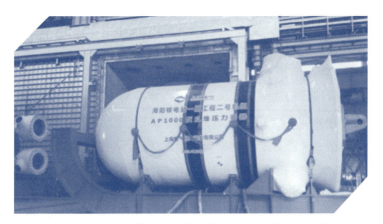

AP1000 海阳 2 号压力容器容器组件　上海电气供图

造能力质的提升。"通过国家重大核电重大专项的支持、地方政府的配套、大学前端的基础研究和创新、设计院提出整体型号技术发展要求，以及上海电气装备能力的落地，上海核电产业能力得到全面提升。"郑明光院长认为，前端技术能力、设计能力，型号开发能力、设备能力，形成整体配套，相互支撑。核电强国带动制造强国！

临港核电制造基地　上海电气供图

一度，上海核电的制造技术追上甚至领跑国际。唐伟宝等上海核电人意识到，上海核电需要培育核心竞争力，做到质量稳定、交付及时、技术先进、成本领先、市场主导等五方面，只有这样上海核电才能在国内甚至国际竞争中立于不败之地。

CAP1400 自主创新"三代核电"成为我国核电出口新名片

作为国家科技重大专项大型先进压水堆 CAP1400 的总设计师，郑明光曾先后参与我国第一座自主研发的核电站——秦山核电站、中国第一座出口核电站——巴基斯坦恰希玛核电站的设计研究与工程建设工作。

"我们是这个时代的幸运儿"。在中国核电不断前行的过程中，郑明光也从一名普通的技术人员，逐渐成为中国三代核电自主化发展中的一位技术领航者。

郑明光院长向国际原子能机构总干事天野之弥
介绍 CAP1400 的先进性　上海核工院供图

　　自主化的成功从来都不可能一蹴而就。CAP1400 在研发设计过程中，郑明光团队从核电站的总体设计、工程设计到试验验证、安全审评、整条产业链上相关的装备制造等方方面面都意味着要接受创新变革所带来的挑战。

　　2007 年，国内制造企业都做不出三代关键核电设备。研发过程中，

核电汽轮机 1.9 米长叶片正在装配　上海电气供图

200多家单位整合协同、2万余名科研技术人员有效参与，通过大量试验研究、分析、比对、论证，从不掌握技术到掌握技术，从学习对标，再到比肩超越，最终具备了世界领先的大锻件制造能力。

针对日本福岛事故的分析研判，郑明光表示，"CAP1400在设计创新和改进的同时，进行了充分的设计论证和试验验证，目前的安全设计能够确保在发生异常事件甚至严重事故的情况下都不会对环境、社会、公众造成不可接受的伤害。"

对于核安全，作为"大国工匠""上海工匠"，1970年出生的罗开峰手持焊枪28年，拥有一身过硬的焊接技能，先后参与了秦山二期、二期扩建；巴基斯坦恰希玛一期、二期核电；世界首堆第三代AP1000浙江三门；山东海阳；华龙一号巴基斯坦卡拉奇核电等国内外五个核电基地8台核电机组、三种堆型主管道焊接及相关技术攻关工作。"核安全容不下一点瑕疵，这是生命线。"工作几十年来，罗开峰始终坚持初心不改。

罗开峰手工焊接大厚度不锈钢管 中核五公司供图

十年磨剑，在引进消化吸收AP1000核电技术的基础上，以郑明光为总设计的CAP1400研发团队解决了一批核电发展的迫切需求和"卡脖子"关键问题，成功研发了功率更大、安全性更高的大型先进非能动核电型号——**CAP1400**，并使之真正成了我国具有自主知识产权和独立出口权的三代核电技术，成为我国核电出口的新名片，全面提升了核电研发、设计、制造、安全审评、试验、标准、人才等国家能力，并推动了装备制造业从二代跨越到了三代，促进中国核电高质量、高水平发展。

"从设计技术开始，很多创新的技术要求，就要慢慢高于国际标准！从世界水平到世界先进水平，到少量的领先水平，中国要做核电强国，理念创新要不断加强，基础研究要不断投入，提高产业化标准。"郑明光院长强调。

走向深蓝走向世界　上海核电全球战略地位日趋凸显

"核电产业，除了国内同行的竞争以外，还有国外的竞争压力。"上海市核电办专家刘伟瑞表示，即使在我国核电产业发展的低谷期，上海核电行业依然做到了"队伍不散、机构不撤、科研不断"，为后续发展打下了坚实的基础。

2015 年 6 月，中核集团与上海市政府在沪签署了战略合作框架协议，充分抓住央地融合机遇，积极发挥核工业全产业链和科技创新链的产业优势，有序推进各产业发展，核科技创新成果不断涌现。

2017 年，为促进海洋核动力装备产业化，根据国家"建设海洋强国"战略和"一带一路"倡议，中国核电、上海电气、江南造船等 5 家企业共同出资 10 亿元，在上海成立中核海洋核动力发展有限公司，标志着我国向海洋核能应用又迈出了坚实的一步。在装备制造产业深度融合方面，中核集团将联合上海相关企业，围绕核电出口和"华龙一号"示范工程建设，组建上海先进核电装备技术产业联盟，推动上海市核装备制造和海洋工程装备制造产业转型升级。

在高端金融产业推进方面，2018 年中核军民融合发展基金项目将落户上海世博地区，注册资本 10 亿元，募集资金 200 亿元。项目落地后，将把握我国军民融合发展的国家战略机遇，专注于促进我国核工业产业链各单位整合与协同，形成央地、军民融合、产业结合的深度发展模式。

中核集团区域总部成功落户上海，除了产业基础、地理位置、技术服务优势，张宏韬说背后其实有着无数次的沟通。上海第一张打感情牌：20世纪80年代，交大、复旦培养的很多人才，直接参与秦山核电建设，中核对上海有感情。第二张打科技牌：上海产学研联动，能助力好的市场化想法落地！

2017年8月，中核集团牵手上海市，合建先进核能技术科研创新中心，中核集团董事长王寿君作为央企代表进行发言。中核浦原供图

"精诚所至，金石为开！"2017年8月，中核集团和上海签约，加快推动中核集团区域总部建设及在沪相关产业布局，加快与上海地方经济融合发展，进一步完善了上海核电的产业链，重新定义了上海在中国核电版图中的重要战略位置。

目光再转向世界。世界核电运营者协会（WANO组织）是通过WANO成员的共同参与制定国际上通用的性能指标，在全球范围开展经验反馈、培训、交流，从而不断提高全球核电站的安全可靠性。

去年年底，在中核集团的牵头提议下，这个已成功运作25年的国际权威核电组织决定在上海建设第五中心。"相当于亚洲奥委会搬到了上海，将增强中国未来在核电上的话语权和国际影响力，助力上海全球科创中心的建设。"张宏韬透露，其实背后还有个"一杯咖啡"的故事。

去年，国际组织负责人来上海会谈，双方时间都很紧。第一天谈到下午 3 点钟，但备忘录还是没下决心签，对方以太累为借口，说明天再谈！但，明日双方关键人都不在。中方建议，休息一下喝点咖啡！"尝尝，是不是和你们国家一样的好！"

张宏韬派人随即买来浓醇的咖啡。"挺好！""那请你相信，上海有和你们国家一样好的咖啡，一样的感觉。共识远远大于分歧，足以支撑你们在上海落地和发展！"一杯咖啡化解了顾虑。当天草签备忘录，第二天落实签约文字。

"一代人有一代人的故事。面向未来，上海核电人的使命越来越重。"上海市核电办公室副主任张宏韬感叹！

从事核电已经 36 年的郑明光院长认为，"很多人一辈子都在研究核电，研究一个型号、一个堆型。而我们全程参与秦山核电、巴基斯坦恰希玛核电以及国家重大专项 CAP1400 等一系列国家任务，这就是国家使命、国家能力！"

中国核电国家名片，上海核电服务中国！肩负着"制造强国"的国家使命，上海核电正按照国家战略要求，扬帆起航，走向深蓝，走向世界。

葛俊俊　韩庆　李一凡（实习生）

人民网上海频道

西气东输：万里长龙气贯山河
只为点亮万家灯火

点 评 **张剑波**
上海社会科学院·应用经济研究所研究员

天然气是比较清洁的矿石能源，用天然气代替煤炭是降低污染的有效途径。在农耕文明时代，大河疏浚、大运河的建设及其有效利用，通舟楫之利，为南粮北运、北煤南运、盐铁漕运及各种物流人流等提供了宏大运输通道，为民族共同体的打造提供了深厚的物质基础和精神动力，有力地促进中华文明登上并长期屹立于世界农耕时代的巅峰。在改革开放的新时代，远比大运河里程更长、覆盖山河更广、跨越地理天堑更多的西气东输工程谱写了中华儿女惊天地、泣鬼神的时代赞歌。

《西气东输：万里长龙气贯山河　只为点亮万家灯火》一文，描绘了总长 12280 公里，西起塔里木盆地，途径河西走廊、黄土高原、华北平原，管道穿越"三山一原、五越一网"，一路抵达长江中下游平原和珠江三角洲，途径 16 个省份和香港特别行政区，使华夏大地近 4 亿人受益的西气东输工程建设的宏大画面。从文中可以了解到，该工程供气范围覆盖了我国西北东部、中原、华东、华中、华南地区，并向西北、西南地区转供天然气，形成塔里木、柴达木、长庆、川渝四大气区以及中亚、中缅、进口 LNG 联网供气格局。在共同开展天然气长输管道关键设备国产化研制和应用的 10 家"用户 + 制造企业"的研发"国家队"中，上海有三家——上海电机厂、上海广电电气和上海电气阀门有限公司，分别攻克了正压通风防爆电机、变频调速系统和高压大口径全焊接球阀等三个关键技术难题，上海宝钢则攻克了 X70 级的。相比之下，美国 1000 多公里的类似工程要准备 30 年才开工。可以说，关键设备实现国产化，开启了中国管道业新征程，上海有关企业担当了"攻城突击队"。

案例　西气东输：万里长龙气贯山河　只为点亮万家灯火
人民网上海频道 2018 年 5 月 15 日

2000 年 2 月，国务院批准启动"西气东输"工程，这是拉开"西部大开发"序幕的标志性建设工程。几年间，"万里气龙"横亘华夏大地。

西起塔里木盆地，途径河西走廊、黄土高原、华北平原，一路抵达长江中下游平原。这是西气东输一线工程的起止点。

从西到东，横贯新疆、甘肃、宁夏、陕西、山西、河南、安徽、江苏、上海等 9 个省区市，全长 4200 千米。

管道需穿越"三山一原、五越一网"，"三山"即太行、太岳、吕梁，"一原"指黄土高原，"五越"即三次穿越黄河、一次穿越淮河、一次穿越长江，"一网"便是江南水网。

西气东输工程穿越西部戈壁　文中图片均由西气东输管道公司供图

如此复杂的地形地貌，无法想象的施工难度，这项举世瞩目的伟大工程，是如何在短短的几年间建成投产的？

"万里气龙"横亘华夏大地　近 4 亿人受益

"西气东输工程是国内自行设计、建设的第一条世界级天然气管道工程，也是中国第一条管径最大、压力等级最高、技术难度最大的已竣工管道工程；第一次在长江和黄河上完成长距离、高难度、大口径的盾构、顶管及定向钻穿越；第一次在管道工程中大规模运用全自动焊接技术、全自动超声波监测技术；第一次在天然气管道上推广应用遥感选线技术和先进的自动化控制系统……"谈起这项工程创下的多个"第一"，中国石油西气东输管道公司总经理、党委书记张文新难掩自豪。

张文新谈到早年经历的一件事，那是 1999 年，自己作为施工方在南京参加一次培训。"当时，我们了解到美国的一条输气管道，全长只有一千多公里，做了 30 年的前期准备工作才开工建设。我就在想，我们这项时间短、里程长、任务重的工程，究竟能不能完成。"

事实见证了西气东输工程：从决策酝酿到战略实施，从气源落实到市场开发，从试验示范到技术攻关，从工程建设到材料装备，从开工建设到投产供气……张文新感叹"每一个环节都彰显了社会主义制度集中力量办大事的优越性"。

西气东输工程延水关黄河隧道穿越成功

西气东输一线工程上海段开工

西气东输管道公司副总工程师高顺华自 1983 年大学毕业后就进入石油行业,一干就是 35 年,"这辈子就干了这么一份工作。"高顺华笑侃。他参与并见证了西气东输管道的全线贯通,从最初缺少技术、经验,而不得不与外方合作,饱受外方技术垄断之苦,到后来组建"国家队",实现国产化,这之中经历的种种酸甜苦辣,不是三言两语所能概括的。

高顺华记得,最初大家习惯了用煤球、液化气,认为天然气价格高,

西气东输管网核心枢纽站场——中卫压气站

犹犹豫豫都在持观望态度。销售人员挎着公文包，一家家去跑，磨破嘴皮子，很辛苦。"西气进入上海可谓来之不易，除了建设者们付出的心血、汗水和智慧之外，仅是上游供气和下游用户的谈判就历时两年，最后双方签署了长达近八万字的协议，共 130 页。而且借鉴了最先进的照付不议天然气运销模式，意味着签约双方的庄重承诺，更是促进了中国供用气双方在天然气销售领域合作双赢的市场法则体系。"

如今，在西气东输管道沿线，162 座站场就像一颗颗散发着光芒的

西气东输管道沿线站场 24 小时有专业技术人员值守巡检

珍珠，串起一座座城市，连起一个个家庭，汇成推动国家经济社会发展的能源大动脉。3000 多名西气东输人，日复一日地巡线守护，年复一年地操作、维护，用一腔热血捍卫着"万里气龙"。

目前，西气东输管道公司运营管理管道 12280 公里，途径 16 个省市区和香港特别行政区。供气范围覆盖了我国西北东部、中原、华东、华中、华南地区，并向西北、西南地区转供天然气，形成塔里木、柴达木、长庆、川渝四大气区以及中亚、中缅、进口 LNG 联网供气格局，管网一次管输能力超过每年 1230 亿立方米。十余年来，公司累计实现天然气管输商品量近 4000 亿立方米，占我国新增天然气消费量的 50%，近 4 亿人口从中受益。

关键设备实现国产化　开启管道业新征程

"我们现在说起天然气管道，已经不单纯是管道的概念，实质上是一张覆盖全国的天然气管网。"高顺华告诉记者，在这张网中，要想将天然气源源不断顺利输送到每一个城市、每一家企业和千家万户中去，至少必须解决两个关键问题：一是要有能够使天然气保持一定压力而输送到下游的压缩机组，这也被称作天然气管道的"心脏"；二是要有能够在检修、施工、改造等过程中将管道局部隔离开的干线截断阀，一般简称为"高压大口径全焊接球阀"。

在西气东输一线上，压缩机组和大口径全焊接球阀全部依靠进口，并且设备的核心技术服务也是依靠外方工程师，给设备运行维护管理带来了极大的不便。"天然气管道被誉为能源大动脉，关系国计民生，掌握自主技术具有强烈的迫切性。因此从西气东输一线增输工程开始，我们就开始强烈呼吁要对关键设备进行国产化研究应用。"

2009 年开始，通过走访调研、实地考察、相互交流，最终确定了 10 家企业共同开展天然气长输管道关键设备国产化研制和应用，形成了"用户＋制造企业"的研发团队，他们称之为"国家队"。在入围的 10

西气东输技术人员与国产化研制团队召开现场工作会

家企业中，上海企业就有 3 家——上海电机厂、上海广电电气和上海电气阀门有限公司。

上海电机厂建于 1949 年 12 月，可谓是"共和国长子"，具有较强的研发实力、制造加工能力。但通过调研发现，他们在高速大功率电机的研发应用方面缺乏相应业绩，尤其是西气东输项目要求电机必须是正压通风防爆电机，以前没有这样的案例。为了项目能够成功，总工程师孙明伦领衔，从设计、加工、装配等各个专业抽调人才组成研发团队，反复研究设计方案，一次次对接沟通，在方案设计阶段就开始深化设计、计算分析、难点梳理及提出具体解决措施、给予的支持保障等。

2011 年 4 月 8 日产品通过鉴定，专家组给出高度评价："该产品设计合理、性能优良，总体达到国际同类产品先进水平，部分性能指标达到国际领先水平。该项目的研制成功，对提升我国电机行业的综合能力，保障国家经济安全具有十分重要的意义。"

上海广电电气负责变频调速系统，这是一家优秀的民营企业。总工程师王永红在接受记者采访时，讲述了这样一件事：2010 年，在沈阳进行满载 72 小时测试，每个单位都要有技术团队始终守在现场，只要出现一丝差错就需重新来过，而一次满载测试，仅是电费就要一千多万，成本何其高！"那 72 小时，真是煎熬！那段时间，大家压力都很大，我有

2012年11月，首台国产20兆瓦级电驱压缩机组在西气东输高陵站一次投产成功。

几次做梦都梦到设备故障而被惊醒。现场测试时噪音非常大，面对面喊话也听不清，沟通交流要靠纸笔。72小时成功结束后，已是凌晨两三点钟，为了庆祝阶段性胜利，大家一起出去庆祝，饭店都关门了，好不容易找到一家火锅店，很小很简陋，但我们都很兴奋，很多人都喝醉了，我也喝醉了……"

上海电气阀门有限公司在此之前曾给西气东输提供过小口径阀门，

国产大口径全焊接球阀研制试验现场

但在高压大口径全焊接球阀的研制上还处于空白阶段。总工程师蔡守连说："2003 年，我们作为西气东输一线 26 寸以下球阀国内唯一供应商，觉得很自豪，但也感受到很大压力，因为 26 寸以上球阀尤其全焊接管线球阀全是进口的，作为长输管线的大口径干线阀门如果全部依赖进口，显然对国家能源战略安全不是什么好事。"作为入围"国家队"的一员，上海电气阀门有限公司发挥自身技术优势和团队优势，从设计、加工制造、装配、试验各个环节提出一系列的质量跟踪措施，确保环节受控、总体受控。

到 2010 年，上述三大关键设备在西气东输站场成功运用，实现了中国装备制造在机电领域的历史性突破。时至今日，仅西气东输管道公司就有 7 座站场运用了国产化装备。未来，西气东输干线支干线上将会有更多的站场用上中国自主研发的核心设备。

宝钢 X70 级管线钢填补空白 "西气"直通宝钢

宝钢提供管材运抵
西气东输工程现场

西气东输能源大动脉，是一项功在当代、利在千秋的大型工程，它的质量不仅关系到沿线各省区市的社会稳定与公众安全，而且关系到整个国民经济的协调发展与可持续发展。为确保工程质量万无一失，除了工程建设者要把好质量关，工程质量的关键也取决于施工者技术水平和施工材料的质量。建设初期，经过层层筛选，宝钢是当时唯一具备向西气东输工程供应高强度、高韧性管线钢的国内钢铁企业。

宝钢股份有限公司首席研究员郑磊提到当年的情形，2000 年 4 月到廊坊参加技术研讨会，主要议题就是宝钢能否提供 **X70** 的管线钢，"当时西气东输项目部说了，能提供，就立刻订货，如果不能，将有两种结果，要么退回到 **X65** 的设计方案，要么全面进口 **X70**。我觉得如果靠进口，西气东输工程就失去了意义，成了卖苦力了。"对此，宝钢的代表当场回复，从理论上和宝钢多年管线钢的研究生产经验讲，宝钢有能力生产出满足西气东输工程需要的管线钢，并建议在"涩—兰"管线中进行试制。

2000 年 6 月 23 日，我国第一块 **14.7×1550mm** 厚规格 **X70** 管线钢进行热轧试制，后经试验段用钢进行试制，各项性能指标均很好地满足涩宁兰管线工程的技术条件要求。

宝钢营销中心能源用钢总监俞方群当年也与郑磊一起，参与了技术研讨会，后经历与日本、韩国公司同台比试。"在这个过程中，宝钢背负的责任，是为了整个国家。毫不夸张地说，西气东输工程提升了国内冶金行业的整体水平，加快了管道等装备制造业的国产化进程和技术进步。"

宝钢钢铁集团研制的 X80 钢材运用于中俄东线建设

西气东输一线工程建设期间，宝钢是西气东输管道 **X70** 管线钢的供货商，约占螺旋焊管用热轧卷 **67%**，成为西气东输工程主要的管材供应商。凭借在西气东输一线工程中的良好业绩、过硬的产品质量以及优质的服务，宝钢最终成为西气东输二线工程钢铁制品的主要供应商。如今，西气东输工程建成投产 15 年，宝钢为西气东输一线、二线、三线等项目供货直缝钢管、宽厚板、热轧卷板等产品总计 142 万吨。

而在西气东输一线投产后，宝钢作为上海首家使用西气东输气源的企业，旗下的特钢厂逐渐拆除了 149 座煤气炉，二氧化硫和烟尘排放量削减率分别达 59.5% 和 26.8%。煤气车间关停后，企业每年少排放废水 48 万吨，周边水环境显著改善。为保障宝钢的用气需求，2011 年 8 月西气东输用直一宝钢支线建成投产。截至目前，通过宝钢支线，西气东输向宝钢的累计供气量超过了 14 亿立方米。

"西气"入沪 14 载　浦江两岸"底气"十足

2004 年元旦，时任上海市委副书记、市长韩正出席了"西气东输上海正式通气仪式"，并见证了"西气"进入上海的历史性时刻。如今，东方明珠塔下、浦江两岸，西气东输管道公司正通过 4 条管道，向上海这座国际大都市源源不断输入清洁的天然气。

上海城市燃气布局

虽然上海很早就使用人工煤气，并于 1999 年用上东海平湖天然气，但人工煤气生产过程对环境有污染且平湖天然气供应量较少，上海一直"求气若渴"。"西气"入沪后，天然气开始大规模使用。

据上海燃气集团副总经理邵君介绍，2007 年，上海市区天然气用户首次超过人工煤气用户数量。2012 年 6 月 30 日，西二线上海金山站向上海供气，为上海市安全平稳供气再添保障。加上西一线近 10 年稳定供气，上海"底气"更足。西气东输两条管道向上海年供气量超过 32 亿立方米，2017 年达到 37.7 亿立方米。目前，上海居民除了利用天然气做饭、洗澡外，天然气壁炉、烘干机、地热采暖系统等燃气设备也进入普通市民家。

2015 年 6 月，人工煤气退出历史舞台，上海实现了城市管道燃气的全天然气化。如今，如东—海门—崇明岛输气管道投产，岛上百姓用上管道天然气。同时，岛上用上"西气"的上海申能崇明燃气电厂（两台 424.2 兆瓦燃气—蒸汽联合循环机组）在今年 4 月底已实现了首台机组的 168 小时试运行。

家住浦东潍坊新村的 76 岁老人王鸿华对西气东输改变生活有着切身

"西气"入沪，为美好生活添彩。

感受。他说："小的时候用蜂窝煤、煤饼烧水做饭，烟熏火燎，不安全也不卫生。后来用上了煤气罐方便了许多，但是换煤气罐又成了问题，扛上扛下还是不方便，也有安全隐患。现在有了管道天然气，烧菜烧饭不仅干净，而且安全。空气也变好了，邻里之间都说用天然气好。"

张文新给记者算了这样一笔账，西气东输入沪14载，累计供应天然气400亿方，可替代标煤5200万吨，相当于减少244万吨有害物质、1.76亿吨二氧化碳酸性气体的排放，相当于在长三角地区种植了1.7亿公顷的阔叶林，形象地说相当于种植了16.4个江苏省面积的阔叶林。

如果说，十多年前上海的天然气市场似初生婴儿般呱呱坠地，那么十多年后的今天俨然如青少年般朝气蓬勃。今年4月27日，"上海制造"三年行动计划正式发布，这为上海制造业企业吹响了冲锋号。随着中俄东线的建设推进，到2020年，上海以西气东输输气管网为支撑的多气源供应格局将更加完备。西气东输输送的天然气，将通过多条能源保供线汇入上海，走进千家万户，点亮万家灯火。

唐小丽

人民网上海频道

上工申贝："蝴蝶"破茧重振翅
老品牌踏上新征程

点　评　**万勇**
上海社会科学院·应用经济研究所研究员

　　上工申贝集团的本土品牌"蝴蝶"，承载着一代人的美好回忆，但其发展一度身陷困境。如今，其蜕变为国际缝纫行业巨头，品牌享誉全球，改革创新过程中，产生了诸多可贵经验。

　　其一，立身世界市场实现国际协同。在改革开放的浪潮中，集团敏锐地瞄准世界市场，完成一系列跨国整合，最终实现欧亚联动。与德国顶尖公司的强势结合，使其一方面实现了欧亚尖端技术的攻坚克难，另一方面对接了大量的合作资源，如目前欧洲几乎所有的奢侈品公司的自动化缝制设备均由上工申贝提供。

其二，坚持科技创新完成超前研发。集团早于市场探索自动化研发，将每道工序设计成一个特殊动作；多年来，瞄准新材料、新工艺和新兴产业，积极寻求突破点。如今，已经设计生产了用于飞机碳素纤维复合材料零部件的缝纫机器人，致力于实现智能化。

其三，顺应市场需求，丰富品牌内涵。精简了外观结构，设计时尚且轻便的机型；应用智能化技术，丰富缝纫花样的多元品类；关注用户的情感体验，把劳作变成娱乐，引领新的生活方式。

唯改革者进，唯创新者强，唯改革创新者胜。其不断的创新求变过程，在新一轮科技革命和产业变革中，对于众多的本土品牌具有重大的启示意义。

案 例　上工申贝："蝴蝶"破茧重振翅　老品牌踏上新征程
人民网上海频道 2018 年 6 月 8 日

自行车、缝纫机、手表和收音机——这四件如今看来平淡无奇的产品，如果时光倒回至半个多世纪前，可是不菲身家的象征，甚至在相当长的一段时间里，这"三转一响"成为不少人相亲择偶的重要标准。

随着社会的快速发展，"四大件"中的许多老字号一度淡出人们的日

常生活视野。但，寄托着无数人美好回忆与情愫的蝴蝶牌缝纫机，却通过丰富品类、技术创新、提升品质、打造品牌，获得新生。

今年 5 月 10 日，首届中国自主品牌博览会在上海拉开帷幕，在偌大的展厅中，上海馆的人气一直居高不下，尤其是在上工申贝的展台前，摆脱传统"包公黑"外形的缝纫机，以小巧智能的"白富美"姿态引发围观，让观众在感慨时光飞逝的同时，更为不断创新求变的"蝴蝶"振翅高飞欣喜与点赞。

蝴蝶飞过 99 年　成就几代人的温暖记忆

作为上工申贝的老员工，卜伟平至今仍记得蝴蝶牌缝纫机当年的辉煌："当时买缝纫机都要凭票购买，即便是我们员工，也要凭票才买得到，真的是一票难求啊！很多人都托我想办法帮忙搞票。"

卜伟平 1972 年就进厂做学徒，最开始的工资是一个月 16 元钱，"转正"后达到 18 元，而当时一台蝴蝶牌缝纫机的价格则是 160 元。可即便如此，厂里每年 150 万台的产量，仍是供不应求。

"我攒了很久的钱，在结婚的时候买了一台蝴蝶牌缝纫机。这在当时可是很值得骄傲的。"回忆起过去，卜伟平的脸上依然洋溢着幸福："我和老婆结婚的时候，她什么都不要，连家具都是自己打的，有这台缝纫机，就让她很满足了。"

同卜伟平一样，当时的中国家庭，如果能拥有一台蝴蝶牌的缝纫机，

一定会让亲友羡慕。而缝纫机在人们的生活中也起着至关重要的作用：不仅可以缝补修改各种衣物，还可以在不用时变成孩子们学习的书桌。

在很多人的记忆中，妈妈坐在缝纫机前装线、转动圆盘、脚踩踏板的身影，仍伴随着熟悉的"嗒嗒"声，浮现在眼前。

临危受命　海外并购"险中求胜"

改革开放后，随着成衣化水平的不断加快，家庭制衣越来越少见，缝纫机行业也开始落寞了起来。直到 2001 年，上工申贝开始大胆尝试整合上海的缝纫机资源，通过产权交易的方式从上海飞人协昌缝制械有限公司购买了"蝴蝶牌"等缝纫机商标，但由于成本的压力，生产只能转移到外地。曾经年产 150 万台的辉煌时代，成为了历史的记忆。如何"让老品牌焕发新魅力"是上工申贝面临的新课题。

与"蝴蝶"一样，上工申贝也在改革开放的浪潮中倍感压力。在民企和外企不断的"价格战""技术战"的夹击之下，上工申贝在不到 10 年的时间里走下了神坛，不仅让出了国内龙头的宝座，更是一路亏损不止。

企业的困难让卜伟平这样的老员工感同身受："原来我们最多的时候

厂子里有上万个工人，到后来就只剩下大概两三千人了。而且当时不仅是工资发不出来，就连给工人"买断"的钱都拿不出来。"

一个几乎家喻户晓的老品牌，怎样才能再次飞入寻常百姓家？危难之际，如今的上工申贝董事长张敏临危受命，出任上工股份的"掌门人"。张敏深知，要带领上工申贝走出困境，这几乎是个不可能完成的任务。2004年，如何带领集团走出困境？张敏做出了一个大胆的选择：海外并购。

彼时，上工申贝的现金流几乎枯竭。2005年，公司年亏损额一度达2.7亿，靠变卖土地和老厂房苦苦支撑。这对自身难保的上工申贝绝对是一招置之死地而后生的险棋，但张敏似乎并没有其他的选择："当时摆在我们面前的只有两条路：要么上市公司被借壳，我们放弃缝制主业和上工、蝴蝶等老品牌，要么通过海外并购寻求生机。"张敏回忆说。尽管当时中国企业收购外国企业的案例仍是凤毛麟角，但一心要救活上工的张敏还是决定做一回吃螃蟹的人。

恰好，德国老牌缝制机械公司杜克普也面临着连年的亏损，大股东急于将企业出手，这无疑给了张敏一个很好的机会。"我们收购了德国缝纫巨头杜克普后，将其欧洲生产布局进行了梯度调整，并将杜克普高端产品引入中国市场，很快我们海外的主业就由亏损变为盈利。8年后我

们又开始主动性并购，几乎把德国主要的缝纫机企业全部收归到我们囊中。"张敏说。

杜克普公司拥有 **150** 年的缝制设备制造历史，其多种产品和技术均处于世界领先地位，在欧美市场拥有众多高端客户。在收购了杜克普公司后，上工申贝一举进入了世界缝制技术高地，摆脱了低端市场的成本竞争：包括路易·威登、爱马仕、阿玛尼等一线大牌奢侈品品牌都成了上工申贝的客户。

海外并购的成功，让上工申贝走上了复兴之路，也让张敏意识到，想要在市场竞争中保持自己的优势，关键在于核心技术的掌握。因此，张敏带领上工申贝持续地进行研发团队的建设。

"我们大力推进中国智造、中国开发，从电控系统的编程开始，和德国团队一起来开发缝纫机电控技术。终于，我们在中厚料缝纫机、自动

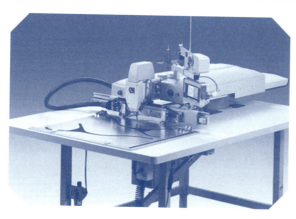

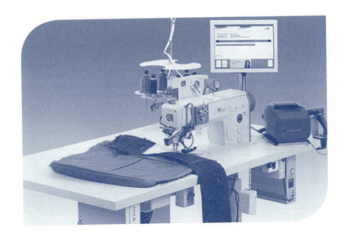

缝制单元和标准化型缝纫机上都相继完成了电控系统的自我开发和生产，摆脱了以往向别人购买的历史。"张敏说。特别还有上工申贝自主研发的中厚料缝纫机实现了革命性平台化设计，机体外形相同、零件通用化，实现了量产，成本降低了约30%。这使上工申贝的中厚料缝纫机在奢侈品品牌中拥有了极高的市场占有率。

科技创新　老品牌讲出新故事

上工申贝的复苏，也让沉寂了多年的蝴蝶牌重新振翅高飞。

家用缝纫机分公司总经理陈琰告诉记者，随着成衣制品的增加和生活节奏的加快，自己动手制作服装的人就越来越少了，因此原来功能比

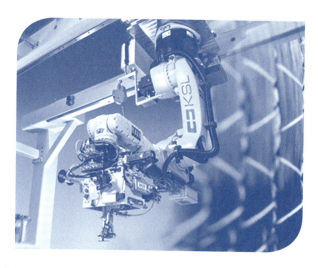

　　较单一的缝纫机慢慢淡出了人们的视线。如今的蝴蝶牌缝纫机，把目光对准了年轻一代的消费者。

　　缝纫机不仅变得更加小巧、实用，还更加地"聪明"："我们新款的JX550L-W无线操控家用缝绣一体机结合了互联网技术，缝纫机可以通过WiFi与手机APP连接，用户就可以用手机从云端数据库上下载自己喜欢的花样，让缝纫机自动绣出想要的图案。"陈琰透露，蝴蝶牌JX550L-W无线操控缝绣一体机还获得了第17届中国国际工业博览会发展论坛评选出的"工业设计创新大奖"铜奖，足见其在业内的创新价值。

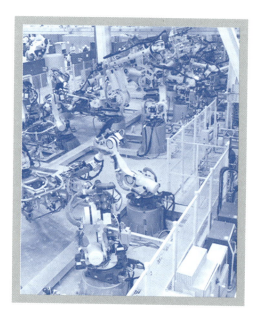

　　另外，蝴蝶牌缝纫机也在主动向年轻的消费者靠拢，在微博微信等年轻人聚集的社交软件上都开通了自己的官方账号，在分享缝绣作品的同时，也让年轻一代的消费者重新认识了缝纫机这个"老古董"的

新活力。"我们最近还在计划进驻时下比较火的抖音,让更多的年轻人知道,如今的蝴蝶牌缝纫机已经和他们记忆中的样子有了很大的变化。"陈琰说。

尽管企业的情况逐步好转、业绩稳定,但张敏深知"居安思危"的道理,他仍在探索上工申贝接下来的道路。"创新,可以使产品竞争力更强。而持续的创新,就能使你在'红海'中找到属于自己的'蓝海'。"张敏说,上工申贝不能永远依赖缝纫机单一主业,必须要"两条腿走路",而张敏为上工申贝找的"第二条腿",就是智能智造:通过平台化和模块化设计,上工申贝研发出了为飞机结构件、汽车内饰件和皮革工业配套的智能化缝纫工艺设备。同时在服装加工领域也陆续开发出西服、西裤和牛仔裤以及衬衫自动缝制单元,以适应服装机械增长趋缓、出现产品需求结构调整的新常态。

"2018 年,我们已经开始研究汽车的整车和部件的焊装生产线,将从机器人和 CNC 控制的柔性材料加工工艺向刚性材料方面拓展。科技才是第一生产力,想要在竞争中不甘落后,就必须保持不断地创新能力。"张敏说。

邬　　迪
人民网上海频道

上海石化：创新发展不忘初心 绘出"绿色石化"新篇章

点　评　**万勇**
上海社会科学院·应用经济研究所研究员

创新是国家命运所系、发展形势所迫、世界大势所趋。石化作为传统行业，面临转型升级压力，唯有选择创新才能激发潜力。上海石化惯有坚持创新的传统，近年来，更是力争从多个方面交出创新发展的闪亮答卷。

习近平总书记来沪考察时，曾强调要把科技创新摆到更加重要的位置。上海石化在科技创新方面，围绕硬件设备改造、资源综合利用、原料优化、精细化工等，坚持绿色环保理念，淘汰高污染产业和落后产能，有效实现生产过程"清洁、高效、低碳、循环"，大力推进自动化控制与优化水平。

管理创新方面，连续修订完善多项相关制度，包括科技项目管理、新产品产业化管理、科技经费管理及科技成果转化推广与激励等。

服务创新方面，成立线上学习专区，实现"互联网+"，使一线员工既能共享优质的学习资源，又能参与实际操作中疑难问题的交流探讨，不断提升人才队伍的技能素质和创新技能。

商业模式创新方面，持续深化电子商务销售模式研究，加大产品网上交易力度，推出网上竞价等新举措，努力实现经济效益最大化。

"抓创新就是抓发展，谋创新就是谋未来"，只有坚持创新驱动，上海石化才能抢占战略制高点，为上海制造业中高端升级提供助力。

案例 **上海石化：创新发展不忘初心 绘出"绿色石化"新篇章**

人民网上海频道 2018 年 5 月 7 日

20 世纪 70 年代初，肩负解决全国 8 亿人民穿衣问题的神圣使命，从选址、围海造地到点火试车，开拓者们用了 5 年多时间，在杭州湾北

涤纶厂纺丝车间　上海石化供图

畔的金山卫海滩上建成了我国最大的现代化石油化纤生产基地——上海石化。

短短 12 年的奋斗，上海石化人终结了布票 30 年的"而立之命"，用一代多人的智慧和汗水，实现了全国人民的"丰衣"理想。

深受"铁人精神"滋养的上海石化人，在将"穿衣工程"进化为"丰衣工程"的同时，孕育了"金山精神"，创造了"金山速度"，开创了"金山道路"，奉献了"金山效益"。

肩负重担的上海石化人如何一步步用工业文明完成了农业文明无法实现的"丰衣"使命？如何克服重重困难，实现"弯道超越"并崭露头角？

海滩上建起的"穿衣"工程

20 世纪 70 年代，"的确良"风靡全国。因其挺括、耐穿且免烫，深受老百姓的青睐。上海绸布店最早供应出口转内销的"的确良"面料，只要一上柜台就被抢购一空。在当时，能穿上"的确良"衣服是件很时髦、很不得了的事情。

据年近九旬的石化"老法师"马大卫回忆，1971 年，毛泽东主席坐专列南下视察，途经上海稍作休息，到了开车时间，专列乘务员才纷纷

1979 年，涤纶二厂原貌。上海石化供图

1979 年，涤纶网络丝试制成功。上海石化供图

一路小跑赶回车上。看到年轻人气喘吁吁的样子，主席随口问："干什么去了？"乘务员们报告主席，利用休息时间购买"的确良"去了，因为这东西只有上海买得到。

听到这些年轻人大谈"的确良"的好处，主席沉默不语。回到北京后，毛主席就和周恩来总理说，我们能不能也搞点化纤？不要让老百姓穿衣这么千辛万苦。后来国务院明确提出"为了保障人民生活和适应工业生产、出口援外需要"，"拟引进化纤新技术设备四套"。

1972 年 12 月 25 日，来自上海市金山县和浙江省平湖县的 15 个乡镇的 5 万余名农民工挑着扁担、箩筐，拿着锄头、铁锹等农具来到金山卫海滩，在上海石化第一

1980 年，涤纶二厂第一根桩。
上海石化供图

代建设者的指挥下，在"潮来水汪汪、潮去白茫茫"的盐碱地上奏响了建设序曲⋯⋯

1974 年，上海石化一期工程破土而出，之后每年生产 10 万吨化纤产品，相当于 250 万亩高产棉田的年产量，可向全国人民提供人均 3 尺的化纤织物原料。1980 年二期工程开工建设，化纤产量翻番，提供化纤织物原料的能力增加到人均 9 尺，实现了不占耕地、给人民提供更好生活的愿景。

在物资匮乏年代，人们穿衣是"新三年，旧三年，缝缝补补又三年"，自从有了"的确良"之后，衣服上常见的补丁不见了，衣服变得讲究、美观、漂亮了。"的确良"对中国人来说，是穿旧衣时代的终结，穿新衣时代的开始。

困境路上的"触底反弹"

然而，1985 年之后，上海石化厂遇到了前所未有的压力——原料进口的涤纶竞争不过国外厂商、设备长期运转导致老化、库存大量积压⋯⋯

面对困境，石化人没有气馁，"我们坚持产业结构调整，坚决淘汰规模小、能耗高、产品缺乏竞争力的装置。"上海石化副总工程师任国强表示，企业在工程建设中，始终坚持走"发展、创新、改革"的路子。

1987 年 5 月，三期工程正式开工建设；1990 年 4 月，上海 30

1982 年，涤纶厂长丝车间。
上海石化供图

1983 年，涤纶二厂聚酯 5 号系列投料试车。上海石化供图

1984 年，涤纶二厂聚酯装置交接验收。上海石化供图

万吨乙烯投产庆典在金山举行，它的建成投产，使上海石化的原油利用率提高至 62%，年利税达 20 亿元，而且使之成为中国国内最大的"油、化、纤、塑"并举的石油石化生产基地。三期工程建设前后，还涌现了陈耀章等产业科研领军人物、戎光道等一批优秀基层管理者和全国劳动模范。

而三期工程行将结束时，上海石化迎来了发展史上又一次崭新的战

1986 年，上海石化涤纶短丝生产流水线三号线开车。上海石化供图

1990 年，涤纶长丝装置开工典礼。上海石化供图

略机遇和重大转折——总厂实施股份制改制。**1993 年 6 月，上海石油化工股份有限公司揭牌**，这在 **1997 年党的十五大召开并对股份制进行政治性肯定之前**，无疑是走在时代前列的解放思想的壮举。

市场竞争中的创新发展

进入 **21** 世纪后，面临我国加入 WTO 后的新挑战，上海石化聚焦

"创新驱动、转型发展"，加快了创新发展的步伐：

四期工程建设，大大缩小了我国乙烯、聚乙烯、聚丙烯、腈纶装置单线生产能力与国际先进水平的差距。

五期工程建设，使上海石化初步完成结构调整，成为国内芳烃和乙烯最大生产能力的企业之一，跻身千万吨级炼油基地行列，为保证国内市场成品油供应，发挥了积极作用。

2010 年以炼油改造和技术进步项目为主体的六期工程正式启动，进一步开启了上海石化建设"国内领先、世界一流"炼化企业的新航程。

上海石化供图

"多年来，上海石化从引进装置、自有装置到产品开发，不断根据市场需求，快速反应。"涤纶部经理沈伟以瓶片标签为例指出，PVC 不太环保，而聚酯收缩率在 70% 以上，而且回收方便，可降解，可利用。"我们的小装置新产品，不仅在性能上达到标准，成本上还有优势，投入市场 3 个月就获得用户认可。"

"上海石化坚持消化吸收、自主创新，不断开发应用新技术、新产品，提升装置的技术水平和产品附加值。"任国强指出，目前根据市场需要，常年安排约 80 只新产品的生产；开发了碳五分离、腈纶、聚酯、PTA、碳纤维等成套技术，不仅满足了人们的日常需要，还对接国家的战略需求。

任国强强调，特别是 **15 万吨 / 年碳五分离技术已成功在境内外转让 5 家，高性能碳纤维在油田领域得到产业应用，成为上海石化创新发展的一张靓丽名片**。

对标最高标准打造绿色石化

2007 年，服役了 32 年、曾是全国规模最大的石化配套自备电厂、上海石化总厂建设标志之一的一期工程电厂燃油机炉"功成身退"，每年可减少二氧化硫排放 8000 吨。

在近年来国际油价不断攀升、国内成品油价格不到位、炼油业务经常亏损的不利情况下，上海石化以保市场为己任，稳产、增产成品油，为保持国民经济发展和社会稳定做出了重要贡献。

历经 **46** 年改革创新，上海石化始终不忘"关注民生、服务民生、改善民生"，"解决全国人民穿用问题"，为美好生活加油的初心和使命，实现了从单纯解决全国人民穿衣难问题到全方位解决全国人民穿用问题的转型，产品从原来单一的化纤织物，到今天的功能型纤维、绿色环保功能性聚酯、高品质油品……上海石化产品已覆盖社会和生活的方方面面。

"奋斗就会有艰辛，艰辛孕育新的发展"。**46** 年，只是历史长河中短暂的一瞬，对于上海石化来说，也只是发展历程中的一个阶段。

　　上海石化负责发展规划研究和制定的领导表示，对于未来，上海石化将坚持向先进水平挑战，向最高标准看齐，用最先进的环保指标、最严格的质量指标、最高效的用能指标，倾力打造世界级的能源、高端材料、精细化学品生产基地，把上海石化建设成为"国内领先，国际一流"的安全、低碳、高端、智能型炼油化工基地型企业。

葛俊俊　轩召强
人民网上海频道

光明乳业：坚守百年匠心　引领行业新高度

点　评　**刘亮**
上海社会科学院·应用经济研究所副研究员

　　作为牛奶行业三大品牌，与蒙牛、伊利相比，光明在区位上并不具有竞争优势，但光明乳业却通过不断地创新，引领着行业发展的前沿。光明乳业的创新，主要体现在以下三个方面：

　　一是管理方式的创新。光明乳业的管理创新体现在两个方面，一方面是通过将光明、沪光、浦光、宝光、华光等一系列牧场资源整合走出一条集约化管理的新路；另一方面则通过引入国际最先进生产工艺、管理体系及检测手段，走"管理提质增效"的管理创新之路，从而让曾经代表奢侈生活的牛奶，飞入寻常百姓家。

二是生产技术的创新。光明乳业认准科技创新是产业飞速发展的核心动力，因此在科技方面付出了大量的投入和研究，这些研发成果也大量用于产业化的生产过程当中，如利用计算机管理软件对牛只实行精细管理、采用国际先进的机械设施与饲养管理模式、推出常温酸奶颠覆传统酸奶存储模式等，这些成果不仅解决了人们日常生活中对奶制品的实际需求，同时也给企业带来了新的效益增长空间，并形成行业的内控标准，促进了国内全产业链质量管理的全面梳理和升级。

三是市场推广方式的创新。光明乳业在市场推广中通过全国化销售网点布局，采用"1+2"全产业链发展模式，建立产品质量追溯体系，加大冷链物流网的全国布局和管理提升等，强化"乐在新鲜"的品牌理念，不断树立和刷新着行业质量安全标准的新高度，并形成了华北、华中、华南冷链物流圈，从而有效构筑覆盖全国的冷链共配平台。

案例　光明乳业：坚守百年匠心　引领行业新高度
人民网上海频道 2018 年 9 月 7 日

蓝天白云下，辽阔的大草原上，一群黑白相间的奶牛，或悠然自得啃食着旺盛的牧草，或安静地卧于草丛休憩，沉甸甸的乳房鼓鼓下垂着，整个牧场一片生机勃勃……或许在你的想象中，奶牛场都应该是这样的场景。但事实上，就在毗邻杭州湾的上海金山，就有一个有点另类的牧场——光明牧业金山种奶牛场。

如果你到这里兜上一圈，估计"三观"都要颠覆了：每头奶牛脖子或者蹄子上都装有一个小小的"计步器"，每天的运动状态、健康状况等数据实时上传，奶牛们嚼食的则是远涉重洋而来的美国苜蓿草、澳大利亚燕麦草……信息化管理、科学化饲养，在这里展现得淋漓尽致。

作为全国首家提出无抗化标准、第一家引进北美系高产奶牛提高单

产的企业，光明乳业不仅成为每日陪伴上海市民乃至全国众多消费者的最佳伴侣，更引领了整个行业的发展。

"作为一家有着百年历史的民族品牌企业，光明乳业曾经历过许多坎坷、行业低谷，但创新一直是我们发展前行的基因，特别是改革开放以来，我们取得不少傲人成绩。"光明牧业有限公司董事长唐新仁坦言。

曾经代表奢侈生活的牛奶，早已飞入寻常百姓家

作为一家拥有百年历史品牌的企业，光明乳业的传奇故事同样曲折坎坷。

1911 年，英国商人率先把牛奶引进到上海，并称之为"可的"。"不过，当时这种奢侈的生活方式主要是给洋人或者有钱人，并不服务于普通老百姓。"追溯起百年前的历史，唐新仁娓娓道来，遗憾之情溢于言表。

改革开放后，为了解决上海人民"喝奶难"的问题，光明品牌从生产奶粉进入到液态奶领域。不过，大大小小的牧场同期存在，又自成一派，各自拥有加工厂，以至于奶业整体布局及产品之间形成牵制。

1992 年，通过前期大量调研，时任上海牛奶公司总经理的王佳芬大刀阔斧，将光明、沪光、浦光、宝光、华光等一系列牧场资源整合，走

出了牧场集约化管理的第一步。4 年后，上海市牛奶公司与上海实业集团合资成立"上海光明乳业有限公司"。

如今在全国，光明乳业已拥有 27 个奶牛场，存栏奶牛 87000 头，其中成乳牛 46000 头。主要集中在 6 省 2 市，包括黑龙江、山东、河南、江苏、武汉、浙江、天津及上海。

坐落于上海闵行区的华东中心工厂占地 232 亩，总建筑面积达 12.6 万平方米，年产 60 万吨，引入国际最先进生产工艺、管理体系及检测手段，是行业内首家荣获 TPM 优秀奖的乳品企业。走进巨大整洁的中心工厂，隔着玻璃大屏，记者在生产车间里几乎看不到工作人员，这里的

牛奶生产加工实现自动化，大大降低了食品安全隐患，而为数不多的工作人员则直接通过中央自动化控制技术，正专注地对整个生产环节进行实时记录和监测。

一滴奶一颗匠心，科学饲养赢得奶牛"高回报"

传承着上海人梦想的光明乳业，在科技方面付出了大量的投入和研究。如今，科技创新成为光明乳业品牌飞速发展的核心动力。

据介绍，奶牛场实现了自主创新的智能化牧场管理信息系统，利用计算机管理软件对牛只实行精细管理。牧场里每头奶牛的脖子上或者蹄子上挂的"计步器"，相当于奶牛的"身份证"，可以实时监控到牛只的产奶量、运动状态及健康状况等数据。

"以1000步为基准，如果大幅低于1000步，表明奶牛可能生病了；如果远超1000步，就有发情可能。"光明牧业牧场管理部总经理王建宗解释到，与微信运动相似，"计步器"通过奶牛运动量统计，可直观判断奶牛的发情状况和疾病情况。

在饲料结构上，牧场以进口的美国苜蓿草和澳大利亚燕麦草为主。作为牧草之王，这两种草类饲料对奶牛而言是最为优质的营养来源。价

格不菲的进口草料每公斤达到两元以上，而一只奶牛每天需要食用的草料为 4—6 公斤。此外，青储饲料即青储玉米的研制，不仅最具性价比，在种植、收割到储存上还具有突破性意义。

夏季高温，5℃—20℃为牛只的最佳生存温度。去年入夏以来，养殖在金山的牛群就遇到了最大生存的障碍——高温高湿。

"奶牛汗腺不发达，处于高温高湿状态，容易出现生产性能大幅下降现象，这也是我们最担心的问题。"王建宗指出，为此牧场不仅从国际著名的养牛名地以色列邀请来专家指导工作，还率先使用了喷淋装置和风扇等自动化操作流程，改善温度及湿度，保证牛只健康。

牧场采用散栏饲养、全混合日粮（TMR）饲喂、并列式挤奶台集中挤奶、在线信息化管理系统、机械吸粪清粪等国际先进的机械设施与饲养管理模式，取得骄人的成绩。2016 年，金山牧场成乳牛年产达 10.3 吨，全群平均体细胞数在 20 万以下，乳房炎发病率小于 3%。

从常温酸奶到 75℃杀菌工艺　创新研发让国人喝上优质乳

2007 年，因人工、养殖成本的居高不下，以及市场竞争的压力，光明乳业遇到了瓶颈。

"这时迫切需要新的产品出现，改变奶业格局。"光明乳业研究院产品中心总监徐致远回忆到，在公司的走访调研中发现，一些住院的患者因运动量少，便秘严重。而当时酸奶普遍需要低温保存，医院这些场所又缺少冷链，酸奶如能做成常温，对不耐受病人而言将是极大的利好，整个市场也将是一片蓝海。

通过立项，2008 年 7 月 3 日，六位光明乳业人辗转万里，第一次踏上了酸奶的故乡保加利亚，来到世界著名长寿地——莫斯利安村，一个因喝酸奶而长寿闻名于世的小村镇，专程取经并探寻酸奶背后的秘密。

经过近 2 年的生产技术和产品研发，终于推出了一个全新的品牌和产品——莫斯利安常温酸奶。这一新品的研发上市，不仅可以满足肠胃

不适人群的需求，同时面向中国国情，让国人喝上了更好的酸奶。

"中国有很多偏远地区，冷链尤其不发达，甚至没有冰箱，常温酸奶的出现，在很大程度上解决了这一难题。"徐致远说，常温酸奶引领了行业发展，呈现出爆炸式发展态势。2009年莫斯利安销售额2亿，2011年则高达7.1亿元，到2017年，中国整个常温酸奶市场份额达到220亿元。

徐致远自豪地表示："常温酸奶是中国酸奶品类技术和产品两方面的一次重大创新，在颠覆传统酸奶存储模式的同时，也填补了国内常温酸奶的技术产品空白。"

研究还表明，牛奶中珍贵的活性物质异常难于留存，需要全程冷链呵护才可以实现。因此，"优质奶，只能产自于本土奶"。漂洋过海的洋牛奶注定无法成为满载活性因子的优质鲜牛奶。

光明乳业在新西兰牧场考察时发现，当地牛奶风味不错，口感细腻。徐致远认为，这与牛奶的新鲜度挂钩。

2017年，光明乳业在国家奶业科技创新联盟的指导下，制定了严苛的光明乳业巴氏杀菌乳内控标准，完成了巴氏奶从85℃到75℃的杀菌工

艺升级，实施"国家优质乳工程"项目，并通过了国家奶业科技创新联盟的验收，为行业带来全新而严苛的巴氏杀菌乳内控标准，实现了全产业链质量管理的全面梳理和升级。

"1+2"全产业链发展模式　刷新行业标准新高度

首家提出无抗化标准、拥有国内乳品行业唯——家国家重点实验室……在行业领先的一系列努力，让光明乳业的默默耕耘获得了市场和消费者的回报。

通过全国化销售网点布局，光明乳业目前已拥有了 1200 多个经销商和 55 万个有效销售网点。光明随心订"送奶到家服务"成为公司旗下的特色渠道，覆盖全国 20 多个城市，每天为 120 多万个家庭提供更轻松、便捷的送奶到家服务。

2017 年，光明乳业发布五年战略规划，开启乳业、牧业、冷链物流"1+2"全产业链布局，通过实施牧场升级工程，建立产品质量追溯体系，加大冷链物流网的全国布局和管理提升等，继续强化"乐在新鲜"的品牌理念，不断树立和刷新着行业质量安全标准的新高度。此外，公司已基本形成了华北、华中、华南冷链物流圈，为有效构筑覆盖全国的冷链共配平台奠定基础。

"创新是光明乳业发展前行的基因。"通过不断发展，光明乳业致力于成为产业链完善、技术领先、管理一流、具有核心竞争力、有影响力的国际性乳业集团，力争进入世界乳业领先行列，让更多的人感受到美味和健康的快乐。

葛俊俊　轩召强　孙　慧

人民网上海频道

工博会求新求智　代表国家
解决"有与没有"

点　评　**刘亮**
上海社会科学院·应用经济研究所副研究员

作为上海一个国家级的重要平台，工博会的作用体现在四个方面：

一是上海制造乃至中国制造的转型的平台。工博会作为中国乃至亚太地区最有影响、最具权威的装备制造类大型国际品牌展，围绕"高端制造、绿色制造、智能制造"三大主题，通过绿色、环保、节能、数字化和智能互联，提供用户更完整的产品技术解决方案和更增值的服务体验，推动企业与工博会共同成长。

二是内联外引的产业创新平台。工博会国际化的定位迅速拉开与国内同类博览会的差距，通过引进来与走出去，使工博会成为打开国际市场、与国外高手同台竞技的重要平台。

三是上海制造业转型升级的平台。制造业是实体经济基础，是一个国家、一个城市综合竞争力的重要体现。目前，上海提出要全力打响上海服务、上海制造、上海购物、上海文化"四大品牌"，上海制造业需要明确目标定位、创新发展思路，坚定不移发展先进制造业，重振"上海制造"雄风，工博会正是一个不断提升产品品质、知名度和美誉度，让"上海制造"更智慧、更高效、更具竞争力的重要平台。

四是中国重大战略性新兴产业成长平台。工博会作为上海乃至中国制造业的窗口，就是要解决国家"有与没有"的问题，主攻国家急需，研发制造代表未来竞争力的产品，因此，要围绕着国家战略性新兴产业的发展，做到国家最好水平，也因此让国际工业界刮目相看。

案　例　工博会求新求智　代表国家解决"有与没有"
人民网上海频道 2018 年 9 月 25 日

上海"智造"最近很忙。AI 大咖论剑还没结束，工博会又如期而至，连中秋小长假都没闲着，从 9 月 19 日到 23 日连轴转——第 20 届中国国际工业博览会（简称工博会），不仅是"秀肌肉"，更是"秀大脑"。这持续了 20 年的工博会，又是"中国"打头的——中国国际工业博览会。用一位上海市领导的话来说，"很重要，很重要，很重要！"

本网记者决定梳理一下，工博会的三个"很重要"。

工博会的分量"很重要"——面向世界，"是骡子是马，工博会上遛遛"

从 1999 年起，上海每年都有一场代表最高级别和规模的国际工业技

第 20 届工博会 9 月 19 日在上海国家会展中心开幕　袁婧摄

术展如约而至，如今已经 20 年，和上海改革开放神同步。虽说中国改革开放 40 周年，但上海则是 20 世纪 90 年代方跃入改革排头兵行列——浦东开发开放今年 28 年了。要论中国乃至亚太地区最有影响、最具权威的装备制造类大型国际品牌展，非工博会莫属。

工博会见证了上海制造乃至中国制造的转型之路。

咱且穿越到 1999 年 12 月 13 日，首届工博会在上海展览中心盛大开幕，受邀企业上海电气当时拿到了最好的展位。

"就在正中间。从那以后，我们每年都拿最先进的技术来展示。我们有句话叫'是骡子是马，工博会上来遛遛'。"上海电气企业文化部副部长孙美俊博拿着企业参加首届工博会的老照片感慨。

2001 年，国务院要求提升办会规模和水平，把工博会办成类似德国汉诺威工博会的大型国际工业博览会。主办单位从最初 3 家增加到 9 家，包括工业和信息化部、国家发展和改革委、商务部、科学技术部、中国科学院、中国工程院、中国贸促会、联合国工业发展组织和上海市人民政府。

经国务院批准，上海国际工业博览会自 2006 年起更名为中国国际工业博览会。冠名"中国"，由区域级上升为国家级。

2009 年，工博会成为国内首个正式通过全球顶尖展会评级机构国际展览业协会（UFI）认证的国际性展会——标准是国际展商必须占比 20%，国际观众必须占比 10%——国内大部分展会望尘莫及，工博会却轻松斩获。

从 2012 年到 2017 年的 5 年间，围绕"高端制造、绿色制造、智能制造"三大主题，工博会开启加速度。2016 年，工博会首设俄罗斯作为主宾国。2017 年，邀请英国作为主宾国并首设英国馆，一批具有世界领先水平的英国公司集中亮相，展出了汽车、航空等行业最新产品。

梳理一下历届工博会主题，发现 20 年转型发展的不懈追求："十五"期间的"信息化与工业化"，"十一五"期间的"科技创新与装备制造业"，"十二五"期间的"创新转型与战略性新兴产业"，"十三五"期间的"创新、智能、绿色"——求"新"求"智"，不言而喻。

本届工博会创新科技展区　袁婧摄

上海电气集团股份有限公司党委书记、董事长郑建华深有感触："工博会是中国工业领域面向世界的重要窗口，见证了中国装备制造产业转型升级的发展。上海电气亲历了 20 年参展历程。早期的几届，我们展品以机电装备和自动化产品的单品和实样为主。2006 年，工博会升级为国家级，正逢上海电气加速与外方合资合作和技术引进，实现了装备能力和水平的快速跨越，同期展品亮点也更多聚焦在外方控股的合资企业产品上。随后几年，上海电气集中展示了转型升级多元化布局的创新成果。近五年来，我们的布展思路更关注绿色、环保、节能、数字化和智能互联，提供用户更完整的产品技术解决方案和更增值的服务体验。"

很多企业就是这样，与工博会共同成长。

工博会的国际范儿"很重要"——引进来与走出去，一个都不能少

工博会的大格局出手不凡，国际化定位迅速拉开与国内同类博览会的差距。全球 500 强企业英特尔、西门子、ABB 等漂洋过海占位，成为众多外企向本土化战略迈出的重要一步。

本届工博会展出最新的 ABB 机器人产品　袁婧摄

"那时大部分展品，特别是我们机器人部门的产品，都从国外运来，得一两个月才能完成整个运输和报关流程。"ABB 机器人业务中国区市场部经理陈越姗说。

过程周折，但众多外企依然愿意在工博会舞台"秀"出最新前沿技术。2003 年，西门子从德国开来一辆 14 节车厢的专列——"自动化之光"，轰动一时。

西门子（中国）有限公司执行副总裁王海滨回忆："从德国出发，经莫斯科，通过满洲里进来，最终来到上海，让上海市民以及工业界朋友印象深刻。"

2017年首设英国馆。英国驻沪总领事吴侨文认为，这是一个伟大的国际平台，"作为一个国家如何与中国合作，进入中国市场，并且共同研发新品，开拓全球市场，这是一个难得的机会，也是极大的荣幸。"

本届工博会，有来自美国、德国、法国、捷克等27个国家和地区的2631家展商参展，按展示面积计算，境外企业占30%。西门子、三菱电机等名企扩大了展示规模；连续四年参展的宝马、沃尔沃等展示了代表国际插电式混动汽车最新水准的智能能量管理系统；占全球约50%市场份额的工业机器人领域"四大家族"——ABB、发那科、安川电机、库卡连续3年同台竞技；山崎马扎克、通快、AMADA等世界知名企业带来新一代高端智能数控机床；英特尔公司带来最新的工业物联网技术、机器视觉、建模与仿真技术等。

今年更出现首例从境外直接申报评奖。丹麦企业OnRobot通过工博会评奖申报平台，用英语邮件进行申报和沟通。经过专家两轮评审，其参评展品"RG2-FT"列入推荐获奖名单，并最终获奖。

2015年第17届工博会上，中国航天展示的火箭和月球车模型。励漪摄

据上海市经济和信息化发展研究中心副主任俞彦介绍，本届境外参评优秀展品 52 项，达参评总数的 14%，其中 12 项获奖。

振奋人心的是，摘取含金量最高的特别荣誉奖项的是东道主"上海制造"——由上海航天和上海技术物理研究所联合申报的高分五号卫星。谈到高分五号卫星，其背后的上海航天团队被誉为"神一样的存在"。

记者之前曾采访过长征二号丁团队。20 世纪 80 年代末、90 年代初，我国火箭发射连遭失利，中国航天事业陷入困局。接下"只能成功、不许失败、没有退路"军令状的团队，埋头科研，脚踏实地，自 1992 年首飞，三发三成，大大提升国民士气。长征二号丁火箭至今成功发射 40 次，无一失败，成功率 100%。

航天同样面临激烈的全球竞争。打开国际市场、与国外高手同台竞技，长二丁火箭总设计师洪刚坦言，有委屈、有沮丧，但从未放弃。现在，长二丁火箭已经为委内瑞拉、荷兰、阿根廷、厄瓜多尔、土耳其、波兰、乌拉圭、丹麦等十几个国家提供了国际发射服务。

引进来与走出去，一个都不能少。

工博会对东道主"很重要"——重振雄风，上海正从"制造"走向"智造"

9 月 19 日，第 20 届工博会开幕式。上海市委书记李强强调，制造业是实体经济的基础，是一个国家、一个城市综合竞争力的重要体现。上海制造业有着雄厚的基础，创造过辉煌历史，今后要进一步明确目标定位、创新发展思路，坚定不移发展先进制造业，重振"上海制造"雄风。

上海制造有辉煌的过往。作为中国近代工业发源地，20 世纪二三十年代的上海就魅力四射、流光溢彩，当时上海工业产出占全国总数的一半，孕育了中国第一盏煤气灯、第一根自来水管、第一条电话线……海鸥照相机、永久自行车、蝴蝶缝纫机、上海牌手表、大白兔奶糖……曾是国人耳熟能详的上海品牌。

1978 年改革开放后，中国制造业巨变。大批制造企业从长三角、珠三角等地布局全国。着力打造金融、贸易等现代服务业的上海，遭遇了制造业"阵痛期"，老品牌纷纷黯然离场。

上海市委书记李强履新上海后，提出要全力打响上海服务、上海制造、上海购物、上海文化"四大品牌"。强调上海制造既要继承发扬老品牌，也要做大做强新品牌，努力发展高端制造，不断提升产品品质、知名度和美誉度。

上海制造业经历"阵痛"，但未沉沦，基础依然雄厚。**20** 年工博会创新成果可见一斑。

"智能"是今年工博会主题关键词，成为参展企业的共同诉求。

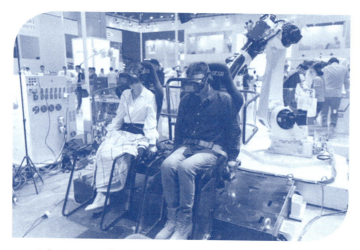

观众用 AR 眼镜配合机器人体验无人机的感觉　励漪摄

李强提到，上海推动制造业发展，要着力推进工业化和信息化深度融合，大力推进智能制造，让"上海制造"更智慧、更高效、更具竞争力。

作为连续 **20** 年参展的"大满贯选手"，上海电气用场景化互动方式，直观展现了强大的集成服务能力。郑建华认为，**20** 年来，上海电气展品变化的背后，是从传统制造向高端先进、智能数字化制造，从单一制造向提供全面系统解决方案转型的升级和飞跃。

在上海市中心黄浦区,一座不同寻常的电厂正在悄然建设:不建厂房、不烧煤、不烧气,预计今年年末,就能在用电高峰时段释放出约5万千瓦电力来"削峰填谷"。这座写入上海市电力发展"十三五"规划、由众多分布式储能设备集合而成的黄浦区商业建筑虚拟电厂,正成为上海市电力体制改革、智能电网建设的独特案例。

再回到工博会。作为核心专业展之一的新能源与智能网联汽车展,其热门程度,堪比往届机器人展区。

自今年3月,上海在全国率先发布智能网联汽车道路测试管理办法和首批5.6公里开放测试道路以来,上汽集团、蔚来汽车先后获测试牌照。9月18—19日召开的世界智能网联汽车大会,发布了上海第二阶段位于嘉定区和临港地区的智能网联汽车开放测试道路,上海累计开放测试道路达37.2公里。

"与封闭测试区不同,开放道路是更自然的交通环境,受到挑战更多,大量数据采集有助于发展智能网联汽车。"上汽集团前瞻技术研究部总经理张程很自信:上汽集团在技术层面已达到"有条件智能驾驶",只要国家开放政策,上汽第一时间就能把带有智能驾驶系统的产品推向市场。

"张江军团"也很惹眼,12家企业集体亮相。作为上海建设具有全球影响力的科创中心核心区,张江高科技企业云集,展品涉及生命健康、人工智能、新材料、新环保等领域,以智能设备和服务产品为载体,观众在互动中体验高科技的高智能,全面展示上海"智造"魅力。

工博会开幕当天,正逢2018世界人工智能大会闭幕。一批全球人工智能创新项目纷纷签约落"沪"。包括阿里巴巴、百度等8个AI创新中心(实验室),腾讯、华为等8个AI创新平台,微软、亚马逊等3个AI研究院,一个百亿人工智能产业基金,分别与市经济信息化委、10个区、3个科研院所以及MIT全球产业联盟签署合作协议。

上海"智"造,牛大了!

三个"很重要"成其大事：代表国家解决"有与没有"的问题

从本届获奖名单不难发现，"上海制造"占比不低。除了特别荣誉奖，上海兆芯集成电路有限公司参评的兆芯开先 KX-6000 系列国产 x86 处理器和千寻位置网络有限公司参评的中国北斗精准时空服务平台双双斩获金奖。

中国北斗精准时空服务平台，先后突破了基于 NRTK 的卫星导航高精度定位算法等多项核心技术，由坐落于上海杨浦的千寻公司自主研发。其中，A- 北斗加速定位服务，是全球唯一同时支持北斗和 GPS 信号的自主"卫星定位加速服务"。该公司研究院院长赵毅说，这一平台将卫星导航高精度服务能力，由传统测绘领域，延伸至农业、电力、交通、汽车、手机、无人机、共享单车、可穿戴设备，用户接近 1.9 亿，遍布全球 200 多个国家和地区。

这正契合了李强书记强调的：在高端产业领域，上海要努力为国家解决"有与没有"的问题，主攻国家急需、研发制造代表未来竞争力的产品。上海制造的产品就应该是品牌，做到国家最好水平。

2008 年成立的中国商飞，第二年就携 ARJ 和 C919 模型参展，此后每届工博会，只要有航空航天展，大飞机都不会缺席。

"2009 年展示时，C919 只是一个模型，而今已经首飞。"中国商飞公司市场与销售部部长张小光很自豪："大飞机涉及产业链很长，也非常广泛，别的博览会没有的，工博会有，对大飞机研制作用重要。"

20 年，工博会规模从首届 1.5 万平方米拓展到 28 万平方米，展位数从 514 个扩大到 1.3 万个，参展企业从最初 412 家发展到今年超过 2600 家——和中国制造同步，工博会脱胎换骨，让国际工业界刮目。

唐小丽　励　漪

人民网上海频道　人民日报社

上海购物

家门口就能买"全球"，
何必海外再背"马桶盖"

点 评 ｜ 王梦雪
上海社会科学院·国际问题研究所助理研究员

贸易是经济全球化的重要载体之一。对于世界各国而言，国际贸易是它们从经济全球化中获益或受损的重要途径。如今，自由贸易能够带来经济收益，已经成为主流经济学界的基本共识。有观点认为，贸易开放可以使一国从观念的进口、货物和服务的进口、资本的进口、制度的进口四种"进口"中获益。2018 年 11 月 5 日至 10 日在上海举办的中国首届进口博览会正体现了中国坚定支持贸易自由化与经济全球化，主动向世界开放市场的决心与态度。

自由贸易不仅能够成为一国经济增长的引擎，还会影响到生活在其中的每个人。本次进博会共有来自130多个国家和地区近3000家企业签约参展，展览面积达27万平方米，超过规划面积6万平方米，包括200多家世界500强和行业龙头企业。它们代表着当今世界制造业和科技的最新趋势与发展水平，所展示的新产品新技术与生产研发运营经验，为当前国内经济结构转型带来了新的观念与启发，而货物贸易、服务贸易的展示与交流，则会为个人消费体验的提升提供实实在在的推动作用。

在贸易保护主义抬头、逆全球化思潮泛滥的今天，中国举办国际进口博览会所展示出的开放态度，还使参展各国与企业看到了中国市场未来的巨大潜力和良好经商环境，有助于吸引海外资本聚集。随着越来越多的国际一流企业在国内投资落户，它们所带来的高新技术与先进管理经验对国内企业提高国际竞争力和产业结构升级将产生正面的刺激。

最终，中国在贸易自由与开放下的高质量发展，将惠及我们每一个人。

案 例 **家门口就能买"全球"，何必海外再背"马桶盖"**
人民日报中央厨房·大江东工作室 2018 年 5 月 30 日

海淘时代，消费者期待进口博览会带来"惊喜"：价廉质优新品多

周末，习惯了网上购物的江先生难得有兴致逛商场。在上海静安寺一家百货公司一转悠，不比不知道，一比他吓一跳：一款进口手持吸尘器卖价将近4000元，前不久他通过香港海淘代购只要3000元左右；而另一个国外品牌的小背包，标价近2600元，他在美国买的基本同款只要

买买买一直是出国旅游的一大乐趣　柳佳佑摄

110 多美元，价格贵了 3 倍还多。江先生感叹之余向东姐发问："不知道年底国际进口博览会开过以后，会得便宜点哦？"

90 后的海淘"老手"徐小姐希望，"那时会有很多以前根本不了解的品牌和产品吧？比如那些网商还不普及、平时旅游又不一定去的国家，说不定会有很多惊喜？"

他们道出了大多数普通消费者对 11 月将在上海举办的中国国际进口博览会的最大期待。正如习近平总书记所论，"今天看来，我们大胆开放、走向世界，无疑是选择了正确方向"，"经济全球化符合经济规律，符合各方利益"。那么，在海淘时代，作为中国今年重要主场外交之一的中国国际进口博览会，对中国消费者究竟有哪些意义呢？

"我相信进口商品的价格肯定会降下来。"上海市商业经济学会会长齐晓斋表示：现在消费外流情况比较严重，去海外旅游者仅购物方面，人均消费就超过 1 万元人民币。一大原因是国内市场的国际商品品种太少，难以满足需求，当然价格昂贵也是一个重要因素。"进口博览会可以大大丰富进口商品的品类和品种。随着海关和商检合并，今后通关速度加快，有些手续会简化，新品上市速度也会加快，加上很可能降低的关税，国内外价差必然缩小。"

海外制造商的"小九九"："优越的营商环境，让我们看好中国市场。"

在海淘时代，很多立足海外购物的服务火爆起来。互联网社区"小红书"，就是海外品牌和消费者沟通的桥梁，作为一个生活方式分享平台，每天有15亿次笔记曝光，记录着中国新一代消费群体的习惯、兴趣和口碑，也是国外品牌直接了解中国年轻消费者的平台。很多用户还分享过大量来自"一带一路"国家的优秀产品。"进口博览会将会为我们近距离集中展示各个国家的优质商品，从而为消费者提供更多选择。届时我们也会去参加，现场签约一些有较好口碑的品牌和商品。""小红书"合伙人曾秀莲说，"目前'小红书'已成为进口博览会首批签约的'6天+365天'常年展示交易平台，希望更多国外品牌通过博览会了解我们。"

进口博览会"6天+365天"
一站式交易服务平台上线　励漪摄

不负消费者预期，东姐从相关部门了解到，报名参展的企业中，来自美、德、日、韩、法、英等发达国家的企业占34%，"一带一路"沿线国家占34%，最不发达国家占10%。已有25个最不发达国家超过百家企业报名参展，展览面积近5000平方米，将展示服装及日用消费品、食品及农产品、保健品等最富本国特色、中国消费者从前很难亲近的优质产品。

确定参展的日化消费品巨头联合利华，将在进口博览会推出部分中国消费者此前没有接触过的美容、个人和家庭护理产品。该公司北亚区副总裁曾锡文说，自1986年进入中国至今，联合利华在中国销售的品牌只有二三十个，实际上旗下有400多个国际品牌呢！

特斯拉中国区总经理朱晓彤把中国看成是特斯拉在美国之外的最重要市场，是新能源汽车的必争之地。"中国新能源汽车政策对进口车和国产车一视同仁，这样优越的营商环境，让我们看好中国市场。"他透露，特斯拉将在进口博览会上展示model 3等三款最新车型。

引进海外"鲶鱼"，增强中国企业竞争力

徐汇区商务委副主任姜舟告诉东姐，该区将认真对接中国国际进口博览会，制定、细化并落实"奋战二百天迎进博会"行动计划以及行动方案，组织企业参观参购，最大限度承接中国国际进口博览会的辐射及带动效应。港汇恒隆广场总经理叶志强介绍了正在进行的新一轮升级改造，引进新品牌将超过100个，其中有十多家"首店"。他说，"进口博览会把那么多国家的优质产品引到家门口，有合适的品牌和产品，我们会考虑签约引进。"

"110多个国家的1500多家企业参会，让我们更多了解国外新的产品、新的品类、新的品牌，不仅丰富上海市场，也丰富国内其他城市的市场。从更高层面满足需求，创造需求，引领需求。"齐晓斋认为，作为第二大世界经济体，我国进口消费比重很大，庞大的市场对其他国家的

中国消费者在国外旅游购物热情高涨　柳佳佑摄

吸引力毋庸置疑。"进口博览会内容丰富，其中货物贸易这块有服装、日用消费品、食品，还有电子产品、智能产品等，都属于消费需求升级的品类，相信会受到国内市场广泛欢迎。"

在齐晓斋看来，国际商品进来多了，对国内生产会有很大促进作用，"目前我们国内一些产品的创新创意不够，进口商品可以产生鲶鱼效应。尤其是新的商品、新的品种、新的品牌多了以后，对国内企业会有很大借鉴意义。有了借鉴，有了市场氛围，我们的企业也会加快转变。而商业部门除了销售以外，也不能再仅仅满足于简单的引厂进店，自有品牌的开发设计也会加快和加强，改变千店一面的状况。这对中国消费者来说都是重大利好。"

姜舟也表示，徐汇区"打响上海购物品牌"的三年行动计划，就想抓住上海举办进口商品博览会机遇，依托区域外资品牌优势，引进培育一批专业贸易平台和知名品牌，对接服务国际知名品牌公司，助力徐汇打造全新的"上海购物"品牌整体形象。

其实，除了货物贸易，进口博览会还有很重要的一部分是服务贸易，比如全新的旅游线路推介，比如体育赛事。东姐从进口博览局招展处了解到，世界一级方程式锦标赛（F1）将在进口博览会上齐聚全球 21 站赛事，意大利足球甲级联赛俱乐部国际米兰则希望借展会参与中国不断扩张的体育产业。国际汽联、国际网球联合会等国际体育组织也对参展表示了浓厚的兴趣。

看来，中国的体育迷们也有福了。

励　漪

人民日报社

"买'全球',卖'全球'",
开放的上海等你来

点 评 柯静
上海社会科学院·国际问题研究所助理研究员

11月5—10日在上海召开的中国国际进口博览会是全球首个以进口为主题的大型博览会,不仅为境外产品和服务提供了良好展示机会,也成为全面提升上海新一轮对外开放水平的重要载体,契合"上海购物"品牌建设,加快国际消费城市建设三年行动计划部署,促进实现长江三角洲区域一体化国家战略。从习近平主席最初提出举办中国国际进口博览会到其顺利召开,整个过程充分体现了以下因素:

创新。展会不仅包括企业商业展示,还包括国家贸易投资及特色产品展示。覆盖货物和服务贸易，涵盖居民消费品及重要的装备、零部件等工业资料。不仅面向中国普通消费者，更吸引超过 16 万人次的国内外专业采购商。

开放。在一些经济体国际经济政策趋于内向之际，为全球贸易投资打造一个开放的平台。此举充分表明中国将更加积极主动开放市场的决心和用贸易自由化来捍卫全球多边机制的立场。

包容。博览会吸引了来自全球 172 个国家、地区和国际组织及 3600 多家企业参展，其中世界 500 强和龙头企业超过 200 家，此外还有多名国家元首、政府首脑及官员政要前来参会，有助于在全球范围内形成良好示范效应，推动全球化持续深入发展，为共同打造人类命运共同体创造条件。

普惠。为帮助最不发达国家参与博览会，中国为其免费提供特定数量展位，甚至免除非洲最不发达国家参展费用。在帮助它们更好融入世界经济的同时，促进实现更加普惠的全球贸易秩序。

在上海举办的这场国际商品展览盛事及其未来的常态化，将会使上海成为联动长三角、服务全国、辐射亚太的进口商品集散地，使"上海购物"品牌深入人心，从而加快推进国际消费城市建设步伐。

案例 "买'全球'，卖'全球'"，开放的上海等你来
人民日报中央厨房·大江东工作室 2018 年 5 月 28 日

位于上海虹桥的国际会展中心，一派热气腾腾，正在向世界具体诠释什么是"开放"：只为进口而举行的展览，全球独此一家——中国国际进口博览会正紧锣密鼓。就世界范围而言，这是一个前所未有的开放姿态，一个中国主动向世界打开大门的创举，将成为高质量开放的重大事件和典型示范。

据大江东工作室观察，进口博览会正在升温。

会展中心内外，人们紧张而有序地忙碌：最后的内部装修完善、配套服务跟进，特别是进口博览会的签约简直应接不暇：截至 5 月 25 日，累计 110 多个国家的超过 1500 家企业签约参展。5 月 25 日，"抓住中国国际进口博览会重大机遇，建设国际消费城市"，上海市政协重点协商办理的这一主题提案，接纳有关社情民意和提案，并筹划以理事会形式组建虹桥论坛研究院和论坛工商理事会，以探索推进博览会可持续的智力支持和商业化运作模式。

"买'全球'，卖'全球'"——中国一呼，应者云集

中国国际进口博览会由商务部、上海市政府共同主办，即将于 11 月 5 日至 10 日在国家会展中心（上海）举行。

"这是一个买'全球'、卖'全球'的开放性平台"，商务部部长钟山说，国际进口博览会由我国主办，全球各国参与，广邀国内外采购商与会，充分体现了我国支持多边贸易体制、发展自由贸易的一贯立场，明确释放了反对保护主义、建设和维护开放型世界经济的积极信号。

东姐要再强调一下，中国办进口博览会的决策，和旁人无关，是咱早就决策的。2017 年 5 月，习近平主席就在"一带一路"国际合作论坛上宣布，中国将从 2018 年起举办中国国际进口博览会。今年博鳌论坛开幕式，习近平主席再次欢迎各国嘉宾参加中国国际进口博览会。

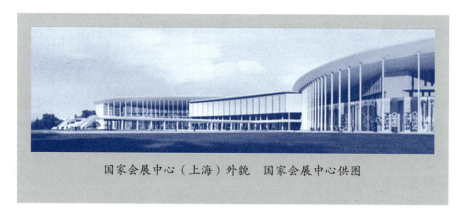

国家会展中心（上海）外貌　国家会展中心供图

"国际上的展会很多，但是，只为进口办的博览会还没见过"，国家会展中心（上海）上海公司副总裁宁风说。

上海对外经贸大学国际经贸研究所所长黄建忠分析，"进口博览会将成为高质量开放的重大事件和典型示范，特别是在多元贸易平衡与扩大平台方面。"为进口办展览，意味着向国外企业敞开大门，让中国企业和国民享全球产品与服务，还没有哪个国家有过这样的举措。"我们有十几亿人口，这样巨大的大市场，我们主动倡导全球分享共赢，这样的开放理念与某些国家的贸易保护主义倾向形成鲜明对比。"黄建忠说。

企业对市场的嗅觉最是灵敏。美国特斯拉公司将在进口博览会上展示 model 3 等三款最新车型。特斯拉中国区总经理朱晓彤表示，中国是特斯拉在美国之外的最重要市场，也是新能源汽车的重要市场。"中国新能源汽车政策对进口车和国产车一视同仁，这样的营商环境让我们看好中国市场。"

因为首创，一切都是新的。

展会分为国家贸易投资综合展和企业商业展两部分。国家贸易投资综合展包括货物贸易、服务贸易、产业状况、投资旅游及各国特色产品，主要展示贸易投资领域有关情况，只展示不成交，展览面积达 3 万平方米。而企业商业展览面积达 21 万平方米，包括货物贸易和服务贸易两大板块。

更加吸睛的是，博览会期间还将举办首届"虹桥国际贸易论坛"，分量堪比"博鳌论坛"，是一场典型的主场外交，云集了参展国家领导人、部长，国际组织负责人，国内外工商界代表和著名专家学者。

一场主论坛和三场平行论坛的主题，着眼推进开放、包容、普惠、平衡、共赢的经济全球化和构建开放型世界经济。各方将在同一个平台深入研讨，交流各自思想，为推动全球贸易发展和促进世界经济增长建言献策。

"分享，共赢"——一场"盛宴"，举箸者将收获满满

在近期的采访中，东姐有一个明晰的感受：进口博览会正在形成多

赢格局，受益者越来越多。

据介绍，首届进口博览会将有十几个国家的元首和政府首脑出席，200 多位各国部级以上官员、政要，数千家国际著名企业、龙头企业将参展参会。

在专家看来，这样的进口博览会将形成示范效应，促进各国开展贸易和开放市场，推动经济全球化深入发展和构建开放型世界经济，并为推动构建人类命运共同体创造条件。

中国"分享、共赢"的愿望得到回应了吗？身处前线的东姐发现：反响那是相当地热烈！

截至 5 月 25 日，已有 65 个国家正式确认参展国家贸易投资综合展，以"国家馆"形式参展；报名参展的企业更迫不及待，仅 4 月当月新增签约企业就达 400 家。世界 500 强企业和行业龙头企业已超过 100 多家。参展企业类型丰富，涉及国民生活的众多领域，也有高端制造等。

今年 3 月，日本那智不二越公司成为与中国国际进口博览局正式签订参展合同的第一家企业。这家以机器人为核心的综合制造厂商，产品

又一批参展企业集体签约　进口博览局供图

和技术居世界领先。那智不二越相关负责人表示，公司正积极准备，计划将最高端产品和最先进技术带到进口博览会，他对成交效果充满期待。

中国人民对美好品质生活的需求，进一步点燃了跨国企业将优质产品推向中国的热情。法国达能集团快速签订参展合同，拟推介旗下婴幼儿配方奶粉、高端矿泉水、医学营养品和有机食品等。而众美洲际直升机投资（香港）有限公司，将首次展示意大利高端直升机品牌——莱奥纳多，以满足中国内陆公务机需求；瑞典医科达公司有意向中国介绍其先进的肿瘤诊疗设备。

国际米兰足球俱乐部希望借展会加强与中国球迷互动，通过共建足球学校的方式引进培训教材和培养足球人才，参与中国不断扩张的体育产业。世界一级方程式锦标赛（F1）将在进口博览会齐聚全球 21 站赛事，全方位展示其发展历程、文化内涵、经典赛事和明星赛车。国际汽联、国际网球联合会等国际体育组织等也对参展表示了浓厚的兴趣。

看来，体育运动天然具有"开放""合作""共享"的文化基因，与进口博览会主题契合度很高，已成进口博览会一大亮点。

中国没有忘记自己的"穷兄弟"。联合国此前发布《2017 年最不发达国家的状况》报告显示，全球仍有超过 40 个最不发达国家。如何让他们参与，分享中国发展的"蛋糕"？

中国政府热情伸出援手：对光地和标摊费用 8 折优惠，并为参会的每个国家免费提供 2 个标准展位。眼下，已有 25 个最不发达国家超过百家企业报名参展，展览面积近 5000 平方米，将展示服装及日用消费品、食品及农产品、保健品等最富本国特色的优质产品，更有当地丰富旅游资源和人文特色。

于是，来自美、德、日、韩、法、英等发达国家的参展企业占 34%，"一带一路"沿线国家占 34%，最不发达国家也占 10%，充分体现了进口博览会作为国际公共产品的广泛性。

这是一场盛宴，举箸者都将获益。

带动和溢出——上海和长三角直接受益

全球产品蜂拥而至，市场在哪里？都有谁来买？

东姐已经帮您哨探了：采购招商工作全面启动，商务部牵头拟定了精准化的采购商邀请方案，组建了两大采购团队，一是中央企业采购团，另一个为采购分团，分团数有 98 个之多。5 月 23 日，首届进口博览会采购商组织工作电视电话会议举行，进口博览会筹委会办公室动员各地方、各部门做好进口商组织及扩大进口采购等工作，预计到会的国内外专业采购商将达 15 万人。

长三角企业对这一博览会热切期盼。"这是一个极好的机会，"阿里巴巴战略部发展部总监李然说。两个月前的 3 月 15 日，阿里、京东、唯品会等电商巨头集聚上海虹桥商务区，谋划打造长三角新型电商生态集聚中心。这样布局的动因，正是将在此地举办的进口博览会。阿里将在这里布局跨境电商、阿里云等板块新兴业务。

国际国内两种资源在这里交汇，良机来了，上海更热烈期待并付诸行动。

上海正在加速四大品牌建设，上海购物，正是其中之一。

上海市委书记李强强调，进口博览会是全面提升上海新一轮对外开放水平的重要载体，要结合打响"上海购物"品牌，放大进口博览会的带动和溢出效应，把上海打造成联动长三角、服务全国、辐射亚太的进口商品集散地。而上海市市长应勇更加直接地为进口博览会做宣传：要购物，来上海！

6 天远远不够，上海想方设法留住进口博览会，"6+365"的口号很醒目。会后 365 天的展示平台正在搭建。各个区都在思考，如何借助进口博览会实现"全球卖、买全球"。

5 月 26 日晚，闵行区政协组织了一场特别的微信讨论会：虹桥商务区在闵行区内，如何提升闵行在上海购物中的分量？如何借助进口博览会改善闵行的营商环境？委员群策群力，讨论居然持续了 2 个多小时。进口博览会正在激发全上海的活力。

目前，国际知名企业、行业龙头企业，将很快在上海的国家会展中心"安家落户"。

形成大中小企业共同发力、融通发展新格局；搭建更多合作机制和服务平台，为中小企业互通有无、洽谈项目架起"鹊桥"，这正是进口博览会希望达到的目标。

谢卫群 田 泓

人民日报社

新品首发最优最好的都在这里！
史上最长上海购物节开幕

点　评　张群
上海社会科学院·国际问题研究所助理研究员

　　上海购物节是推进国际消费大都市建设的重要举措，目标在于打造时尚、艺术、消费三位一体的城市文化名片，提升上海作为国际大都市的竞争力和吸引力。上海购物节首次举办于2007年，即全球金融危机爆发的前一年。在后金融危机时代，上海购物节为商品展示和流通提供了良好的服务平台，对于刺激居民消费、推动居民消费升级和提升城市吸引力具有积极作用。

　　本次购物节根据过去11年来积累的丰富经验，结合首届中国国际进口博览会召开的契机，在功能定位、开展形式和品牌建设上进行了全面升级。在功能定位上，紧密围绕推进"上海购物"品牌建设，强化了上海购物节的时尚引领、艺术推介和提升消费体验等功能。

在开展形式上，设置新品首发季、国别商品周、商圈嘉年华、特色商街行、离境退税地、行业联盟秀等六大主题板块，实施消费品牌集聚和会商旅文体联动等两项专项行动，设计十条购物专线，引入互动性设计，强化与进博会之间的协同效应。

在品牌建设上，注重商业消费与文化交流相结合，从商业品牌、购物体验和服务配套三方面入手，强化国际消费大都市建设目标与上海"五个中心"定位之间的协同性，实现消费体验与时尚设计、艺术品鉴、文化交流之间的无缝衔接和良性互动。上海购物节的全面升级和持续开展，将对推进"上海购物"品牌建设和提升上海的国际竞争力做出积极贡献。

案 例 **新品首发最优最好的都在这里！史上最长上海购物节开幕**
人民网上海频道 2018 年 9 月 26 日

2018 上海购物节将于本周五正式开幕，此次以"要购物，到上海"

为主题的购物节将覆盖国庆黄金周、进口博览会等重要时间节点，从 9 月 28 日进行至 11 月 11 日，首次延长至 45 天。

据悉，今年是本市连续第 12 次举办上海购物节，也是市委市政府做出全力打响"上海购物"品牌，加快国际消费城市建设部署后的首届购物节。本届购物节聚焦打响"上海购物"品牌、对接首届"进口博览会"、顺应"消费升级"趋势三个方面，突出"消费品牌最新最潮""购物环境最优最好""性价比最高最划算"三大特点，精心打造 6 个主题板块，首次推出 10 条购物专线，组织开展 15 项新品首发活动、13 项国别商品活动、100 项重点活动，覆盖 16 个区域，涵盖 2000 多家企业的 2 万多家网点。

突出"消费品牌最新最潮"

人民网记者了解到，本届购物节的一大亮点，是围绕实施消费品牌集聚专项行动，本届购物节首次推出"新品首发季"主题板块。今年购物节，将推动世茂广场、LuOne 凯德晶萃、LCM 置汇旭辉、世纪汇等创新型商业项目集中开业，大批首进中国、首进上海品牌入驻，6 月上海全球新品首发地启动仪式上百联股份与阿迪达斯品牌中心、LCM 置汇旭辉广场与小朱佩奇游乐园全球首店、船厂 1862 与 MoMA 品牌等一批签约活动正式落地。

与此同时，还将举办上海时装周 2019 春夏发布会，吸引更多充满创意激情的新锐设计师和来自世界各地的时尚品牌。此外，蔓楼兰、达芙妮、别克、华为等一批品牌新品将在今年购物节首发，达芙妮将邀请知名艺人周笔畅，与迪士尼米奇 IP 合作，举办 DAPHNE & BIBI ZHOU & Disney 新品发布会。

另外，今年购物节还首次遴选了首店、潮店和旗舰店活动 70 余项，打造引领国际消费潮流的风向标。其中，推出日食记首家线下体验店、小猪佩奇全球首座室内主题公园、多样屋联手 Vida House 全国首秀、一

条生活馆等大批首店。美国街头品牌 Undefeated、日本潮流服饰品牌 Bape 等潮牌活动及华为智能生活馆亚太旗舰店、阿迪达斯全球旗舰店、丝芙兰亚洲旗舰店等一批重量级店铺登陆上海，也成为此次购物节的热点之一。

突出"购物环境最优最好"

记者了解到，为对接进口博览会，本届购物节联动企业商会升级"国别商品周"主题板块，将推出英国、德国、意大利、西班牙、芬兰、瑞典、澳大利亚、泰国、日本等多国主题商品活动，如 LCM 置汇旭辉推出世界级文化 IP 活动——大英博物馆展，首次将 40 件珍贵复刻引进国内购物中心；上海 IFC 商场邀请法国及意大利国家级著名艺术家，举办 3D 玻璃艺术馆活动，带给消费者美轮美奂的视觉艺术冲击。

此外，佛罗伦萨小镇、高岛屋等推出进口博览会延展活动，实现展会现场和商场同框效应，如高岛屋全景日本——Japan Fair 打造一个老少咸宜、大人小孩玩作一团的"游戏屋"。

吴江路休闲街举办北欧、西班牙等系列活动，带给市民游客独一无二的自然风光和风俗文化体验，成为必到的打卡地。今年购物节还将举办光明进口食品节，结合招展开放渠道，让更多国际品牌和服务进商圈、进商场、进商街。

为突出"购物环境最优最好"，本届上海购物节围绕实施会商旅文体联动专项行动，针对不同消费群体量身定制商业地标、特色商街、特色美食、奥特莱斯、离境退税、首店、潮店、旗舰店、夜上海、老字号等10条购物专线，包含18条支线。

记者了解到，为对接首届进口博览会，通过多渠道媒体宣传和纸质手册发放，为国内外消费者，特别是数十万客商提供个性化消费指引服务。

据介绍，今年购物节，上海组织各区充分挖掘资源，打造"商圈嘉年华"主题板块，推出一批有亮点、特点、热点的购物地标。同时，结合高品位步行街建设，上海特色商街联盟积极动员组织成员单位开展丰富主题营销活动，推出"特色商街行"主题板块，如"2018豫园中秋家传文化节"精心设计节日场景和系列文化展演，"玩转ART愚园"联动十余家店铺带来体验式复合型展示等。

不仅如此，今年购物节还增强了艺术、旅游、购物三节联动，推出"艺术商圈"系列活动、"金山生态体验购"、崇明"森林生态芦穄节"和"明珠湖鱼鲜节"等项目。此外，还将推出IP主题体验活动，推出迪士尼万圣趴、虹桥南丰城彼得兔欢乐庄园主题展等IP项目；四是打造文商融合体验式消费模式，船厂1862举办"艺术装扮生活"为核心愿景的中国国际儿童时尚周、奕欧来举办"Omar Diop艺术展及时尚橱窗大赏"等。

突出"性价比最高最划算"

另悉，为主动对接进口博览会，加大离境退税政策宣传，今年购物节还推出"离境退税地"主题板块，将分布较松散的离境退税商店梳理为品牌旗舰店、百货店、奥特莱斯、世界名表、中国元素品牌等个性化线路。

记者还了解到，为推出佛罗伦萨小镇"潮流'镇'当时"、第一八佰伴"越时尚乐精彩"购物节系列营销活动等离境退税重点活动。同时推出购物专线和重点活动手册，发放到两大机场、车站码头、星级酒店、进口博览会等商旅客密集场所，提高离境退税显示度和影响力。

此外，今年还将推出"行业联盟秀"主题板块，积极发挥商贸领域行业协会作用。今年，还将推出购物节系列配套互动活动。抓住购物节开幕式、十一黄金周、进口博览会、电商"双十一"等重要时间节点，推出消费者喜闻乐见的"吃好、玩好、购好、晒好"系列活动，掀起购物消费的高潮。

龚　莎　励　漪
人民日报社

全力推进"老字号重振工程"，打响"上海购物"品牌——第 12 届中华老字号博览会今天在沪开幕

点 评 吴泽林
上海社会科学院·国际问题研究所助理研究员

老字号，一个恒久而尊贵的名字，承载着一座城市的文化与精神，似"城市之根"。说起上海的老字号，每一个上海人都可以如数家珍。然而，在时代的快速更替中，虽然品牌仍在，但大多逐渐淡出了人们的视野，成为被封存的美好记忆。老字号如何焕发新活力一直以来是社会各界普遍关注的问题。2018 年 4 月，上海市委、市政府印发《关于全力打响上海"四大品牌"率先推动高质量发展的若干意见》，提出到 2020 年打响 50 个具

有鲜明上海特色的老字号。同年九月，第12届中华老字号博览会在上海举行，这为中华老字号的重振、传承与创新发展提供了强大的动力，也是探索促进老字号品牌发展的有益尝试。

首先，老字号企业的改革创新是发展的必由途径。随着80、90后逐渐成长起来，当前的消费人群和消费方式已发生重大改变。老字号的"老"不应是守旧和老态，而应是文化的积淀和经验的传承。老字号企业既要把"工匠精神"的传统维护好、宣传好，也要导入更多的时代新元素，注重产品、技术和形式创新，以新的面貌出现在大众面前，在传统与创新的结合中提升老字号的品牌价值，满足不同消费者的物质和心理需求，这样才能在激烈的市场竞争中占据有利位置。

其次，政府需要为老字号品牌的发展提供良好的环境。当前，政府不仅从政策和信息层面积极引导和鼓励老字号企业转型升级，还致力于促进老字号企业集聚规模发展，以特色街区改造提升为切入口将老字号与文化和旅游资源结合起来，让游客在观光中体验和领略老字号的魅力。今后，政府应进一步为老字号的技艺传承和创新发展提供机制保障，并适时搭建科研创新基地或工作坊，为老字号品牌的发展提供更大的契机。

最后，借助多元媒体为老字号品牌"开疆扩土"。老字号品牌往往是以一块历经沧桑的牌匾为显著标志，实体店是老字号面向大众市场的传统手段。在信息技术不断发展的今天，老字号的发展还要借助一系列新媒体手段，一方面要依托政府提供的推广平台，比如博览会、推介会、交易会、专题片等，另一方面要凭借电视购物频道、网络购物平台、移动新媒体等，拓展营销渠道、丰富营销手段，迎合现代人群的消费方式，并注重与消费者之间的良性互动。

老字号的振兴，企业的改革创新是一，政府的引导支持是二，媒介的推送宣传是三，三者结合必将推动中华老字号焕发出新的生机。

| 案　例 | 全力推进"老字号重振工程"，打响"上海购物"品牌——第 12 届中华老字号博览会今天在沪开幕 |

人民网上海频道 2018 年 9 月 7 日

"2018 第十二届中华老字号博览会"今天起至 9 月 10 日在上海展览中心举行。本届博览会以"老牌新品，时代匠心"为主题，凸显老字号百年匠心传承，着力展示中华老字号企业的新产品、新设计、新风貌、新思维；立足上海优势，依托品牌力量，打响"上海服务、上海制造、上海购物、上海文化"四大品牌，重振中华老字号品牌，重塑中华老字号商业文明，强力助推"中华老字号振兴工程"，擦亮中华老字号金名片。

全球展商齐聚，多元新品汇聚

本届博览会展出面积达 8500 平方米，共有来自天津、江苏、山东、福建、广东、云南等省市 200 多家老字号企业参展。博览会展品涵盖食品餐饮、轻工百货、服装鞋帽、珠宝首饰、家居用品、医药保健、品牌服务多个品类，百联、光明、锦江国际、恒源祥、益民、豫园、九百、开开、龙头、老凤祥、杏花楼、回力、培罗蒙等上海众多的行业老字号领军企业都将齐聚博览会，并推出更多新品。

老字号，新文化，助力老字号品牌创新升级

为更好促进中华老字号企业全面创新发展，博览会特设"老字号新文化"展示区，希望在弘扬文化传统的同时，更注重完善老字号品牌年轻化和时尚化的内涵，为品牌注入新活力。此前，老字号博览会组委会与华东师范大学设计学院共同组织了一场"上海食品老字号的绿色营销与设计趋势"方案设计大赛，从年轻人的视角出发，从产品包装、创意设计、营销理念等多角度诠释老字号品牌创新，参赛获奖作品将在老字

号品牌文化专区上展示。

设立新品首发活动专区，推进"老字号重振工程"

博览会响应《全力打响"上海购物"品牌，加快国际消费城市建设三年行动计划（2018—2020 年）》，提升"上海购物"品牌影响力和辐射力，特别设立了"老字号新品首发活动专区"，并策划"老牌新品，时代匠心"产品展示秀，上海凤凰自行车、九和堂、英雄钢笔、古今内衣、上海制皂、西区雷允上、恒源祥等多家老字号品牌企业都将在展会上进行新品首发，一展风采。

创新活动看不停，热点活动再升级

博览会上，东方购物频道与上海中华老字号企业协会进行了"老字号 x 东方购物，'老牌新品'全媒体合作"签约仪式，共同打造老字号新品线上首发售卖平台，并在线上线下同步售卖。

上届博览会广受好评的"'国家宝藏'—寻宝活动"以全新的面貌呈现，升级为 2.0 版本。活动以老字号企业产品互动体验为核心，邀请亲子家庭根据寻宝护照及地图，在展会现场依次对老字号企业进行探索，通过亲子互动体验的方式，在游玩的同时了解老字号品牌，认同老字号，感受老字号企业的生机与活力。

博览会组委会将以"老字号，新梦想"为主题，组织一场义卖活动，彰显老字号企业社会责任。活动将以老字号首发新品与经典产品为组合，在展会现场面向参展观众进行义卖，所得善款全部捐赠给慈善机构。

博览会组委会还特别策划了一场"玩转老字号 开心 GOGO 购"互动活动，以吸引更多的年轻群体关注，活动以老字号企业产品为核心，用时下热门的互动游戏作为载体，让消费者在直观的体验中，进一步了解老字号，认知老字号的文化价值，弘扬中华商业文明，展现老字号品牌风采。

励 漪

人民日报社

徐汇：文商融合打响"上海购物"品牌

点 评 赵国军
上海社会科学院·国际问题研究所助理研究员

徐汇区着力建设的以文商融合、国际消费新体验为特色的引领示范区，是落实上海市打造"四大品牌"的重要举措，必将为上海国际文化大都市和"消费之都"的创建展示一个鲜活的实践案例。我们从中可以得出几点启示。

首先，直面挑战、与时俱进的创新意识。上海历史上曾经是著名的时尚之都。但近年来由于受到以淘宝、京东等为代表的电商的冲击，一大批传统商圈繁华不再，面临转型和升级改造的难题。在以"拎袋率"为主要评判标准的传统实体店购物模式难以为继的情况下，如何将文化元素与传统商圈相融合，打造上海购物品牌，需要发扬"敢为天下先"的海派文化精神，敢想敢试，打赢这场传统商圈转型升级的硬仗。

其次，"以人为本"的价值理念和人文关怀。契合时代脉搏，秉承"城市使生活更美好"的理念，必须紧紧抓住我们时代新的主要矛盾，以满足人民群众不断增长的对美好生活的追求为依归。

打响上海购物品牌，关键在于积聚海内外人气，这就要求提升城市气质，以高端高品质定位商圈，使商场不再是冷冰冰的钢筋水泥和玻璃幕墙，而是能留住城市"温情"的有内涵的城市灵魂的载体。它不将消费者只视为一个"买买买"的经济人，而是一个从物质到精神需求的多面向的存在。同时，通过天桥连廊将各楼宇、商场互联互通的用心设计，进一步提升了区域公共空间品质，为公众购物提供了极大的便利。体现出"以人为本"的价值取向。

通过推行新零售、新文娱体验式消费中心，营造慢生活和文化休闲，让包括唯线上购物马首是瞻的众多"宅男""宅女"在内的网购群体，走进街区，"在转角遇到惊喜"，人与城市与街区的互动，实现彼此的素质与品味的提升。

第三，因地制宜的街区功能规划。城市的各个街区有自己的特色与风貌，承载不同的功能。无论是徐家汇全力打造文商融合体验式消费的世界级商圈，徐汇衡复精心勾画的慢生活文化休闲城市名片，还是徐汇滨江实行的新消费群体的数字化、社交化、个性化、定制化和体验式的新商业业态，无不体现出政府有关部门在城市规划治理上因地制宜，不搞"一刀切"，做足绣花针功夫的精细化管理水平。

最后，政府与市场两手配合。传统商圈成功的转型升级，有赖于政府与社会、市场的协同合作。政府在商圈功能定位、政策引导等方面扮演"有形的手"的重要角色，但在商圈的后续运营中，市场这只"无形的手"应当发挥更加重要的作用。政府的引导与市场的调节相结合，相信徐汇商圈的转型升级一定会成功，并对国内其他地区发挥引领示范的作用。

案例 徐汇：文商融合打响"上海购物"品牌
人民网上海频道 2018 年 6 月 4 日

港汇恒隆广场"39 级大台阶"动工拆除，将变身文化艺术广场；超级城市综合体徐家汇中心进入密集施工期，在建的"浦西第一高楼"将成上海新地标；正加紧建设的商圈天桥连廊，将进一步提升徐家汇公共空间品质……打响区域"上海购物"品牌，徐汇区正着力建设以文商融合、国际消费新体验为特色的引领示范区，力争到 2020 年实现商品销售额突破万亿大关。

未来三年，徐汇区将聚焦徐家汇、徐汇衡复、徐汇滨江三大中央活动区，全力发展核心商业。同时，精心培育特色商业，深耕细作社区商业，全方位、立体化打造徐汇的"上海购物"品牌。

徐家汇：全力打造文商融合体验式消费的世界级商圈

徐家汇是打响徐汇购物品牌的重中之重，这里将逐步实现一流购物商品集聚、品牌旗舰店、新品首店云集、最新最潮业态引领、最优最便捷市场供给的国际体验式消费之都，使徐家汇的优势更优、特色更特、强项更强。

如有"首店收割机"之称的港汇恒隆广场，针对"39 级大台阶"和"新翼"等重要区域的改造，将使之发生颠覆性的改变。据恒隆港汇广场总经理叶志强介绍，"新翼"将在今年下半年重装开业，其中通往商场主楼的双侧连廊被设计成 7 个全新的 11 米高挑空、全透明玻璃采光的大型室内空间，通过与不同机构合作，赋予其科技、艺术、亲子等不同的属性。如已知将与潮流儿童品牌合作打造考古实验室：巨大的恐龙化石、史前生物模型悬挂在连廊内，儿童穿梭其中感受仿佛置身博物馆内的新奇体验。类似的空间打造，在提升商场话题热点的同时，也赋予商场更多艺术文化氛围。

此次改造，港汇恒隆广场内品牌的调整比例将超过 **30%**，各类优质设计师品牌、潮牌、买手店、轻奢国际品牌等将入驻，近 **10%** 的品牌为国内首店。亮相后的新翼，国际品牌占比将高达 **43%**，升级后的餐饮及 **Life Style** 品牌比例也将达到 **30%** 以上。

作为吸引目标人群的两大主力店铺，**SFC** 上影影城·永华及 **Ole** 超市近期将"脱胎换骨"率先亮相。改造后的上影影城·永华，将有 **11** 个各具特色的影厅，配备 **IMAX**、**ONYX LED**、**4DX**、杜比全景声、**RealD Cinema** 影厅等世界领先的技术。其中 **8** 号厅将打破原有影院设计格局，在全上海乃至全国第一次采用 **VIP** 包厢设计，更有部分影厅座椅将罕见地采用按摩椅，升级个性化消费的同时，带给顾客更专业与舒适的观影体验。而 **Ole** 超市进口产品占比高达 **80%**，为全国之最，并将推出独家"概念厨房"及"手冲咖啡吧"，为顾客带来高端消费体验。

叶志强表示："长远而言，港汇恒隆广场的改造工程不仅为消费者带来升级的购物环境和体验，也将一定程度上带动整个徐家汇商圈的产业升级，为徐汇区乃至上海打响'四大品牌'做出积极贡献。"

徐汇衡复：精心勾画慢生活文化休闲城市名片

"转角遇到惊喜"，也许就是对衡复地区最好的描述。这里将培育具有国际消费服务水平的慢生活文化休闲街区，彰显慢生活商业的海派文化特色，深化魅力衡复品牌的内涵，实现环境上的"静（静谧）雅（雅致）柔（柔和）"，最优最美，营造消费上的"漫（浪漫）夜（夜生活）特（特色街）"，小众、定制、个性化供给丰富多元，夜市文创生活充实多彩。

据介绍，此地重点发展三个街区：武康路—复兴西路历史文化街区，以老洋房和名人故居为特色，传承城市记忆；汾阳路—复兴中路音乐文化街区，以交响乐、音乐剧及歌剧演出为特色，打造国际音乐街区；岳阳路—建国西路慢生活街区，以建业里、永平里、永嘉庭等精品商业项目为引领，营造徐汇衡复独有的消费休闲方式。

徐汇滨江：积极建设引领上海娱乐消费时尚新地标

作为徐汇区的"商业新军"，徐汇滨江将实行新消费群体的数字化、社交化、个性化、定制化和体验式的新商业业态布局，推进更多国际国内知名品牌"全球首发在西岸"，打造一流购物体验，培育徐汇水岸经济繁荣繁华新商地。

"如今的商业已经不仅仅考虑'拎袋率'，更讲究消费体验。"徐汇区委宣传部部长吕晓慧介绍，如西岸的保利·时光里，招租时把最好的门面给了奥赛美术馆，这里每月推一位画家的作品，然后里面的咖啡、香氛、音乐等整个调性，配合画展的风格而变。"文化体验也同样讲究精细化。"

按照规划，徐汇滨江将依托文化经济，结合西岸文化走廊建设，树立西岸文化国际名牌，打造引领时尚文化娱乐消费新地标。依托会展经济，引进国际高端峰会，通过举办各类新品首发、新剧首映、技术发布、学术论坛等活动，打造具有全球影响力的时尚首发平台。依托体验经济，积极引入无人商店、数字商店等新业态，支持网络零售平台线下直营店、跨境电商体验展示店发展，大力推进跨境电商发展，打造新零售新文娱体验式消费中心。依托创新经济，通过阿里、腾讯、网易等一批行业龙头企业的带动，打造商业领域科技创新、高端服务业集聚新高地。

励　漪
人民日报社

上海：世界的"会客厅"正敞开大门

点 评　**刘锦前**
上海社会科学院·国际问题研究所助理研究员

中国通过举办进博会，向世界传递出倡导建设开放型世界经济，推动全球化向着"合作、包容、普惠"发展的信号。而上海也借助举办进博会，打响了自己的"四大品牌"。

首先，进博会举办引领创设国际合作新"规范"。"规范"是对行动方向的未来期望一般概念，正是"规范"的理想性与当前现状之间的差距使得阶段性"行动"有必要设置并凸显其重要性。进博会的举办，使不同行为体在互动中建立起"友情"规范，不只是基于短期利益采取的暂时性经贸行为，而更多是基于长远利益采取的持续和稳定的合作行动。在上海举办进博会，把"上海购物"的品牌推向全世界。

其次，进博会举办引领世界经济价值循环模式转变新尝试。目前如果说中国实施的资本和企业"走出去"是为了构建以资本回报为主要内容的价值输入通道，而建设国际消费中心城市则是在消费方面构建另外一个价值输入通道，其建成将吸引海外消费者入境购物，也将吸引国内高端消费回流，有助于同时获得制造和销售环节的利润，并为广大发展中国家未来发展方向提供借鉴。这种模式是一种创新，符合上海的城市理念。

再次，进博会举办有效考验社会治理体系的高效与完善程度。现代消费是一个包括文化、旅游、休闲等在内的广义消费集合，它依托于高效的城市管理。而对标国际最高标准、最好水平，打造国际消费城市，消费不是简单的"买买买"，其背后是质量的支撑、服务的优化、文化的引领，是一座城市综合实力的体现。

所以，上海举办进博会，使用了上海制造，推出了上海服务，传播了上海文化，使全世界体验了"上海购物"的魅力。进博会成为上海"四大品牌"的集中体现。

案例　上海：世界的"会客厅"正敞开大门
人民网上海频道 2018 年 11 月 4 日

金秋时节，丹桂飘香。

11 月 5 日，世界上首个以进口为主题的大型国家级展会——中国国际进口博览会将在有着"四叶草"美称的国家会展中心（上海）正式启幕。

长江龙头，俯瞰四海。此刻，上海西部的这片"四叶草"早已装扮一新，宛若五彩斑斓的彩蝶，正以更加迷人的姿态迎接八方来客；黄浦江畔 20 公里岸线流光溢彩灯火辉映，正以不夜天的醉人美景迎来中外宾朋⋯⋯

10 月 29 日，中共中央政治局委员、上海市委书记李强在上海中心大厦会见来沪参加世界顶尖科学家论坛的主要嘉宾时说，纽约的时代广场被称为世界的"十字路口"，上海的黄浦江两岸将来要打造成为世界的"会客厅"。

上海，全城热力涌动，已做好了准备，用精细化的城市管理和高效优质的服务开启"进博时间"！这座熠熠生辉的东方魅力之都，也正以更加开放的姿态拥抱全球宾客！

中外大合唱，全球好货云集"买家天堂"

"新时代，共享未来"——格外响亮的主题，让首届进博会吸引了五大洲 81 个国家、3000 多家企业参展，5000 多款产品首次在中国亮相，12 个主宾国将在进博会期间秀出自己的"绝活"。开幕式上，来自 130 多个国家的政要和有关国际组织负责人、全球商界领袖、知名专家学者以及国内各部委、各地方约 1500 名代表将出席。

首届进博会分为国家展、消费电子及家电展、服装服饰及日用品消费展、汽车展、智能及高端装备展、食品及农产品展、医疗器械及医药保健品展、服务贸易展八大展区。这些展区将各具特色、精彩纷呈，为中国消费者提供一场购物盛宴。

随着进博会开幕倒计时的滴嗒声，一批又一批世界最新、中国首秀产品从全球各地搭上货轮、乘上飞机漂洋过海来到东海之滨，这些全球顶尖产品也逐渐掀开了神秘"面纱"。

美国通用电气、高通，英国捷豹路虎、阿斯利康，日本富士、欧姆龙，德国雄克，韩国三星电子⋯⋯一家家世界知名企业纷纷报名搭乘进博快车。

占地 200 平方米、重达 200 吨的"金牛座"龙门铣床；最贵展品、单体价值达到 2 亿元人民币的 AW189 型直升机；融合近 40 项专利技术的"会飞的汽车"，即将完成亚洲首展……一件件明星展品纷纷入驻亮相展台。

当然，吸引观众和买家眼球的不仅只有智能及高端装备类明星展品，消费电子、家用电器、饮料食品、服装服饰、医疗器械等等同样吸睛。让人挑花眼、逛断腿的进博会，真真切切成为全球好货的买家天堂。

进博会搭建的"卖家秀"磁力十足，"溢出效应"正辐射至全国乃至全球，早已让超过 16 万的"买家"采购商们"菜单"在手，交易团与展商的对接也如火如荼，只待出发来沪"买全球"——

北京市将由 4741 家企业和机构、14354 人组成交易团，瞄准高端装备制造、服务贸易、科技创新产品和技术等符合北京产业发展的产品、技术、服务采购，同时围绕消费结构升级，积极采购高端消费品和服务。

江苏早在 6 月初就已经成立 16 个交易分团，其中未来 5 年意向采购金额 10 亿元以上的企业有 278 家，1 亿—10 亿元的企业有 1400 多家。

而近水楼台的上海交易团，已登记注册的采购商更是达到 1.5 万家，其中未来 5 年有采购意向的超过 1 万家，意向采购金额 10 亿元以上的企业达数百家……

"买全球、卖全球"，最大限度激活国际国内两个市场，首届进博会掀起的参与热潮，让这个开放平台正愈发体现出中国市场的影响力、中国机遇的吸引力、中国方案的号召力。

神奇"黑科技"，让进博会服务保障无忧

随着进博会的脚步临近，向来以精细化管理为特色的上海城市服务保障工作也已做好了充分准备，从通信、电力，到交通、安保……上海全城总动员，为进博会带来一场"顶级保障盛宴"。

其中，围绕供电、供油、通信等保障任务，上海经信系统窗口服务保障行业早早动员起来，发挥着人人有责的担当精神，不断放大进博会的带动和溢出效应。

进博会期间，电力如何保障？不用担心，有"黑科技"来帮忙——在距离"四叶草"不远的一座变电站里，一套机敏的智能电力巡检机器人正 24 小时不间断工作，检测、监控变电站开关室运行状态，使全站的日常巡视进入智慧时代。

国网上海电力公司董事长、党委书记钱朝阳表示，面对首届进博会超高标准的保电要求，为实现"六〇三确保"保电目标，公司在将传统保电工作做精做优的基础上，力推"智慧保电"新模式，包括电力巡检机器人、智能井盖、量子通信等技术在内，一批基于"互联网+""物联网+"的高、新、尖技术将使保电工作的万无一失更有把握，以卓越的贡献和担当，支撑这场国际一流博览盛会。"我们要充分发挥国家电网作为责任央企的政治优势，以党建工作的高质量发展，加快优势动能转化，为进博会供电提供坚强政治保障。"

进博会期间，全部参会人员都需持证通行，预计将发放近 60 万张人员通行证件和数万张车辆通行证件。如何确保大客流快速、安全地入场参会？

分布在进博会场馆出入口的 100 多台"人员证件查验机"将在中国电信上海公司的助力下——在感应到人员靠近的数秒钟内，就会高速抓拍数十张照片，通过电信的光缆与数据库内的照片进行实时比对，真正做到瞬间"看得清"。

为让全世界看到进博会的开幕盛况与"外滩灯光秀"的动人场景，中国电信还实现了"新闻中心千兆到桌面"，全力保障中外媒体实实在在享受到"千兆第一城"的魔力与美丽。

上海移动则提前完成展馆内无线通信扩容项目，提供全馆免费无线网络，最高可以满足 50 万人同时使用手机上网。压力测试下，上网速度可以达到 60 兆/秒。首次投入使用的"会呼吸的网络"，能够根据场馆内的实时人流和使用情况进行智能调节，与展会潮汐式的人流特点相契。

……

正如上海市经济信息化工作党委书记、市经济信息化系统文明委主任陆晓春所言，"市经信系统 30 多万党员干部职工按照中央和市委要求，全体动员、全员行动，充分发挥各级党组织的战斗堡垒作用和党员的先锋模范作用，高标准高质量做好各项服务保障工作。特别是央企要主动担当，积极作为，坚决打好电线架空线落地工程的攻坚战，全面提高电力、通信和加油站窗口行业的服务水平，全力提升员工群众的文明素养，为办成国际一流博览会做出应有贡献。"

全城总动员，正式开启"进博时间"

作为首届进博会主会场所在地，素有上海"西大门"之称的青浦区，如何以最佳的状态迎接八方来客，守好这道"门"，全力保障盛会精彩、成功举办？

青浦区委书记赵惠琴表示，早在一个月前，青浦区落实进口博览会配套建设与环境整治工作任务清单涉及的 66 个项目已全部完工，其中包括交通工程、架空线入地和合杆整治及电力工程、水务工程、绿化工程等领域。如进博会区域内 12 条道路已完成路面整修，23 条道路完成立面整治，沪青平公路、崧泽大道等 8 条道路共 18.38 公里的架空线全面入地，诸光路、盈港东路等 4 条道路完成了多杆合一的合杆整治。

如今，漫步"四叶草"区域，路边紫薇、三角梅、毛鹃、红色蝴蝶兰组成的植物墙，色彩高低错落，在秋日阳光沐浴下，愈发生机盎然。

此外，国家会展中心（上海）C 栋办公楼 7 层，一个规划面积约 7000 平方米的办公平台也已呼之欲出，这里是青浦区与国家会展中心（上海）共同建设的进口博览会功能型服务平台——"海外贸易组织办公平台"，将为各类贸易机构、组织、重点企业等提供空间支持、公共配套便利和综合资讯服务。在市商务委授牌的"6+365"常年展示交易平台中，坐落在青浦区的有 4 个，包括东浩兰生进口商品展销平台、上海青浦区跨境电子商务保税展示贸易物流中心、上海西郊国际农产品交易中心和绿地全球商品贸易港。目前，各"6+365"常年展示交易平台在青浦区的大力支持下正加速落地。

作为进博会的主要承载区，与"四叶草"毗邻的闵行区也在全力提升周边环境，以最美的面貌迎接盛会的召开。

最近路过华翔路建虹路路口的市民，都会惊喜地发现：路口出现了一个五颜六色的大型花境，再往前走，不远处绿化带里又长出了一个个花塔……作为进博会闵行区域首个路口大型景观，随着绿雕的完成，这里将变成一片靓丽的城市风景。届时，不仅国内外嘉宾能感受到热烈缤纷鲜花怒放的城市景观，闵行居民也多了自然野趣的高品质休闲娱乐生态空间。

进博会期间，如何确保海内外宾客快速有序地抵达主场馆？如何让市民观展更加便利？交通保障无疑是重中之重。连接虹桥商务区核心区与国家会展中心的二层步廊竣工，从虹桥交通枢纽步行至场馆的时间由1个多小时缩短至20分钟。入夜，主题为"七彩聚虹、梦想筑桥"的步廊灯光秀简洁、大气、典雅、亮丽，营造出梦幻世界。

"人人都是东道主"，闵行在全区基层党组织和广大党员中开展"进博五彩先锋行动"，依托区域化党建平台，带动区域单位一同参与到进博会的服务保障工作中。

全力投入进博会服务保障工作的，不仅仅是主场馆所在地及周边承载区，而是上海全城总动员进入"进博时间"。

"按压，一下、两下……""数脉搏，1001、1002……"10月29日下午，在浦东新区陆家嘴街道的一个社区小屋里，40多名东方明珠电视塔服务人员在身着东方医院应急医疗志愿者队服的医疗人员指导下，正热火朝天地进行着心肺复苏（CPR）培训。

为更好、更全地服务进博会，确保进博会医疗卫生保障工作的有效实施，作为上海市卫计委指定的定点医疗保障单位，又地处陆家嘴的同济大学附属东方医院专门建立了"一支队伍，一个场地"即一支应急医疗救援志愿者队伍和一个应急医疗救援培训"平安屋"，专为该区域服务进博的重点人群和团体提供针对大型活动的应急救援培训。"陆家嘴作为进博会保障重点区域，医疗保障任务艰巨，为此我们专门开辟'据点'

来进行重点人群的针对性急救培训。"陆家嘴街道党工委副书记、办事处主任邓亮告诉记者。

让来自全球的四海宾朋享受到更加便捷的金融服务体验，同样成为确保进博会成功举办的关键之一。为此，有着"全球化"基因的中国银行，为境内外客商深度定制了涵盖基础产品、特色产品、专属产品三大类，集"合、汇、保、融"为一体的进博会系列专项金融产品。同时，还协助中国国际进口博览局承办为期三天、覆盖进博会全部七大展区30个细分行业的展商客商供需对接会，并坐拥近3000平方米的虹桥会展中心支行，发挥其在周边面积最大、综合服务能力最强的网点特色，在进博会现场提供咨询、汇兑、结算、担保等服务。

10月9日，首届进博会上"吨位"最大的展品———200吨"金牛座"龙门铣运抵上海，在淮海中路1号进口博览会海关专用窗口前，经过海关关员快速审核，短短不到2分钟时间，展品就拿到了通关许可证。如此高效的通关速度，正是得益于海关方面为进博会提供的更为贴心优质的监管服务，让更多人能借助进博会这一舞台分享中国发展红利。

"为更好地服务本届进博会通关便利，今年上半年，中国（上海）国际贸易'单一窗口'建设了'进口博览会专区'，主办方及主场运输服务商可采取'一次备案、分批提交清单'的方式办理海关手续，确保进博会物资抵达口岸后快速通关。同时，在展会备案、展品通关、展中监管、展品核销的全流程监管中实现了通关效率更高、服务更优化。"

上海海关副关长、进口博览会上海海关现场指挥中心总指挥黄迂明表示，海关以关检融合为抓手，正在积极探索和打造全新的数字化、智能化、便利化、集约化监管模式，助力首届进博会成为"市场向国际开放、进口向展会集聚、通关向智能提升"的开放高地。

"脑力"激荡，打造世界"会客厅"

蓝天白云下，国家会展中心（上海）外，憨态可掬的进博会吉祥物大熊猫"进宝"，正手捧象征幸运的"四叶草"笑迎五洲展客商，让世界看到开放市场、共享未来的中国自信和中国担当。

金秋十月里，上海全力冲刺进博会的同时，更迎来"全球最强大脑"天团，让全城"脑力"激荡——上海市长国际企业家咨询会、世界顶尖科学家论坛（上海·滴水湖）、浦江创新论坛……多场重量级会议相继召开，全球众多顶级科学家、企业家、学者院士们纷至沓来，为上海带来了全球智慧与先进理念，也为决策层打开了一扇扇观察学习世界的窗口。

10月28日，"第30次上海市市长国际企业家咨询会议"举行，一大批被称为"洋高参"的国际企业家从世界各地来到上海，汇聚咨询会议。

10月29日，37位世界顶尖科学家、17位中国两院院士、18位中外杰出青年科学家来到临港，共赴首届世界顶尖科学家论坛（上海·滴水湖），其中包括26位诺贝尔奖得主，这也是国内迄今为止规模最大、诺贝尔奖科学家参加人数最多的科技盛会。

10月30日，来自全球各地的政要、专家学者、企业家们，又一次相约浦江创新论坛，围绕"新时代创新发展与供给侧结构性改革"主题展开风云对话。

……

对于上海首次举办的世界顶尖科学家论坛，诺贝尔物理学奖得主、世界顶尖科学家协会副主席朱棣文这样期待，"如果现场有年轻科学家提出了一个我无法回答的问题，这将是我终生难忘的时刻。"

在市长咨询会议主席、安永会计师事务所全球主席兼首席执行官马克·温伯格看来，过去的上海要吸引投资，吸收新观念，如同一个虚心求教的学生；如今的上海，已是一座可以开展投资、践行新观念和展示最佳实践范例的城市；未来，上海完全可以向世界扩大自身以及中国的影响力。

人民日报钟声栏目刊发文章《让中国开放成果更好惠及世界》指出："中国是经济全球化的受益者，更是贡献者。举办进博会意味着中国对外开放打开新局面，不仅将为中国经济高质量发展释放巨大红利，更让世界搭上了中国经济发展的快车。"

进博会的举办，正如打开一扇大门，群贤毕至"会客厅"，让中国加速拥抱世界。

全力打响"四大品牌"，对标最高标准、最好水平，迈向"全球卓越的城市"——上海，正以崭新面貌、开放姿态静候八方来客；"四叶草"，必将惊艳绽放，给世界一个惊喜！

轩召强

人民网上海频道

上海服务、上海制造、上海购物、上海文化"四大品牌"助力高质量发展

点 评　**顾炜**
上海社会科学院·国际问题研究所助理研究员

在改革开放再出发的新时代，上海全力打响上海服务、上海制造、上海购物、上海文化"四大品牌"，努力构筑上海名片。

"四大品牌"承接历史、聚焦当下、引领未来。上海提出"四大品牌"，充分尊重了上海的历史传承，唤起人们对上海发展优势的深切记忆，也在此基础上着力推动四大品牌领域的发展，从而为上海的未来发展树立标杆、积累力量。

"四大品牌"体现了上海对整体与部分的有机统一的

追求。上海的发展离不开国家的支持，打响"四大品牌"符合整个国家发展战略的需要，是上海作为一个地方、国家的一个部分服从整体的鲜明体现。同时，上海作为直辖市和改革开放的领头羊，又必须为全国的其他地方和城市做出榜样，理应提出符合本市发展需要、又具有领先优势的特色领域着力发展。这是对整体（中央）与部分（地方）的有机统一的追求。

"四大品牌"反映了上海对普遍性与特殊性的有效协调。上海的发展必然是全面性的，这不仅是与全国其他城市相比，而且是与自身过去的发展相比，上海都需要努力实现全面发展。在全面发展的普遍性之外，上海提出的"四大品牌"也是结合自身特点选择的重点、优先发展领域。"四大品牌"在上海的全面发展中是特殊领域，而在全国各个城市的服务、制造、购物、文化等领域的发展中，"上海"独具特色，所以"四大品牌"是上海对普遍与特殊的有效协调。

所以，打响"四大品牌"，是上海构筑城市名片的重要举措，将助力高质量发展。

制图：沈亦伶

案 例 **上海服务、上海制造、上海购物、上海文化"四大品牌"助力高质量发展**
《人民日报》2018 年 4 月 25 日

提起上海，你会想到什么？

估计很多人听了这个问题会愣一下，然后再认真地想想：上海很现代，金融机构多，航运发达，生产飞机和汽车，好医院、好大学多，大家都向往……凡此种种，不一而足。

然而，从现在起，上海将举全市之力塑造四大"金字招牌"：上海服务、上海制造、上海购物、上海文化，要把上海的特色勾勒得更加清晰，让人一说起上海，便能清楚地讲到这"四大品牌"。4 月 24 日，上海市举行推进大会，明确提出"全力打响'四大品牌'，率先推动高质量发展"。

从经济总量上看，上海的 GDP 已超过 3 万亿元，站在全国城市之首。为何现在提出打响"四大品牌"？其内容是什么？如何实现呢？

为何要打响"四大品牌"
加快构筑新时代上海发展战略优势

建设卓越的全球城市和具有世界影响力的社会主义现代化国际大都市，已经写入《上海市城市总体规划（2017—2035 年）》。这意味着，已经取得巨大成就的上海，其发展定位有了更高的追求：要建设成为卓越的全球城市。

这样的转变，是上海勇于落实国家战略、担当国家使命的写照。上海市委、市政府出台的《关于全力打响上海"四大品牌"率先推动高质量发展的若干意见》指出，上海要构筑新时代发展的战略优势，切实增强服务国家战略能力，增强服务长三角、服务长江流域、服务全国、服务"一带一路"和服务全球的能力，增强上海参与全球合作与竞争能力。

从这个角度出发，上海主动对标国际最高标准最好水平，认识到既有的优势显然还不够，必须进一步增强核心城市功能和服务能级。打响"四大品牌"，就是上海提升能级以及城市辐射力的重要路径，也是上海追求高质量发展、高品质生活的重要落脚点。

改革开放 40 年，特别是浦东开发开放之后，上海取得了巨大成就，但面对新时代新使命，上海始终有着形势逼人、形势催人的紧迫感和责任感。"全力打响'四大品牌'，是上海改革开放再出发的重要实践。"上海市委书记李强指出，上海必须大力弘扬城市精神，保持追求卓越的价值取向，着力构建新时代上海发展战略优势，全面提升城市吸引力、创造力、竞争力。

对"打响品牌"这 4 个字，李强在推进大会上做了生动的注解：打是什么？就是要有措施、有行动；响是什么？就是要让人家听得到，在国内外有声响；品是什么？就是质量高、品质好，能让人信服；牌是什么？就是牌子，是影响力、竞争力。他强调，打响"四大品牌"，重在提高"上海服务"的辐射度，彰显"上海制造"的美誉度，增强"上海购物"的体验度，展现"上海文化"的标识度，要打得更响、传得更远、影响更广。

简单的几句话，道出了"四大品牌"的发展趋势。

为何是这"四大品牌"
体现城市记忆，又有文脉特色和鲜明特征

为什么选择服务、制造、购物、文化这"四大品牌"？

既充分体现城市记忆，又有文脉特色和鲜明特征，这是上海确定"四大品牌"的一个重要衡量标准。

"上海服务"，在历史上有过美誉。上海人的服务周到、精致，这是一种记忆和特色。比如金融业，比如航运业，又比如与生活有关的服务业。这些服务，构成了上海的独特风情与风景。但是，现在提的"上海服务"，内涵、标准与过去不同了，仅仅让国人有感受还不行，而有了更高的参照标准，要求与世界最高水平相比较，要走得出上海，还能走向世界，要让世界对上海有感受。

按上海市发改委副主任阮青的说法，将把握好服务水平的领先度、服务功能的辐射度、服务对象的感受度和服务品牌的美誉度标准，精心挑选出重点领域和行业最靓丽的"珍珠"，串起凸显上海优势的"珍珠项链"。

"上海制造"，是上海的基因，在历史上也是声名远播，拥有"上海货"那是最为时尚的。经过近年来的努力，上海高端制造正在发力崛起，大飞机、智能码头等已陆续显示出国际影响力。上海市经信委副主任吴金城描述道，现在，上海制造品牌的目标很明确：基本建成国际高端智

造中心，加快形成迈向全球卓越制造基地。到 2020 年，战略性新兴产业增加值占全市生产总值比重达到 20% 以上，战略性新兴产业制造业产值占全市制造业总产值比重达到 1/3 左右，打造一批具有核心竞争力的制造领域名品、名企、名园（区）。

在历史上相当长的时间里，到上海购物是一种风尚。当下，上海社会零售总额已步入万亿级时代，电子商务购物的总额也已超过 2 万亿元，各地购物中心纷纷兴起，到上海购物如何继续保有吸引力？"上海要坚持以满足需求、创造需求、引领需求为导向，抓住中国国际进口博览会的重大机遇，打造面向全球的消费市场、全球新品首发地、引领国际消费潮流的风向标和人人向往的'购物天堂'，到 2020 年建成具有全球影响力的国际消费城市。"上海市商务委主任尚玉英说。

"上海文化"也是具有文脉的一道风景。海派文化，曾是人们记忆中的"甜品"，是一种软实力。而现在，"上海文化"品牌内容更加丰富："我们要建设的上海文化品牌有三个重点，一个是红色文化，一个是海派文化，还有就是江南文化。"上海市委宣传部副部长胡劲军说，"红色文化要守护好中国共产党人的精神家园，打造中国革命文化的总源头历史地位，海派文化要形成一批全国乃至全球知名的文化品牌，江南文化要以实施优秀传统文化传承、江南文化研究发掘展示为重点，奋力擦亮'上海文化'金字招牌。"

这"四大品牌"，上海各有关部门都已列出重点项目和工作，4 份"三年行动计划"清单内容可观。

"四大品牌"与"五个中心"如何协同作为服务国家战略的再聚焦、再落实、再提升

把上海建设成为国际经济、金融、贸易、航运、科技创新"五个中心"，这是国家战略。现在推出"四大品牌"建设，如何处理这两者间的关系？

上海市市长应勇表示，打响"四大品牌"是上海更好落实和服务国家战略、加快建设"五个中心"的重要载体，是推动上海经济高质量发展、创造高品质生活的重要举措，也是上海当好新时代全国改革开放排头兵、创新发展先行者的重要行动。《若干意见》提出，把打响"四大品牌"作为服务国家战略的再聚焦、再落实、再提升，不断增强城市核心功能和服务能级。

"四大品牌"建设面广量大，相互之间如何协同？

打响"四大品牌"，既各有侧重，又有机统一。上海市发改委主任马春雷谈道，"上海服务"重在提升城市核心功能和辐射带动能力，在"四大品牌"中发挥着统领作用，"上海制造"重在强化创新驱动和扩大高端产品技术供给，"上海购物"重在满足和引领消费升级需求，"上海文化"则重在提升城市文化软实力和影响力。

规划很大，如何打得出、打得响，并在重点领域有所突破，以放大协同效应，成为一个挑战。

可贵的是，上海特别强调政府引导、市场主导，充分发挥多主体作用，政府的定位非常明确。通过顶层设计，各区形成特色，错位发展，多方参与，最终让百姓有获得感，奏响全社会共同参与的"交响乐"。

"四大品牌"建设，让上海人的精气神再次迸发。

4月23日，浦东新区召开城市精细管理大会，上海市委常委、浦东新区区委书记翁祖亮动员提出，没有良好的精细管理，如何吸引全球人流、物流和资金流？浦东，必须把精细管理战役打响。24日，交通银行推出一款新的信用卡产品，重点面向青年人推出新型金融消费服务。长宁区则根据自身特色，着力放大航空枢纽服务、"互联网＋生活"的特色，新近又有一批项目陆续落地。

"四大品牌"建设，让上海活力四射，好戏连台！

谢卫群　田　泓

人民日报社

上海文化

上海擦亮文化品牌，红色浓，海派俏，江南韵

点评 王月
上海社会科学院·新闻研究所副研究员

2017年底，上海提出全力打响上海服务、上海制造、上海购物、上海文化四大品牌。2018年4月，《全力打响"上海文化"品牌加快建成国际文化大都市三年行动计划（2018—2020年）》正式发布。仔细翻检解读"三年行动计划"，它为"上海文化"品牌建设提出了总目标、时间表和路线图，将打响"上海文化"品牌细化为12项专项行动、46项抓手和150个重点项目，并确立了"红色文化""海派文化""江南文化"三大品牌任务。"红色文化""海派文化""江南文化"这三大品

牌并不是系统化、层级化的关系，而是"并列"与"和"的关系；三者处在不断的相互交融与不断地"生成"过程中；三者是"一"，也是"多"。在国际、国内视阈中，"红色文化"都是上海独一无二的文化资源优势。上海作为党的诞生地，有着敢为人先、百折不挠的建党精神；上海有着海纳百川、追求卓越的海派精神；上海有着江南水乡上善若水的谦和与包容。上海的文化精神说它是"多"，可化为三大文化品牌，甚至衍生更多；说它是"一"，是因为三大文化品牌中共通的血脉是"和"与"容"。正是这"和"与"容"成就了当下的上海。有"和"与"容"才能容纳党的诞生，容纳高楼林立与中西合璧，容文也能容武，容纳"亭子间作家"、左联，容纳先进生产力在此爆发，成为中国现代化的起点。在打响、擦亮文化品牌的路上，上海只要能够继续秉承"和"与"容"的精神，如大地般包容万物、承载万物，如水般遇器成形，利物不争，上海将永远走在世界的前列！

案 例 上海擦亮文化品牌，红色浓，海派俏，江南韵
人民日报中央厨房·大江东工作室 2018 年 5 月 18 日

上海，为什么会成为上海？

翻开上海地图，苏州河绵延，黄浦江蜿蜒，远有滔滔长江，浩渺东海……与生俱来的通江达海，得天独厚的地理方位，让上海依水而生、伴水而兴，从渔村小镇出发，孕育出海纳百川、追求卓越、开明睿智、大气谦和的城市精神。

水，浸润出上海的文化底色，也酝酿出最为鲜明的城市性格。上海，从如水般的江南文化出发，缔造独特的海派文化，更迎来红色文化在这里发轫、漫染、勃兴！如今，党的诞生地、改革开放前沿的上海，正在努力打响上海文化品牌。怎么理解这张文化品牌？用上海市委书记李强的话来说，"丰富的红色文化、海派文化、江南文化是上海的宝贵资源，

上海全景　上海市委宣传部供图

要用好用足。"

红色、海派、江南……理解来处，才能看清未来；坚定目标，更能不畏前行。5 月 14 日下午，上海正式对外发布《全力打响"上海文化"品牌加快建成国际文化大都市三年行动计划（2018—2020 年）》并强调，"上海文化"品牌建设，既要抓好"码头"建设，又要抓好"源头"建设，"'源头'重在原创力，'码头'助力世界优秀文化在上海生根开花。"上海市委宣传部副部长胡劲军表示。

"上海文化"品牌建设总目标、时间表、路线图和任务书已然明确。如何切实把"红色文化""海派文化""江南文化"三大文化资源转化成为品牌建设源动力，在文化"码头"建设上下功夫，在文化"源头"建设上巩固地位，上海全力以赴，奏响文化振兴交响曲——

江南文化：从上海滩走向世界

十年前，谭盾和太太回到上海。

朱家角镇西井街 1 弄，一间老宅。谭盾将之改造成一个艺术空间，取名"水乐堂"。

小巷交通、小桥流水、湖泊倒影、数支花草——"水乐堂"与邻里一般白墙黑瓦，不同的是，谭盾将河水引入屋内，室内室外空间连通，夕阳西下，宛如一幅水墨古画。

"很有意思，有国界、有边界，但没有水界，水是刀切不断的。"谭盾说，水也是连接上海和世界割不断的桥梁，他做了"水乐堂"，"把建筑做成音乐，把音乐做成建筑。"

在这里，谭盾创作出"实景水乐"《天顶上的一滴水》，交织着琵琶与弦乐、现代与古典、东方与西方……透过"水乐堂"，上海和威尼斯、阿姆斯特丹、汉堡等以水闻名的城市建立了艺术交流。谭盾是想"把上海和世界通过水连接起来。"

古镇朱家角，并不只有一个谭盾。昆曲名角张军，在这里实验了"园林版"实景昆曲《牡丹亭》，将牡丹亭还于园林，在风声蝉噪中，给戏迷们一个最真实、最纯粹的牡丹之梦。

旧时江南，就这样一桩桩保留，一点点复现。

江南真好。以海派文化为显著特征的上海文化，正脱胎于平和冲淡、宁静致远而又内蕴生动的江南文化。江南文化，以水为媒、融通交流，给予海派文化充足养分，后者也从不吝于反哺。上海的文化特质，一直是"滩"，而不是"城"；是"共享"，而不是"固守"。

获益于开放心胸与自信传承，中华优秀传统文化，一直在上海熠熠生辉，与世界平视对话。

5月，一台满载西域风情、呈现东西合璧之美的"锦绣中华——西北风情"民族管弦乐音乐会，在上海大剧院上演。来自陕西、甘肃、青海、宁夏、新疆的音乐家与上海民族乐团的演奏家同台，共同奏响以西北信天游为素材的《天坡》、描绘古宁夏八景之首的《贺兰晴雪》……

上海民族乐团团长罗小慈说，西北民间音乐人，带来了古老的传统乐器，也带来自由朴实的气息。"他们离天地更近，音乐源于生活，特别能打动人。"

上海民族乐团另一作品《海上生民乐》，不久前获邀欧洲巡演。其中，法国巴黎爱乐音乐厅和德国易北河音乐都是首次迎来中国民乐演出。八千年骨笛与三千年古琴，在世界面前奏响中华文化的最美音符。

海派文化：摩天楼畔唱响紫竹调

黄浦江最曲折处，便是东方明珠塔，上海地标性建筑。

"东方明珠"，也是上海的代表性企业——国内目前文化产业布局最完整的国有文化类上市公司，具有全牌照运营、全渠道流量入口协同、线上线下协同互动、新媒体智慧运营以及强大的版权内容和 IP 优势，旗下 IPTV、互联网电视等多种传播渠道覆盖有效用户超过 1.2 亿。

东方明珠再往东，有东方艺术中心。上海沪剧院历时 5 年打造的沪剧《敦煌女儿》，正在这个剧场火热排练。5 月 23 日晚，这部刻画 50 年坚守敦煌研究院的学者樊锦诗的原创沪剧，将与观众见面。

一方水土、一方戏曲，古老与现代，乡情与摩登，在不经意间完美交融、共生共荣。

沪剧，江南丝竹韵浓。在方言文化式微、戏曲举步维艰多年后，沪剧却奇迹般不断走高。从《挑山女人》到《邓世昌》，一个从田间地头走出、在高楼大厦夹缝中吟唱的地方剧种，偏偏佳作频出。

"我不是娇滴滴的上海姑娘。"《敦煌女儿》用吴侬软语唱出大漠坚守。"主创团队秉持以'工匠精神铸精品力作'精神，多次深入敦煌体验生活，感受大西北风沙和敦煌历史，与樊锦诗交流，体悟人格力量。"上海沪剧院院长、主演茅善玉说。

东方明珠，2017 年实现营业收入 162.6 亿元，成为引人瞩目的文化产业发展弄潮儿。

仅以一项业务板块为例。5 月 14 日上海市政府新闻发布会现场，谈到文创产业发展，上海市文广局局长于秀芬透露，"围绕动漫游戏产业，上海将重点聚焦近年来备受关注的电竞产业发展，将国内外顶尖的电竞赛事引入上海。同时，探索电竞领域的运动员注册制度。"

早在 **2013** 年，东方明珠已相继与微软、索尼成立合资公司，开创国内家庭游戏领域新纪元。索尼受到全球游戏热爱者喜爱的 **PlayStation** 平台主要产品，陆续引进国内。与微软的合作成功同样令人欣喜，**Xbox** 旗下数款游戏主机陆续与国内玩家见面。

摩天楼畔唱响紫竹调，音韵深远。"海派文化的最大特征，是融合性非常强。不同来源的文化样式，彼此相得益彰。"谭盾感慨。

上海沪剧院在老洋房内举办"曼妙花园会"活动　上海沪剧院供图

"海派文化并非突然形成，经历了三次大融合。"上海社会科学院文化产业研究中心主任花建概括，"第一次是随着大运河开拓，包括上海在内的地区逐渐和中原、北方有了直接贯通，是南北方文化的交融；第二次是上海开埠，从河港发展成海港，展开东西方文明交汇；第三次就是改革开放，上海一跃成为长江三角洲和长江流域改革开放的龙头，与世界再次相遇。"

上海，就此纳了百川。

红色文化：新时代用心熔铸中国红

为期 **3** 周的第 **35** 届上海之春国际音乐节，于 **5** 月 **17** 日晚落下帷幕。

　　还记得，音乐节开幕当晚，"40后"作曲家陆在易、"60后"作曲家许舒亚、"90后"作曲家龚天鹏，在舞台上共同开启节拍器，宣告中国历史最悠久的音乐节再度启幕。

　　去年秋天，龚天鹏创作的第九部交响曲作品《启航》，一鸣惊人。以当代青年视角，叙述1921年中国共产党在上海的诞生。这位1992年出生的青年作曲家，10岁出国留学，写作《启航》前，对这段历史并不熟悉。

　　沿着先人的足迹，龚天鹏一次次踏访红色地标，从广州辛亥革命纪念馆到嘉兴南湖，"一大会址纪念馆就去了3次。"他说，"在南湖船头站一站，在鲁迅故居门口任思绪飞一会儿，都让我的心更加贴近那个时代、那些革命志士的所思所想。"

　　龚天鹏的笔端，音符潺潺流出，诉说那群和他同样芳华的青年革命党人，讴歌无止境的青春、磅礴的爱国情感、为国为民的情怀与信仰，奏响新一代中国青年的红色礼赞……

　　启航，中共一大会址，小小一间石库门，正是红色狂飙起点。上海，中国现代化的起点，以石库门建筑的中西合璧为文化载体，以现代化高楼林立为城市意象。文化茂盛之地，也是先进生产力爆发之地。就如当年的石库门，诞生了"亭子间作家"、左联，还有鲁迅和巴金……

　　中西文化五方杂处，舶来的马克思主义与中国结合得天衣无缝——石库门里诞生了中国特色的马克思主义，诞生了中国共产党！

　　从石库门到天安门，红色地标与文化经纬相伴相生，谱写出绵延数千年的中华文明独特价值体系。

　　上海历史定位和战略目标正在发生变化，文化正成为最具竞争力的核心要素之一。2016年，上海提出建设文化大都市；2017年提出建设全球卓越城市；去年年末，提出到2035年上海将打造成为具有全球影响力的文化创意产业中心城市。而所有这些目标、行动、抓手，最首要的力量来源，始终是红色文化。

　　此次上海公布"三年行动计划"，12项专项行动46项抓手，排名第一的，便是发掘保护建党历史资源。明确提出选址规划筹建"中国共产党第一次全国代表大会纪念馆"，与周边红色文化资源整体保护利用，建设成为红色文化地标。

"'党的诞生地发掘宣传专项行动'，就是要把建党精神与城市精神结合起来，把红色血脉与城市文脉结合起来。"胡劲军强调，"以中国红色革命文化总源头为目标，从发掘保护建党历史资源、加强建党历史和建党精神研究等多个维度切入，推动'红色文化品牌'建设。"

曹玲娟

人民日报社

厉害了！96 幅作品如何讲述"从石库门到天安门"？

点评 **董倩**
上海社会科学院·新闻研究所助理研究员

跨越 2017—2018 年的大型红色主题展览"从石库门到天安门"，半年间市民观展热情高涨，累计观展已逾百万人次。展览引发社会高度关注和广泛好评，更博得了许多青年观众的喜爱。作为上海着力打造的党性党课系列教育的特色品牌，"从石库门到天安门"在形式上充分运用美术作品展、交响乐、诗朗诵等多种艺术形式，极具史诗气质，是艺术性和教育功能的完美结合；在内容上以"石库门""窑洞门""天安门""复兴门"这些标志性意象为线索，借上海艺术家之手，描绘中国共产党走过的96年卓越历程，重在发掘上海的红色基因，打捞起上海的红色脉络。正是在内容与形式上的突破，使得此展不同于以往的党建主题展览，在激发集体情感，激活和传承红色记忆方面爆发出持续而惊人的能量。在以后的党建宣传中，要全面审视上海在中国革命中的独特地位，全面发掘上海的红色资源，除了强调上海延续的左翼政治特性，也要看到上海的城市性中蕴含的"红色基因"。西方文化的大量输入，知识分子的大量聚集，发达的交通、通信系统，异质、混杂、匿名的人群，等等看似异常典型的城市特性，却为中国革命在此发生提供了条件，这也构成了上海红色资源的特殊性。如能找到上海的城市特征与革命之间逻辑上的衔接关系，或许既可为延续上海城市历史文脉提供一个可能的出路，也能为党建宣传加入一个新的维度，为中国革命加入新的意义。

案例 厉害了！96幅作品如何讲述"从石库门到天安门"？
人民日报中央厨房·大江东工作室 2018年4月13日

上海有个美术展，自2017年10月28日开幕以来，先后两次延长展期。来自中华艺术宫的统计数据显示，在2018年4月15日展期结束前，展览累计参观预约批次已近万批。

上海有个美术展，已然成为全市党性党课教育的特色品牌，将"贯彻落实党的十九大精神"学习实践活动不断引向深入。

上海，中华艺术宫，在这里举办的"从石库门到天安门"上海美术作品展，自十九大胜利召开之后，几乎成为一个红色磁极，吸引了持续火热的观展热情。一个美术作品展，如何能成为党性党课教育的特色品牌？这个美术展，又如何讲述"从石库门到天安门"那段让人心潮澎湃、铭刻至今的红色历程？展览呈现的96幅珍贵画作，背后有怎样的故事？

展览即将闭幕之际，东妹纵览"从石库门到天安门"上海美术作品展，让这批作品，再度带领我们走进那段峥嵘岁月，让更多读者的心中，留下这一永不闭幕红色画展的鲜明色彩。

从石库门到窑洞门，展览从红色原点上海出发

走进展览现场，石奇人的《曙光——中国共产党成立（上海）》，成为夺睛之作。

1921 年，中共一大在望志路 106、108 号（也就是今天的兴业路 76、78 号）召开，石库门的红砖青瓦从此迎来了历史性的新生。《曙光——中国共产党成立（上海）》所再现的，就是那样一个伟大的历史时刻。

《曙光——中国共产党成立（上海）》石奇人　文中图片均由展览主办方供图

这是展览的开端，更是中国共产党红色征程的开端。从这里开始，展览用一幅幅经典画作，带领观众从"一大会址""拂晓·辅德里——中共二大会址"走到"中共四大""团中央旧址"，用《遵义会议》《南昌起义》《井冈春雨》等作品，回溯那段激动人心的红色历程。

杨可扬的《开创历史新纪元》，是一幅历史题材的版画作品。这幅作品所描绘的这张"集体照"，所表现的是党的第一次代表大会在上海望志路 106 号石库门里召开，从此，开创了历史新纪元。出席的 13 名正式代表，代表了全国 50 多名共产党员。作品线条较为简洁，非写实主义作品，每个人表情都有细微差别，但都透出共产党人所特有的坚定。

《井冈春雨》唐小禾　程犁

　　俞云阶早期的代表作之一《吾土吾民》尤其引人瞩目。这幅作品尺幅不大、朴实无华，却生动刻画了动荡社会下，最底层农民困苦挣扎的形象，传神地表达了他们在国难中无奈失望、无所依靠的真实情感。画者忧国忧民的情怀，画作中所流露出的深切历史关怀，令人动容。

《老乡》施大畏

　　"从《瞿秋白像》《巴金像》等作品中的名家名人到《吾土吾民》等作品中的普通百姓，俞云阶的肖像油画被美术界称为'时代肖像'。"中华艺术宫执行馆长李磊介绍，《吾土吾民》当之无愧是"从石库门到天安门"上海美术作品展中的一幅重要作品。

　　《井冈春雨》，选取了毛泽东和井冈山地区军民一起插秧的内容。这件作品中没有武装斗争，没有红旗招展。画面中背着大刀的赤卫队员，红军中的司号员，以及毛泽东左边的红军干部，还有画面右侧驾着的步枪，都告诉人们这是战斗的间隙。春天的生气，春雨的孕育，一切都和"井冈"联系到了一起，在审美领域为那个时代带来了春天。

上海中国画院院长施大畏的作品《老乡》，是画家本人从石库门出发采风，在梁家河居住时构思创作的毛泽东和普通陕北老乡的合影。画面上的毛泽东平易亲切，与一陕北老农并排而立。在作品的构思上，把毛泽东还原成老乡的面貌，表现出伟人身上作为普通人的一面。展现了作者在描绘的英雄主义题材中，充满了对人性的关怀和体察。

这件作品曾入选文化部"中国五千年文化"展，曾在西班牙以及美国古根海姆博物馆展出。"它不是鸿篇巨制，但我在创作时有非常饱满的感情。"施大畏感慨。

从窑洞门到天安门，经典画作累积澎湃情感

"从石库门到天安门"上海美术作品展，为什么挑选了 96 幅作品予以呈现？这 96 幅作品，又有什么样的入选标准？

据介绍，这一具有史诗气质的大型红色主题展览，以 96 幅作品，象征的是中国共产党走过的 96 年卓越历程。96 幅作品中，既有上海著名前辈美术家在各个历史时期创作的经典作品，也有上海美术中坚力量的精品力作，还有诸位青年美术家的优秀新作。可以说，这是上海美术家一次整体的亮相。

"用上海美术家的作品来反映中国共产党从诞生开始，带领中国人民为实现中华民族伟大复兴的中国梦而进行的艰苦卓绝的努力，因此，选取的都是出生在上海或在上海工作的美术家的作品。"李磊介绍。

这其中，不少经典画作，可谓是主题性、艺术性的完美结合，比如，展览现场让不少观众驻足停留的史诗性巨作——陈逸飞、魏景山的《攻占总统府》。

《攻占总统府》，俯视角度，高视平线和开阔视野，可以看到远处的

《开路先锋》陈逸飞　魏景山

钟山和南京城市建筑。"他们还专门制作了一个泥塑小稿，从不同角度观察效果，人物的安排根据构图的需要进行调整，并在不同的光源下反复照射尝试。"李磊介绍，这幅作品，今天是被公认为历史题材创作中里程碑式的作品。

陈宜明的《晨曦——上海解放》中，艺术家没有表现激烈的战斗场面，而是设想了解放军官兵在入驻上海城后，夜宿街头巷尾，迎来新生

《为我们伟大祖国站岗》沈嘉蔚

城市第一个清晨的景象。作品通过对街头场景和解放军战士在清晨酣睡的细节刻画，富有感人的抒情性，画面也衬托了新生的上海的和谐安宁。

1972年，陈逸飞与魏景山前往南京梅山铁矿采风写生，回来后合作创作了以"工农兵"为题材的大型油画《开路先锋》，成为中国当代绘画现实主义和浪漫主义结合的高峰。

《原子弹爆炸》吴湖帆

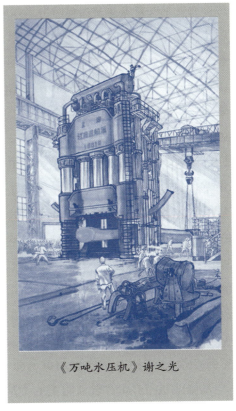

《万吨水压机》谢之光

沈嘉蔚《为我们伟大祖国站岗》所反映的时代背景，是当时一触即发的中国和苏联的关系。作者选择了位于高处的瞭望塔的一半，使画面处于一个险峻的高度之上，令画面构图奇特；站岗的战士像雕塑一般地矗立，又像雕塑一般富有体量感。

吴湖帆的《原子弹爆炸》，以传统的卷云皴和没骨烘染法描绘了原子弹爆炸时不断翻涌、徐徐上升烟云巨柱的场景。用传统手法表现现代科学技术成果，不仅吴湖帆是第一次，在近现代绘画史上也绝无仅有。

谢之光的《万吨水压机》，在中国美术史上无疑是一件影响了数代人的跨时代作品，气韵生动、虚实相济。"谢之光几次带领学生深入厂区写生构图，与工人弟兄同吃同住，在现场反复画了几幅素描后，仔细推敲，提炼概括，构成定稿，不顾已届花甲之年，完成了这件巨制。"展览现场，导览员为观众细细讲解。

这是一段激情燃烧的岁月。贺友直的《山乡巨变》，描写湖南省一个叫清溪乡的农业生产合作社从初级社到高级社的发展过程；陈佩秋将稻田里的寻常农作物，画得《饱饱金珠胜似春》；方增先的《母亲》、刘海粟的《庆祝社会主义改造胜利》、程十发的《我们的朋友遍于天下》、吴冠中的《长城》……

在党的诞生地，这些画坛大家们，用自己的作品，细细描绘中国共产党从上海石库门起步，经历井冈山、长征、延安窑洞等艰苦卓绝的斗争，直至中华人民共和国在天安门宣告成立。用画笔，记录时代的云卷云舒；用画笔，抒发满腔的情感……上海美术家协会副主席、秘书长陈琪由衷感慨："你脚上的泥土有多厚，反映出你心中对于人民的感情有多深。"

从天安门到复兴之门，有温度的现实创作感动更多观众

4月3日，"从石库门到天安门"上海美术作品展迎来了自己的第100万名观众。

"从石库门到天安门"上海美术作品展迎来了自己的第100万名观众

在上海工作的陈正成为这名幸运儿。有着近 20 年党龄的陈正胸前别着党徽，他告诉记者，这是自己第二次来观展，"展览形式很新颖，看了展出之后觉得效果也很震撼，听说 4 月 15 号要闭幕了，今天自己又来看一遍，没想到在门口就被这么个幸运降临了。"

自去年 10 月 28 日拉开帷幕以来，展览引发社会高度关注和广泛好评。在留言区，观众们纷纷用纸笔写下意犹未尽的肺腑之言，祝福祖国繁荣昌盛。有老党员留言"展览震撼、情感真实、技艺高超"，有华侨写下"盛世中华不是梦、民族复兴正当时"，有小朋友在参观后写下"长大后为中华崛起而努力奋斗"，还有外国友人写下"**With great power，China takes more responsibility**（中国越来越强大，也越来越负责任）"……

在引发社会反响的同时，展览也受到越来越多青年观众的喜爱。"上海最强阵容护航最红美术展，颜值逆天！""厉害了！上海打造'从石库门到天安门'党性党课教育美术展""热血青春，始于足下"……在微信、微博、B 站等青年人聚集的互联网社交平台，观众们通过生动的话语表达对展览的欣赏。

上海市光明中学学生记者团成员储倩倩通过学校的官方微信平台抒

"从石库门到天安门"上海美术作品展现场

发心声："时至今日，这些有温度的现实题材创作还在感动着我们，激励着每一位学子，继续砥砺前行，不忘初心！"复旦中学党支部通过互联网发声："追寻历史足迹，展望伟大百年……"

在宣誓区，巨大的党旗下，一组组党员在此右手握拳举过肩，在领誓人带领下重温入党誓词。一批批党员们纷纷以参观展览的形式了解党的发展历程，以重温入党誓词的方式牢记初心与使命。

而在展览的最后，一批批现实题材的崭新作品，饱含着人们亲历着中华民族走向伟大复兴的浓烈情感。

上海的轨道交通建设开始于 **20 世纪 90 年代**。从开始的全面引进国外先进技术到后期完全使用自主研发的技术，上海的轨道交通建设见证了中国城市化发展的进程。吴云华的《**都市脊梁——上海轨道交通建设者**》，反映的便是在这个过程中，轨道交通的建设者们付出的极大的心血和精力。

《都市脊梁——上海轨道交通建设者》吴云华　中华艺术宫收藏

浦东陆家嘴区域，早已屹立于世界城市镜像之林。孔德润的中国画《浦东陆家嘴》，便是一幅覆盖整个陆家嘴全貌的作品。上海中心、环球金融中心、东方明珠等主要建筑，尽在其中。

一个展览，让艺术的魅力激发出全城浓烈的集体情感，掀起一股气

《浦东陆家嘴》孔德润　刚泰美术馆收藏

象万千的城市人文新风潮。正如艺术评论家李向阳所言："站在这些作品前，隔着半个多世纪的时光，我们依然清晰地感受到当时的艺术家们绘就的每一笔，都来自真实的火热生活。时至今日，这些有温度的现实题材创作还在感动着我们。"

曹玲娟

人民日报社

给90后讲马克思，网红音频党课凭啥圈粉过亿

点 评 王月
上海社会科学院·新闻研究所副研究员

2018年，适逢马克思200周年诞辰，由人民网上海频道与中共上海市委党校、上海市党建服务中心、SMG东方广播中心和阿基米德FM联合推出的音频党课"给90后讲讲马克思"获得了近3亿次的总收听量。这档网红音频党课，不仅获得了人民日报、人民网、新华社、光明日报等国内权威媒体的重点报道，也获得了英国BBC、新加坡联合早报等海外媒体的关注。音频党课衍生书籍《马克思的20个瞬间》一出版，便加印了三次。为何教科书中符号式的人物马克思能圈粉过亿？

细细思量，离不开制作团队的用户思维和内容策展以及闭环营销策略。首先，用户思维强调的是用户表面需求背后的诉求，"用户要的不是一把 1/4 英寸型号的电钻，而是一个 1/4 英寸的孔。"音频党课制作团队的出发点不是我要传达什么，而是用户可能希望以一种怎样的方式，从马克思思想中获得什么。因此，才有了这次党课的形式创新——RAP 开篇神曲的演绎，才得以让符号式的人物走出教科书。其次，网红党课的讲师团都是 80 后，他们没有费心去写独家讲稿，没有创作更多自己的内容，他们一门心思只是让马克思创作的内容更有意义，"找出最佳与最相关内容，然后以最适当方式呈现之"。他们挑选了 19 个最重要、最有趣故事为内容来策展马克思的一生和马克思的思想。最后，除了线上的宣传推广外，这次网红党课还举行了两场线下沙龙，实现了线上线下的互动。此外，音频书的出版又延长了这场网红党课的生命周期。制作团队实现了一次圆满的闭环营销，将内容策展、渠道建设、传播扩散、用户互动打造成一个闭环，通过闭环循环圈粉过亿。"给 90 后讲讲马克思"为文化宣传开了一条新路！

案例　给 90 后讲马克思，网红音频党课凭啥圈粉过亿
人民日报中央厨房·大江东工作室 2018 年 5 月 7 日

5 月 5 日，马克思 200 岁了。大江东工作室发现，一档从上海中共一大会址出发的音频党课——"给 90 后讲讲马克思"忽成网红：中央网信办从 4 月 17 日起每天全网推送，全国 22 家广播电台同时向千家万户播放，截至 5 月 3 日，总收听量累计过亿人次。

乖乖，上亿人追一个音频党课！到底有啥魔力，年轻人又如何认识 200 岁的马克思？8 位 80 后青年教师凭啥"圈粉"无数？东哥东妹早已"卧底"这档"网红党课"多日，且跟我们一探究竟吧！

最熟悉的陌生人——"RAP神曲"开篇，90后遇到不一样的"马克思"

"我总是听到他、见到他，却没那么了解他；有人诋毁他，有人尊敬他，不可能不知道他——卡尔·马克思，他目光如炬穿透历史，他思想斗争点亮世界。现在，给90后讲讲马克思……"

这段轻松活泼"RAP神曲"——"给90后讲讲马克思"，成了网红音频党课开篇。8位主讲都是80后青年教师，都来自上海市委党校。新颖的视角、活泼的语言，迅速拉近了90后与马克思的距离，这位"最熟悉的陌生人"在朋友圈被快速刷屏。

"80后讲师团队，熟悉新媒体和互联网传播特点，用90后话语体系，讲述19个马克思的生平故事，妙句频出，'冷知识'不断！"打造"网红党课"的幕后团队，是中共上海市委党校、上海市党建服务中心、人民网上海频道、SMG东方广播中心、阿基米德FM5家单位。这也是继推出"19大精神19人讲"音频党课，五强再度联手。

音频党课迅速掀起收听热潮：22家广播电台全国联动，总收听量达2.7亿人次，引发"追剧"效应；人民网上海频道精心策划"给90后讲讲马克思"专题，引得众多媒体关注。依托党课内容，衍生出版物《马克思的 20 个瞬间》，仅用两周便火热出炉，成为电商平台"抢手货"。

党课主持人秦畅很兴奋："希望给所有青年人带来一个有血有肉、甚至让你有点惊诧的马克思形象！"

马克思也是有故事的"潮男"：中共一大会址，青年党员与他的特殊"对话"

4 月 16 日晚 8 时，中共一大会址——上海兴业路石库门再次亮灯，一群青年人举办了一场特殊沙龙：对话"最熟悉的陌生人"——马克思。

党课活动主持人秦畅现场采访 90 后党员听众　王海滨摄

8 位 80 后青年教师成了绝对主角，他们与来自上海多家党支部的"90 后"面对面交流，为次日推出的系列音频党课造势"吸粉"。

"说到马克思，你会联想到什么？"主持人秦畅在直播现场提问，收获了争先恐后的回答。

"我会想到恩格斯，想到《共产党宣言》，想到发表时他们还不满 30 周岁，年轻有为啊！"

"想到高中老师教我们如何记马克思生日，'一巴掌一巴掌打得资本主义呜呜哭'——1818 年 5 月 5 日，我现在也是高中老师，也这样教学生。"

……

关于马克思的联想层出不穷：有人觉得马克思是个"潮男"，有人认为他的警句名言激励自己奋斗前行，还有人觉得他是"最熟悉的陌生人"。

"是的，说熟悉，从初中开始，这个名字一直在我们身边出现；说陌生，有多少人真正理解他的理论？"秦畅的问题，让现场内外的听众一时陷入深思。

首场线下沙龙吸引来众多 90 后党员听众　王海滨摄

"马克思，不再只是教科书符号，他也是有血有肉的人、是充满故事的男生。"一位听众说。他们与一位 200 岁的老人跨时空对话，宛如挚友。短短一小时的见面会，让不少年轻人受益颇丰：马克思原来并不遥远。

高校党员"必修课"：80 后教师团队，"去符号化"的努力受到广泛认可

从马克思 1818 年在德国西南部小镇呱呱坠地，到 1883 年在伦敦寓所与世长辞，音频党课通过贯穿一生的 19 个小故事，让人熟悉马克思以

及他的重要思想成果对于当代中国的意义。

"我们最想传递的，是马克思异常坚定的信仰。他的一生波澜起伏，为了'去符号化'，选取了他一生中重要的、有趣的故事，还原一个真实的马克思。"中共上海市委党校马克思主义学院讲师章新若是第一讲主讲人。

"给90后讲讲马克思"主讲团队　中共上海市委党校供图

"什么？马克思也曾经是'问题少年'？也有初入职场的苦恼？青年马克思做过什么……很多90后面临的烦恼，一百多年前的伟人也经历过。"

"青年马克思求职很坎坷。成为媒体人后，他遇到专业不对口问题，大学学的法律和哲学解释不了现实世界。他没有放弃，而是进行社会大调研，为穷人辩护；又从社会实践回到理论层面，写下《1844年经济学哲学手稿》。"上海市委党校哲学教研部教授王强深入浅出，讲述了马克思如何完成思想的成熟和转变。

"1883年3月14日2时3刻，这位伟大的思想家停止了思想，永远地睡着了。"中共上海市委党校哲学教研部讲师肖鹏讲道："他一生批判资本主义，遭到很多资本家仇恨、诋毁和怨恨，但人们学会了如何用马克思的语言去构建理想生活。"

连日来，收听音频党课成为上海电子信息职业技术学院师生党员的

"必修课"。年轻教师康鸿轩坦言："音频开场的 RAP 很有共鸣，主持人的积极互动引发了诸多讨论议题，人物、形象、民族、金融危机等等，有位听众说'马克思是最熟悉的陌生人'，我不由反思：对马克思到底了解多少？这让我更期待后面的课程。"

不仅上海，其他省市也纷纷来电希望转发："我是宁夏某中学校刊编辑，想转发'给 90 后讲讲马克思'，希望获得授权……""我是甘肃某大学……希望能获得授权……"活动尚在举行，高校朋友圈已开始自主"圈粉"。

贴近年轻人，《马克思的 20 个瞬间》妙句满篇

为了配套推动音频党课，上海人民出版社于 4 月 27 日正式出版《马克思的 20 个瞬间》，通过增加"小贴士""哲人说""提问角""观天下"四个板块，将知识背景、名家哲言、聚焦问题、当代发展写入书稿，还采用了大量贴近当代年轻人的"妙语"……

"马克思从小就对哲学有兴趣，追问母亲'抽象'和'具象'是什么意思，在日记本里写过：今天早上起来，看见妈妈在做饭，我打开具体的窗户，吸了一口抽象的空气。"

"17 岁的你在做什么吗？作为高中生，当时的你是豪情万丈、慷慨激昂，立志干出一番大事业；还是默默无闻、埋头苦读，安于做一个佛系少年……17 岁时的马克思，还没有留出后来大家非常熟悉的那一脸大胡须，他还只是特利尔中学里的一枚'小鲜肉'。"

"25 岁的马克思，在没有微信，也无法 facetime 的年代里，用了

最简单也是最真诚的方式——写信，打动了他命中注定的那个人——燕妮。"

……

书一出版，立刻又"火了"。第一批样书被抢购一空，加印中的也被电商预定，上海市委党校作为学校中青班教辅材料，不少中学、高校纷纷打电话咨询订购，要作为思政课辅导材料。

该书的统稿人和作者之一肖鹏表示："我们想过用'很土'的方式来纪念马克思，这本书让我们有机会呈现一个立体的马克思，音频党课等新媒体传播方式，又让我们的想法从'很土'变成了'很火'，一点都不会'水'。我们要通过青年一代的话语和力量，使马克思主义绽放出更灿烂的真理光芒。"

"给 90 后讲讲马克思"主题出版物座谈会现场　沈骁驰摄

音频党课和配套图书，给了正在上海市委党校学习的中青班学员很大震撼。有学员评价，"新潮有趣，引发共鸣，让人看到饱满的马克思本人和马克思主义"。还有学员感悟：适应的就是最好的；用哲学的思维来讲授马克思；兴趣是最好的学习动力——这本书和音频党课无疑都做到了。

　　上海市党建服务中心相关负责人表示，先后举办的"十九大精神十九人讲""给 90 后讲讲马克思"等活动，打响了"上海音频党课"的品牌。

　　"不创新，毋宁死。"上海市委党校副校长曾峻教授斩钉截铁，"党校不应是僵化、封闭的堡垒。教学内容、形式，老师的表现方法，都要赶上时代，争创一流，争做第一，引领时代，好的 idea 很重要！"

　　曾峻强调："改变马克思的固有形象，让大家走进他的思想，找到信仰的坐标，汲取精神的力量。有这种使命感，我们才花大力气去推动马克思主义大众化，做到有效传播，形成特色，走向大众，和时代紧密相连。"

　　活动还在进行。5 月 5 日晚 8 点，主办方将在复旦大学举办一场线下沙龙。多位研究马克思主义的资深专家、学者，将与现场听众共同探讨马克思主义思想对中国的深远影响。届时，人民网上海频道将重点推荐，阿基米德《学习同心圆》与《海上畅谈》社区将直播。

　　嘿嘿，如果你已经是"马克思"的迷妹迷弟，不妨来现场或在线一起切磋哦！

轩召强　王文娟

人民网上海频道

书展来了，满城书香醉了上海人

点　评　　**孟晖**
　　　　　　上海社会科学院·新闻研究所助理研究员

　　聚集 2018 年上海书展，在移动互联网深度嵌入人们生活的时代，一场关于阅读的文化会展能有如此之高的人气，真是令人赞叹。200 余场首发活动、500 余种新书在全国首发；国际论坛、诗歌之夜等近 40 场中外文学交流活动，使读者流连忘返，这些都充分显示，经过十余年积累和品牌打造，上海书展坚持"立足上海，服务全国，服务读者"的理念，从一个区域性的地方书展，渐次成长为全国性乃至全球性的文化盛会。书展不再是单纯的图书展销活动，更被赋予了某种仪式感以及文化时尚氛围，成为全民阅读活动的示范平台。

在文化传承与创新功能方面，上海书展以阅读推广的方式，充分挖掘上海的红色文化、海派文化、江南文化基因，同时发挥沟通中外、促进多元文化交流互动的作用，给上海这座秉承优秀文学传统的国际文化大都市增添了独特光彩。值得注意的是，除了市中心的书展主会场，上海书展还利用图书馆、实体书店、社区文化中心和农家书屋等，设立 100 个遍布城市各处的分会场，真正将阅读的理念推广开来，使阅读融入人们的日常生活，乃至成为一种生活方式。近年来，国家大力倡导全民阅读、建设书香社会，这离不开政策扶持、资金投入和各类基础设施的配备，而上海书展以其十余年的不懈探索和积累，为之提供了示范。上海书展在打造公益文化品牌、提升群众社会主义核心价值观的同时，也对网络时代的出版业融合发展进行了深入探讨和实践。

案　例　**书展来了，满城书香醉了上海人**
人民日报中央厨房·大江东工作室 2018 年 8 月 15 日

从今天开始，上海读书人和出版人的幸福感，是一年中最洋溢的时刻

"在上海书展上，能看到全世界最著名的出版人，就在读者中走来走去。读者未必认识他们，但是出版人之间每年一度的重逢 ——发觉老友依然站在出版第一线岿然不动，还真让人感动！"上海书展"掌门人"、上海市新闻出版局局长徐炯对媒体发出的感叹，让大江东工作室怦然心动。

由上海市人民政府主办的 2018 上海书展暨"书香中国"上海周，于 8 月 15 日至 21 日在沪举办，主会场仍然设在上海展览中心，同时在全市各处设立 100 个分会场。

书香满城，飘进弄堂，飘进农家……

2018 上海书展今天在沪开幕　曹玲娟摄

一间小而优美的书店，走上曲折楼梯，顶楼，几扇雕花大门挡住去路。用力推开，里头，居然是洒满阳光的开阔厅堂，高高书墙，巨大拱形落地窗，蜿蜒黄浦江静静流过，带来无尽美景——这里，就是被沪上爱书人形容为"霍格沃茨魔法学院"的建投书局。

8 月 14 日晚，"2018 上海书展·上海国际文学周"的主论坛正是在这里举行。这里是 2018 上海书展设立的 100 个分会场之一。在接下来的一周时间，"上海国际文学周"将迎来 30 多位海内外知名作家，举办文学对话、文学讲座、新书首发、读者交流等形式多样的文学活动。

在过去的 7 年里，作为上海书展子品牌之一的上海国际文学周，邀请到包括莫言、勒克莱奇奥、V.S. 奈保尔、阿列谢耶维奇等诺贝尔文学奖得主在内的两百多位中外作家齐聚上海，就全球性的文学主题发表洞见，分享经验，交换看法，成为蜚声海内外的文学嘉年华。

"今年的文学周，以'旅行的意义'为主题，愿以注视向我们置身其中的世界垂询、问候和致意。"上海市作协副主席、作家孙甘露介绍。

这也是上海国际文学周首次由一家书店承办。今年的书展，利用图书馆、实体书店、社区文化中心和农家书屋等公共阅读空间，一口气设立 100 个遍布城市各处的分会场。为何设立如此多的分会场？数据显示，2018 上海书展现场，由各方主办的阅读活动，将多达 1150 余场，阅读活动成为上海书展的绝对主角。

书展会来国内外众多文化大家，如果只在主会场举办一两场活动，就太可惜了。"越来越多的读者冲着书展提供的丰富的阅读活动来到书展现场。主会场人多喧闹，影响读者参与活动、听讲座的体验。设立分会场很重要，动静分割，有更多更加安静的环境让大家静心听讲。"徐炯说。

今年，第一次有 6 家农家书屋成为分会场，分布在松江、金山、崇明、嘉定、青浦等地，书香漫进了郊区。

对青浦区林家村的村民来说，与其将村里的农家书屋称为书展分会场，不如说就是邻居张瑞杰的家。三层小楼，敞开大门迎客，家人就住楼上。书屋俨然是个小小沙龙，隔三岔五，星期读书会、现场音乐会、中西医讲座……"村里就热闹了，画家、相声班子、电影导演都来村里住下了。"张瑞杰很自豪。

文化雅集读书会，酒香不怕巷子深——上海实体书店回暖向好

获益于上海实体书店回暖向好，2018 上海书展才有胆色一口气设立 100 个分会场，其中 78 个分会场是实体书店，包括全市 16 个区的新华书店（上海书城），以及钟书阁、大众书局、博库书城、西西弗、衡山和集、言几又、现代书店、思南书局、作家书店等网红书店。

这两年，实体书店填补了越来越多的地理空白，包括临港新城、张江科创。实体书店的命运曾让无数爱书人担忧。这些年来，书业不断探索创新形态，越来越多小而美、精而特的实体书店重回凡间。

思南书局，这间梧桐树下的人文书店，是一栋四层欧式洋房建筑，始建于 1926 年，曾是爱国将领冯玉祥的故居，诗人柳亚子也曾寓居，承载了上海与近代中国的历史文化缩影。上海人就舍得把这样寸土寸金且

大有来历的建筑，拿出来开设精品书店——思南书局所在的思南公馆，已经成为一个属于文学的地标。

思南书局　上海世纪出版集团供图

四年前，思南读书会在思南公馆创办，每周六下午和爱书人准时相约，成为周末文化生活的日常选项。去年年末，各方联手打造为期 60 天的快闪书店——"思南书局·概念店"，落幕不到四个月，思南书局实体店正式揭牌，成为常态化的城市公共阅读文化地标。

"四年来，思南文化品牌不断延伸，书香生态不断拓展。"上海世纪出版集团副总裁阚宁辉回忆。

校园书店也在回归。上海努力推动高校校园实体书店建设，力争三年内实现 60 余家高校实体书店全覆盖。获益于国家实体书店扶持政策和"上海文创 50 条"，陇上书店今年 4 月在华东理工大学徐汇校区全新推出。

实体书店在上海的复苏，成为铁铮铮的事实。4 月"世界读书日"，上海就有思南书局、作家书店、志达书店未来店、陆家嘴融书房、临港大隐湖畔书局、简屋书店、钟书阁绿地缤纷城店等十余家实体书店和公共阅读文化空间集中亮相。

新开的实体书店，早已更新迭代，都有别具一格的个性。思南书局里藏了个小小的店中店——伦敦书评书店专区，由英国著名学术人文书店品牌、伦敦书评书店选书团队根据思南书局定位、特色，挑选约 500 种英文版新书，并定期更新。

位于巨鹿路、经过升级改造全新开张的作家书店，坚持纯文学路线，依托作家协会资源优势，以本土作家和作家签名本为特色，围绕文学和生活，定期组织多种样式的文学活动，打造上海文学圣地。

推陈出新，上海书展 15 年，唯一不变的就是"变化"

15 年来，上海书展成为书业发展风向标，窥见实体书店乃至出版机构未来发展趋势。

6 月 26 日，上海世纪出版集团和松江区共同打造的新型多元文化空间——朵云书院在松江广富林文化遗址处亮相。整体搬迁过来的徽派古建筑群，有保存完好的"明代高房"。内设阅读、文创、展览、讲座、品茗等多个功能空间，外设"松石境"与"水云乡"景观庭院，每一棵松，每一朵云，让这一书香胜境平添古朴和安逸。

朵云书院　上海世纪出版集团供图

陈岑陪着师母，驱车几十公里，从市区奔去朵云书院。为什么如此奔波？她解释，"这里有特别好的展览，值得细品。"

朵云书院随处可见古今字画作品，开业首展更是特别策划的"光芒万丈——朵云轩再造明版明画展"，集中展示五十余幅明版明画艺术珍品，均为明代江南书画名家与工艺巨匠的传世之作，尤以《十竹斋书画谱》为翘楚。作为书展增设的分会场，吸引了不少观众。这些珍贵画作，正是来自上海世纪出版集团旗下以木版水印闻名的朵云轩。

一个有趣的事实是，这些年来，书展的读者在变，东道主出版机构也鞭策自己在变。用上海世纪出版集团总裁王岚的话来说，"我们要进一步集成一流出版资源，进一步探索新型实体书店与市民阅读的关系，拓展全新文化空间，持续推动建设城市新型阅读文化空间和品牌，加快由文化内容生产商向文化产品提供商、文化空间运营商转型升级。"

作为沪上知名出版人，上海人民出版社社长王为松每逢书展便成"忙人"。今年，他又多了几项重要任务。上海世纪出版集团联手浦东新区组织部、宣传部，集聚国内外优质学术人文资源，打造了两大全新读书会品牌——学习读书会、陆家嘴读书会。

"两大读书会都由上海人民出版社承办，对应区域党员干部群众和白领的阅读学习需求，每次都全场爆满。承办读书会，是出版人始终坚守的人文担当。我们将更多用好优质出版资源、作者资源，与社区联手探索阅读推广新路径，将书香引至全城。"王为松说。

书展在变，书店在变，书业也在变。读者则乐见其"变"。华东师范大学中文系教授陈子善是上海书展老朋友了，他说，"书展一来，整个上海就是一片书的海洋。"

上海书展从不排斥新事物，"眼下各种文化产品争奇斗艳，出现了很多新的传播方式，它们互为补充，都是对阅读世界的一种呈现。上海书展责无旁贷，要敞开胸怀，努力让阅读在这座城市的声音更响亮，音色更丰富。"徐炯如是说。

曹玲娟

人民日报社

看这一幅幅"永远的画面"，
哪些难忘记忆会涌上你的心头？

点 评 **童希**
上海社会科学院·新闻研究所助理研究员

对于电影爱好者来说，一年一度的上海国际电影节越来越成为必赴的一场盛宴，丰富的展映影片、难得的主创见面，在遍布全市的展映影院间穿梭的影迷度过的是一个难忘的周末。今年的电影节，在改革开放40周年的背景下，通过海报这一浓缩的载体，回顾了中国电影的成就，为上海文化名片再镀上一层金边。

"永远的画面——改革开放40周年电影海报展"通过"传承、荣耀、开拓、绽放、步伐、奋进、新时代新起点"等七大板块对中国电影的历史、当下、未来进行了梳理，海报浓缩了电影，电影又浓缩了时代，中国电影的发展不仅勾勒了中国改革开放40年的脉络，更展现了中国走向强盛、融入世界的身姿。

电影是世界共通的文化交流载体，不论是海外影片在中国上映，还是中国城市出现在大片的场景中，或轻松生动，或深沉反思，电影带来的是文化间的相互了解、理解乃至信任。通过合作制片等多种方式，电影成为人文外交的重要机制，在讲好中国故事中发挥重要作用，更在一带一路等外交机制中起到了基础性的作用，本届电影节特设的一带一路电影周扩大了与沿线国家的交流，推进了文化的传播。

上海作为重要的国际大都市，从1993年开始举办国际电影节，影响逐年扩大，逐步成为国际影人、影片交流的枢纽，也逐渐在长三角地区发挥辐射效应。据新闻报道，今年的电影节展映影片线上购票数据显示，江浙皖地区购票数占非上海地区购票数的一半以上，文化品牌得到了民众的高度认可，重点带动了长三角地区的电影文化发展和集聚。

通过提升专业性、国际性、惠民性，上海国际电影节的影响还将不断扩大，通过对标国际一流电影节的标准，在坚持自身特色的基础上，打造国际电影文化的盛会，致力打响上海文化品牌。

案 例 **看这一幅幅"永远的画面"，哪些难忘记忆会涌上你的心头？**
人民日报中央厨房·大江东工作室 2018 年 6 月 22 日

"海报展这么受欢迎，我真是没想到！"

6月18日，第二十一届上海国际电影节开幕第三天，石川从上海影城路过，看见海报展板前摩肩接踵的人流，颇有些惊讶。而电影节工作人员却见惯不怪，"从第一天起就这样啦！"

石川是上海电影家协会副主席，也是"永远的画面——改革开放40

周年电影海报展"内容策划之一。今年是改革开放 40 周年，上海国际电影节特地举办"永远的画面——改革开放 40 周年电影海报展"，从 40 年来浩如烟海的电影中，精挑细选近 180 部影片的海报、片花和获奖实物，予以集中呈现。

从《小花》到《巴山夜雨》《红高粱》，从《霸王别姬》到《开国大典》《焦裕禄》……一幅幅极具张力的电影海报，勾勒出 40 年的动人心魄、辉煌成就。

40 年前行脚印次第呈现

"海报作为'电影的脸庞'，是电影文化的一个重要载体，方寸之间承载着时代的记忆。"石川介绍，举办该展，为的是让大家透过一幅幅精美的海报，共同回眸中国电影每一步的前行脚印，不忘初心，面向未来。

在上海国际电影节期间举办的这个专题展览，通过"传承、荣耀、开拓、绽放、步伐、奋进、新时代新起点"等七大板块，致敬优秀与经典，缅怀大师与前辈。

"传承"板块开宗明义，以"三代影人同竞技"为核心，表现改革开

"永远的画面——改革开放 40 周年电影海报展"展览现场　屠知力摄

放初期，老中青三代导演各展才华。从《小花》的温情到《巴山夜雨》的怀旧，从《骆驼祥子》的磨难到《乡音》的愁绪，一大批呼唤人性、反思历史、剖析现实的佳片应运而生。

谢晋导演，以不凡的勇气推出了《天云山传奇》《牧马人》《高山下的花环》等一批攀向现实主义题材创作高峰的杰作。今年适逢谢晋导演逝世10周年，第二十一届上海国际电影节在"向大师致敬"单元集中展映谢晋的7部代表作品，"永远的画面"则通过海报的形式与之呼应，深情缅怀这位老艺术家。

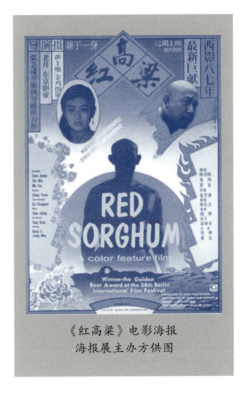

《红高粱》电影海报
海报展主办方供图

展览在"荣耀"板块，镌刻了一个个令中国电影人引以为傲的节点。1983年，吴贻弓导演的《城南旧事》在第二届马尼拉国际电影节上拿下最佳故事片金鹰奖。1988年，张艺谋执导的《红高粱》获得柏林国际电影节最高奖项金熊奖，这是中国电影第一次在国际A类电影节上摘冠。

20世纪90年代初，随着改革开放的不断深入，中国电影在国际舞台频频崭露头角。1992年8月，张艺谋执导的《秋菊打官司》摘得威尼斯国际电影节金狮奖；1993年2月，《香魂女》摘得柏林国际电影节金熊奖（和《喜宴》并列），同年5月陈凯歌的《霸王别姬》获得戛纳国际电影节金棕榈奖。在一年不到的时间里，中国电影人囊括了国际三大电影节的最高奖项。

2001年，《卧虎藏龙》连获美国奥斯卡"最佳外语片"等4个奖项，为华语电影跨入国际主流文化市场开启了通道。

40 年日新月异奔涌眼前

改革开放 40 年来，走上中国银幕的中外影片不计其数，入展的近 180 部电影海报是如何挑选出来的？石川介绍说，这主要基于 4 个标准。首先，是美誉度高，影响力大，"像《一个和八个》被称为第五代导演的开山之作。《战狼 2》的出色票房也摆在那里。都是实至名归。"

《焦裕禄》电影海报
海报展主办方供图

电影《庐山恋》被誉为有"中国银幕第一吻"的经典爱情故事片，后来还创造了"世界上在同一影院连续放映时间最长的电影"的吉尼斯世界纪录。主演张瑜曾这样形容她心中的《庐山恋》："它是电影改革开放的标志，那时候开始，大家发现生活是有色彩的，美好是可以追求的。"

除了重要获奖影片和在电影艺术流派上开风气之先的作品，展览还精选了当年各个老牌电影制片厂的扛鼎之作，像 1987 年至 1991 年间，珠江电影制片厂的《孙中山》、长春电影制片厂的《开国大典》、峨眉电影制片厂的《焦裕禄》、八一电影制片厂的《大决战》、广西电影制片厂的《周恩来》，均在思想内涵和艺术成就上有着很高的造诣。

40 年来近 180 部电影，陪伴几代中国人的青春岁月，承载着时代的记忆。隔着记忆的面纱，回望这一张张熟悉又似乎遥远的电影"名片"，画面的深处，有着改革的风起云涌，刻录着时代的奋勇前行。

仅以上海为例，上海作为中国改革开放的排头兵，40 年来经济快速发展，同时也成为国际大片在中国的首选取景地。"近年来，许多国际导演纷纷慕名来沪，以独特的视角拍摄上海。"石川感慨，改革开放，让一个和平崛起的中国形象，褪去了神秘的外衣，通过电影这个"铁盒里的大使"传播到了世界各地。

《碟中谍3》电影海报
海报展主办方供图

展览的"绽放"板块，通过"世界银幕中的上海"，不仅呈现了具有历史底蕴的十里洋场，更绘就了40年来城市面貌的日新月异。在《环形使者》《代码46》等好莱坞大片海报上，影迷可以欣赏到黄浦江两岸瑰丽的城市天际线。上海这朵白玉兰，正在世界银幕上优雅绽放。

除上海的现代繁华，《碟中谍3》将西塘的古镇水乡完美展现在世人面前；由爱德华·诺顿与纳米奥·沃茨主演的《面纱》，主要场景集中在风景优美的长江三峡、漓江景区；《变形金刚4》则走进重庆武隆天坑……这些电影镜头无不让西方媒体和观众通过更真实、鲜活的视角，观察这个古老深沉而又朝气蓬勃的东方大国。

记录新时代讴歌新时代

美国纽约时报广场，被称为"世界的十字路口"。《中国合伙人》的3位主演黄晓明、邓超、佟大为，正是以纽约时报广场为背景，构成了那幅令人过目不忘的经典海报。

此番《中国合伙人》的海报入围"开拓"板块，蕴含了策展方的双重匠心：一方面，这部曾入围"五个一工程"的优秀电影，讲述了在改革开放的社会浪潮中，中国新一代年轻人用知识改变命运、用民族荣誉激发创业勇气、用社会责任寄托奋斗梦想的故事；另一方面，该片也是内地与香港合拍片之一。

纵览展览的"开拓"板块，中国电影人始终敞开胸襟、拥抱世界，以积极"走出去"的理念，越来越多地亮相国际舞台，和全球同行合作。

截至2017年12月，中国与21个国家和地区实现了合作制片。更重要的是，在各种外交机制、人文机制合作框架的背景下，中国电影不断开拓和国外形成合作的新路径、新模式。从最初的"中国元素点缀、中国面孔偶尔露脸"，逐步迈向更深层的"讲好中国故事、传播中国文化、弘扬中国精神"。

40年来，改革开放为中国带来翻天覆地的变化，也让中国电影取得了举世瞩目的辉煌成就。40年岁月峥嵘，几代中国电影人解放思想、锐意进取，留下一幅幅动人的篇章。而1993年正式创办的上海国际电影节，自身便是改革开放结出的硕果。为此，展览特意辟出名为"步伐"的板块，通过历届上海国际电影节主题海报的展示，勾勒上海国际电影节的成长之路。通过多媒体互动屏，影迷可以从中检索历届电影节的影像资料。一帧帧难忘的定格，汇成了穿越时空的历史胶片。

《厉害了，我的国》电影海报　海报展主办方供图

奋进，是改革开放嘹亮的号角。展览的"奋进"板块，荟萃了 60 多部电影的海报，是体量最大的一个单元。"这也是为了凸显改革开放带来的成果。"石川表示。

展览的"新时代新起点"板块，则以继往开来的视角，传递振奋人心的力量：从《红海行动》到《厉害了，我的国》，越来越多的重要事件被拍成电影，并取得成功。这充分体现了中国电影正在用全新的方式呼应新时代、记录新时代、讴歌新时代，继而彰显民族气派、国际视野和开放格局。

《厉害了，我的国》导演卫铁直言：观众能从片中看到自己的身影，因为这些宏伟的成绩，实际上是各行各业辛勤的中国人一起创造的。可以说，影片是在观众强烈的情感共鸣上产生巨大效应的。

曹玲娟

人民日报社

40 年来，上海有 100 万只马桶 "退休" 了

点　评	童希
	上海社会科学院·新闻研究所助理研究员

城市的现代化不仅体现在高楼大厦和宽阔的马路上，更体现在细微之处，如厕就是这样一个看似不起眼却很重要的细节。

倒马桶这一上海弄堂的"保留节目"如今已经谢幕，仅仅留在了人们的记忆里，但是，对这一段历史的回顾却有很多值得说道的：从马桶车到小倒口的变迁，从简易木板到不锈钢的材质变化，生动体现了海派文化聪明、细致、爱琢磨、勤动手的特点，随着各种"小机关"的设计和发明，倒马桶的设施一步步进化，环卫工

人从推马桶车的辛苦劳作中解放出来，老百姓也逐渐享有更卫生、便利的如厕条件。这一段往事会保留在居民、环卫工的记忆里，同时也是上海这座城市活生生的历史，体现了上海的海派文化。

如果说倒马桶是私事，那么公厕则是公事。"公厕寿星"海宁路公厕主要是解决周围居民的如厕问题，而现在的公厕更多的是方便出门在外的居民和游客。随着生活水平的提高，人们当然希望即使出门在外，也能像在家里一样有洁净、便利的如厕条件。干净的地面、无异味的空气是基本配置，充足的厕纸、一次性纸质垫圈或是垫圈消毒液、洗手液、擦手纸巾则大大加分。除此以外，人性化、考虑更多群体的使用需求，更加体现了一座城市的综合管理水平，无性别厕所、第三卫生间的诞生正体现了上海相关管理部门的用心和细心。

海派文化有着"螺蛳壳里做道场"的传统，即使只是一方小小的空间，也要设计得当、处处用足用好。愿意花心思在改善如厕条件和便利度的城市，是把百姓需求放在心上的城市，是有温度的城市。告别马桶、管好公厕，正是见精神的细微之处，体现的是一座城市的管理效能和生活品质。将服务、管理做实、做细，多多借鉴世界上其他国家的有益做法，让厕所更便利、更洁净，展示上海的精神风貌和城市特色，现代、精致的上海正是一个打得响的文化品牌。

案例 **40 年来，上海有 100 万只马桶"退休"了**
人民网上海频道 2018 年 1 月 22 日

凌晨 5 点，昏黄的路灯在雾气中氤氲，一辆两轮马桶车"咕噜咕噜"匀速在静谧的静安弄堂里穿行。

"马桶拎出来、马桶拎出来……"高亢的女高音，打破了清晨的宁静，撩开了黑夜的幕纱。浅眠的住户，一户户亮灯。女人们打开房门，睡眼惺忪地拎着圆肚木质的马桶走向早已熟悉的马桶车。

"倒马桶"是当时上海弄堂的日常市景，一直延续到 40 年后的今天。

马桶　资料图片

常熟路边小倒口的拆除　资料图片

2017 年 8 月，静安寺街道辖区内，最后 144 户居民告别了手拎马桶的生活。而手拎马桶现象，也将成为现代化上海的回忆。

从马桶车到小倒口　是两代人的交替

"那时候的环卫工人嗓子可好了，声音嘹亮，练的都是高音。"傅瑞华笑道。

傅瑞华的母亲，环卫工人，为了 7 个嗷嗷待哺的孩子，在弄堂里穿行了人生最为美好的年华，与粪便打了一辈子交道。

"一辆马桶车，连车带粪便大概有 500 斤，一个正常男人推起来都吃力。"傅瑞华回忆起母亲的工作日常，直道太辛苦太不易。为了维持生计，母亲直到退休才放下早已摩挲得油光锃亮的车柄。

马桶车　资料图片

据回忆，马桶车当时直接推送到淮安路码头，运上停泊的运输船，将粪便作为肥料运送到江浙一带，肥沃农田。

子承母业，16 岁的傅瑞华接了母亲的班，成了静安环卫服务所的一员。幸运的是，傅瑞华赶上了好时光，1975 年上海取消两轮马桶车，开始搭建小倒口。小倒口每天凌晨 5:00 开放到上午 9:00，工人准点抽取粪便，再锁上小倒口。

傅瑞华

伴随着城市的日新月异，上海对市容市貌的重视程度与日俱增，小倒口的材质从早期简易木板到白色瓷砖再到至今仍然存在的不锈钢，一次比一次变得更环保。据傅瑞华回忆，木质道口，粪便容易渗透进去，时间一长便弥漫着驱之不散的臭味；1981年后有所改善，铺上了白色瓷砖，颜色亮眼许多；2000年换成了不锈钢，更加干净卫生。

倒口、公厕一手抓 服务的都是老百姓

20世纪五六十年代一位记者，曾就这马桶问题做过采访调查，当时戏称上海的手拎马桶数，犹如曹操下江南时的八十三万大军，也为八十三万只。而实际上，远远不止这个数，数据统计，1958年左右上海总人口数为750.8万，按7口一马桶计算，至少全上海有107万只马桶。

家住景华居民区的赵阿姨家里去年刚刚装好了卫生间，想起当初拎马桶的日子，赵阿姨觉得很不方便。她说，在没有卫生间时，家人都是在马桶上方便，然后拿到马路上的小倒口倾倒。"小倒口那边没有水清洗，我每次倒完还得回家接水把马桶洗干净，再回来把脏水倒掉。"

烦琐的清洗流程，让女人们很伤脑筋，每天见着环卫工人都要念叨上一遍。工人将情况反馈到服务所，所里也犯愁，这可怎么处理？服务所郑经理动手能力极强，经过一段时间的琢磨，自己探索出了脚踩设计，与当时的美申厂合作进行生产。

垃圾房正中间为小倒口，倒口左下方方便居民冲洗马桶。傅瑞华供图

"脚踩在踏板上，倒口就开了，还能出水进行清洗。"傅瑞华印象深刻，静安环卫服务所成为第一家脚踩设计的应用单位，该应用后来逐步在上海全市进行了推广。

1984 年，傅瑞华成了服务所的组长，因表现突出，不仅担任倒口队队长，还兼任公厕队队长。

傅瑞华检查指导环卫工人工作

"公厕寿星"海宁路公厕　曲折的保护历史

说起公厕，清同治三年（1864 年），工部局在公共租界南京路虹庙后（今南京东路福建路盆汤弄附近），建成了上海市区第一座公有公共厕所。20 世纪末，上海自主研发了我国第一台投币自控水冲式活动厕所，开启了自动化技术在公厕领域的先河。

当问及上海现存比较特色且较为古老的公厕，上海市绿化和市容管理局环卫管理处陈一军副处长认为，当属建造于 1947 年的海宁路公厕。"这个公厕，很好地保留了 40 年代的烙印。没有现代化的通风排气设备，却基本没有异味。它的独特在于，屋面采用气楼结构，层高比一般厕所要高，使用木质百叶窗，也就是俗称的老虎窗，加大了室内空气流通，达到抑制臭味的效果。"

海宁路公厕

海宁路公厕内部结构

2014 年，海宁路小区待拆迁，海宁路公厕将何去何从？居民徐老伯很不舍，"方圆 500 米以内四千多户居民都靠这个厕所，我们和这个厕所都有感情了。"

尽管，海宁路公厕是目前仅存、保存最完好的"上海公厕寿星"，但该公厕的保护价值上无法达到优秀历史建筑要求，无法列入名单进行保护。

然而，百姓不愿放弃，媒体跟踪报道，企业愿以公益价格帮助公厕平移保护，绿化市容管理部门支持并指导保护工作，协会致函虹口区政府。尽管这座公厕未来可能在时代改革的进程中成为历史，但是这段属于周边居民和上海公厕管理的珍贵记忆将被赋予新的形式传承下去。

免费开放到探索服务升级　上海一直在尝试

"六七十年代，部分公厕有收费，小便免费，大便收费。"傅瑞华说。到了 20 世纪 80 年代后期，为了方便游客，上海建立了相对高档的涉外公厕，有封闭式感应设计，公厕管理服务费也就相应提到 5 毛至 1 元不等；此外，上海公厕还推出了"尊老服务"，对老年人免费开放。

为迎接上海世博会的召开，向各地、各国游客全面展示上海公厕的崭新面貌，从 2010 年 1 月 1 日起，上海环卫公厕实现了全免费开放，正式进入免费时代。

2013 年起，上海在公厕独立无障碍厕间的基础上试点探索了第三卫生间的配建，为对如厕有特殊需求的人，比如子女带年长、行动不便的父母上厕所、爸爸或者妈妈带年幼的女儿或儿子上厕所等提供便利；2016 年 11 月 8 日，上海首座无性别公厕在浦东对外开放，探索解决公厕男女厕位比难题。运行满一年，该公厕累计使用超过 7.3 万人次。

浦东张家浜滨河绿地无性别公厕　绿化市容局供图

黄浦区无性别公厕 绿化市容局供图

虽然在冬季，每当阳光灿烂的日子，张丽都会挽着 80 岁的老父亲到多伦多文化街走一走，这里留下了父亲太多的记忆。父亲上了年纪，难免会突然内急，但张丽早有准备。文化街入口处的公厕设有第三卫生间。

"父亲上厕所需要有人搀扶，有了第三卫生间，我就可以名正言顺地陪他进去了。"张丽表示，第三卫生间，让子女更加体面地陪老人"方便"，不再尴尬。

据统计，目前上海市开放公厕总量已达到 8705 座，其中环卫公厕 2600 余座，基本达到了每座公厕服务半径为 300 米的标准合理布局。250 多家公厕已配备"第三卫生间"。

一位公厕管理人员李先生说（化姓），从事环卫行业近 30 年，这些年深刻体会着身边的变化。以前公厕少，市民找厕所一时找不到，都是憋急了上厕所，匆匆来匆匆去；现在"要求"可高了，慢悠悠地上个厕所，万一有异味，或者水龙头突然没水，提一箩筐意见和建议。"这就要求我们还需要在管理和服务上多下功夫，更好满足他们的需求。"

葛俊俊

人民网上海频道

新时代深化文化体制改革的方向和重点

点 评　**荣跃明**
上海社会科学院·文学研究所所长、研究员

本文以习近平新时代中国特色社会主义理论为指导，系统分析了我国文化体制改革"内部推进、借鉴经济体制改革、构建我国社会主义市场经济体制下的文化生产体系"的基本特征，提出新时代文化体制改革正面临着"文化建设责任和使命更加凸显""意识形态斗争更加复杂""一带一路倡议对中国文化更高要求"等机遇与挑战。

当前我国文化体制存在"对媒介社会带来的挑战缺乏高效应对能力""社会多元主义共同参与的文化建设大

格局尚未形成""文化生产的内在机制和核心价值观的倡扬存在背离"等问题，进而提出了"坚持以人民为中心""充分发挥体制内系统外建设力量""认知媒介社会的文化生产和消费规律""着力公共文化空间建构和供给侧改革""推动文化组织转变""完善公共文化设施社会化运营机制""健全文化产业和市场体系"等未来进一步深化的方向和重点。

案例　新时代深化文化体制改革的方向和重点
选自上海社会科学院品牌产品《上海文化发展系列蓝皮书（2018）》

党的十八大以来，在以习近平同志为核心的党中央坚强领导下，宣传文化战线高举改革旗帜、聚焦"四梁八柱"、锐意攻坚克难，在巩固以往改革成果的基础上，推动文化体制改革在新的起点上向纵深拓展，取得一批开拓性、引领性、标志性的制度创新成果，文化体制改革主体框架基本确立。通过改革，文化创新创造活力充分迸发，文化事业更加繁荣、文化产业蓬勃发展，社会主义文化建设开创出新的局面。文化体制改革专项小组先后制定《深化文化体制改革实施方案》，编制《国家"十三五"时期文化发展改革规划纲要》，出台实施"两个效益"相统一、媒体融合发展、特殊管理股试点、新闻单位采编播管人事管理制度改革、采编和经营两分开、文艺评奖改革、构建现代公共文化服务体系、实施中华优秀传统文化传承发展工程、国际传播能力建设等40多个改革文件，细化了改革的路线图、时间表、任务书，搭建起文化制度体系的"梁"和"柱"。在此基础上，建立任务台账、加强督察问效，重点任务进展一月一反馈、一季一督察，跟踪效果、及时整改，确保各项改革任务落地生根。截至目前，党的十八届三中、四中、五中、六中全会确定的104项文化体制改革任务已完成97项，其余7项正在抓紧推进之中。

一、文化体制改革的基本特征

从 2003 年我国开启文化体制改革试点工作以来，整体来看，主要表现出以下几个方面的特征：

（一）采用了宣传文化系统内部推进的方法

文化体制改革的目的就是为了建立与中国特色市场经济发展相匹配的文化生产和管理体制，解决计划经济体制下不会出现的困难和问题。在实际的推进过程中，往往会采用增加政府机构或部门的路径有针对性地处理一些新的情况和问题，比如网信办、舆情处、公共文化司、非遗司等重要的政府文化部门就是典型的代表，管理体制的整体构架没有变，而是随着增量改革不断增设新的管理部门和职能。一定程度上，原有管理体制中多系统并存，职能交叉重叠和相互掣肘的问题不仅没有解决，反而更加突出了。在文化发展中要解决某个具体矛盾和现实问题，往往需要协调多个部门，效率低下仍是顽疾。

（二）借鉴和汲取了经济体制改革的成功经验

坚持中国特色社会主义发展方向，采用先增量后存量、自上而下、先易后难、循序推进的方法，既极大地解放了文化生产能力，促进了文化大发展大繁荣，又确保了改革开放环境下我国社会主义意识形态和文化安全。

（三）初步构建了我国社会主义市场经济体制下的文化生产体系

在文化发展两分基础上，把经营性的文化发展推向市场，使其走产业化道路，这符合社会主义市场经济体制的内在要求；另一方面，原有为公民提供服务的文化事业转变为公共文化服务体系，成为政府三大公共服务内容之一，进一步体现了社会主义制度本质特征。

二、新时代背景下我国文化体制改革面临的挑战

（一）新时代社会主要矛盾的变化更加凸显文化建设的责任和使命

随着生活水平不断迈上新台阶，人民对美好生活的向往越来越强烈，

对精神文化生活需求也越来越突出，更加期待好看的电影、电视剧、图书、戏曲，更加追求讲道德、尊道德、守道德的生活，更加盼望社会风气和文明风尚的提升。只有推动社会主义文化繁荣兴盛，才能更好适应人民日益增长的美好生活需要，促进国民素质和社会文明程度达到新的高度，让人民精神文化生活更丰富，基本文化权益保障更充分，文化获得感、幸福感更充实。

（二）国际经济政治秩序面临重大重构，意识形态斗争更加复杂

当前，世界正处于大发展大变革大调整时期，世界多极化、经济全球化、社会信息化、文化多样化深入发展，各种思想文化相互激荡更加频繁，文化在综合国力竞争中的地位和作用更加凸显。全球秩序演变正在向纵深蔓延，并同时在经济、政治、社会和文化各个领域渐次展开。美国主导的经济全球化即将终结，全球发展将较长时期处在不稳定和不确定状态之中，这种态势必将在全球意识形态和文化层面上表现出来。比如，由美国国会通过的 2017 年国防授权法案中，附设了《反虚假情报和宣传法案》，这预示着美国正在进一步强化对全球层面意识形态话语权的垄断和争夺，可以预言，未来相当时期内，全球层面国家间的文化意识形态竞争将日趋激烈。

（三）"一带一路"的全球化倡议对中国文化走出去提出更高要求

中国正在全面实施"一带一路"战略，这是中国版的全球化发展战略，是党中央顺应当今世界发展大趋势、把握发展大机遇做出的重大战略决策。习近平总书记提出，"一带一路"倡议要文化先行，并提出了"人类命运共同体"的价值观，强调和平、交流、理解、包容、合作、共赢理念，主张在不同文化平等相处、互学互鉴、相互尊重的基础上开展合作。这一倡议的提出和实施，标志着中国发展进入了全新阶段，同时也预示着，很大程度上，这一倡议能否成功实施取决于中国的全球化理念和人类命运共同体价值观能否为沿线和世界各国人民所认同和接受。事实上，讲好中国故事，即以多样化的文化形态来呈现中国不同于西方中心主义的全球价值观和文明观，就此而言，中国文化的全球有效传播

已经成为中国全球发展的重要战略问题，同时也将有效地检验我国文化体制改革的成效。只有推动社会主义文化繁荣兴盛，才能更好展现中华文化独特魅力，使中华文化影响更加广泛深入，形成与我国综合国力和国际地位相适应的国家文化软实力，为我国日益走近世界舞台中央提供有力的硬支撑。

（四）网络信息技术的媒介革命

人类社会已进入网络信息时代。全球万物互联的一体化网络，使高度分工的人类生产体系遍布于世界各个角落；物质生产能力的普遍过剩已经改变经济竞争形式，品牌竞争成为产品生产能否持续的生命线；万物互联使任何物品都凸现其媒介化特征，网络技术的广泛应用使媒介进一步呈现社会化趋势，并正在以一种全新的社会技术范式重构经济社会结构。如奥巴马用社交媒体通过汇聚小额捐款赢得大选，特朗普同样依靠社交媒体赢得草根民众，完全颠覆了社会精英的传统权威。在网络信息时代，由于物的媒介化和媒介的社会化，不仅经济结构发生深刻变化（如不同产业的相互融合，最典型的是互联网＋）；而且经济、政治、社会和文化发展呈现出新的一体化发展趋势：经济、政治、社会和环境等不同领域的各种竞争，都因媒介的社会化而进一步放大其所内含的价值和意识形态特征，并最终呈现为文化传播力和影响力的竞争。

（五）广大人民群众的文化消费需求日趋多样化

随着经济增长和人民生活水平的普遍提高，人们的精神文化需求日益高涨。与社会转型和阶层分化相对应：人们的思想观念、理想信念和价值取向也日益呈现多样化趋势，这种趋势也同样表现在人们的日常文化消费之中。除传统文化消费样式，由传播新技术和新媒介催生的文化消费新样式和新形态（以网络文化为特色）不断涌现，尤其吸引了广大青少年群体。文化消费的多样化不仅表现为多种多样的文化消费形式，同时也表明人们的文化消费选择也多样化了。与物质需求不同的是，文化需求是有条件的，人只有在满足了基本物质需求之后，才会形成文化需求。文化需求的多样化，一方面要从需求侧来理解，即社会分层分化背景下分属不同阶层的群体根据自身的经济状况和需求来选择文化消费样式；另一方面，要从供给侧来理解，即文化消费的多样化选择，只能通过现有文化生产供给来实现。

三、当前我国文化体制存在的主要问题

（一）文化体制改革对媒介社会带来的挑战还缺乏高效的应对能力

由于原有文化管理体制是建立在条块分割和地域壁垒基础之上的，而由互联网构建的文化新空间在结构形态上具有无中心和跨域特征。一方面，新技术的发展和应用不断催生网络文化新形态，对于原有文化管理体制而言，存在着无法完全覆盖或管理空白问题；另一方面，针对媒介新技术的挑战，作为文化体制改革的一项重要举措，在现有文化管理体制架构上增设了新的网络文化管理机构和部门，但却进一步放大了文化管理体制的固有矛盾，即新增网络文化管理部门与原有管理架构中的各个部门，在职能设定和分工等方面如何协调，始终是一个突出问题。

（二）社会多元主体共同参与的文化建设大格局尚未形成

文化建设主体由一变多涉及文化体制机制改革等方方面面的复杂问题，本质上是文化建设格局再造过程。虽然各类社会主体已经对文化建设表现出足够的热情，但因为相关配套机制的欠缺，文化发展国有主体仍占垄断地位，各种所有制的社会多元主体参与程度较低，无论是文化需求还是文化供给，因主体单一和社会化程度不高，多样化文化需求因文化生产和服务供给能力的不足而难以得到有效满足，文化建设的活力还有待进一步充分激发。

（三）文化生产的内在机制与核心价值观的倡扬存在背离之处

在实际的文化产品生产的过程中，具体的文化生产单位往往会在资本增值和经济效益最大化的过度追逐中，弱化甚至忽略社会效益的追求。特别是作为文化产生主要阵地的国家媒体单位，包括报纸、电视台、电台、网络等各种媒体，在发行量、收视率、收听率和点击率的巨大压力

下，主动迎合市场、甚至丧失底线，对一些不具备传播价值或传播价值极低的"伪文化"现象，强行设置议题，并重复宣传，以吸引哄客的围观，使公共性的传播平台充斥着不具备公共价值的各类话题，在反复的炒作中达到吸引眼球的目的，主流文化不仅得不到有效的传达，相反，在这些话题的冲击中受到极大的挑战。

（四）公益性文化事业与经营性文化产业的二分法有待完善

"二分法"虽然明晰了文化发展的不同方向，但在实际的运行过程中，对二者复杂关系考虑不够，有时甚至会限制文化活力的激发，使文化体制改革带来负面的社会和文化影响。比如，为了贯彻二分法的观念，大批事业编制的地方戏曲院团专制为企业，致使大量具有非遗价值的戏曲种类因为缺乏市场的吸引力而突然消失或者濒临失传，给中国优秀传统文化的传承带来很大的损失。

（五）微观层面的文化设施与机构运营能力亟待提高

近几年，因为各级政府地方财政实力的增强，掀起了建设标志性文化设施的热潮，大剧场、文化广场、文化活动中心等设施迅速遍布全国各地。但与硬件建设热潮极度不相匹配的是文化运营能力的低水平、低效益，很多大型文化设施的建设之初并没有充分考虑当地的文化消费习惯及受众的文化结构，同时也没有组建起相应的运营团队，直接导致大量公共文化设施长时间空转，造成了极大的公共资源浪费。

（六）基层公共文化机构正陷入公共资源投入不断增加而绩效却"持续下滑"的悖论

2016年，我国地方一般公共预算文化体育与传媒支出达到2917亿元，比2012年增长40.6%，以文化站和文化活动中心为代表的基层公共文化机构的运营和维护经费大幅增加。但在具备了较为充足的经费保障的前提下，大量基层文化机构的运行绩效却持续下滑，机构空转、资源闲置、公共文化产品的供需不对接成为很多基层文化机构的通病，使正在实施的公共文化服务体系建设面临"未强先衰"的窘境。基层文化机构的传统管理模式与高速城市化进程和数字信息技术的快速发展所导致的文化生态环境的整体性变迁之间出现了结构性失调，与居民的文化消费结构转型升级的变化总体性不协调、不适应，与快速升级的社会文化生活方式相脱节。

四、深化文化体制改革的方向和重点

（一）始终坚持"以人民为中心"的改革导向

"以人民为中心"是习近平新时代中国特色社会主义思想的核心理念，文化体制改革的推进同样要深刻贯彻"以人民为中心"的宗旨和原则，要以广大人民群众的精神文化需求以及文化强国的历史担当作为文化体制改革的最终目标。在实际的改革推进过程中，特别要警惕被部门利益、资本和市场、所谓的精英阶层等力量所绑架，时刻以中国特色社会主义的文化道路和方向设计和规划文化体制改革的路径。

（二）充分发挥体制内系统外的文化建设力量

文化体制改革的过往经验表明，单靠宣传文化系统的内部推进，而没有全社会合力的参与，文化体制改革就很容易浮于表面，很难在体制机制上有内在的根本性变革，因此，要大力激发、鼓励、引导各类主体参与文化建设，参与体制改革。而这其中，处于政府体制内，但又不属于宣传文化系统的其他领域则是合力中的关键因素，既可以实现文化体制改革的协同推进，同时又能在文化安全方面有切实的保障。因此，在中央层面，应该出台体制内系统外参与文化体制改革的相关顶层设计，以利于相关的领域和部门都能主动积极地参与其中。

（三）深刻理解和认识媒介社会的文化生产和消费规律

媒介变革在文化领域的作用逐步从次要角色转为重要角色，甚至是制约力量。数字信息技术和文化内容的充分融合，新知识、新方法在文化行业中的加速应用，推动文化生产者和文化消费者从旧的技术路径中"解锁"出来，快速进入移动互联路径上的文化生产和文化消费。在此背景下，无论是文化生产还是文化消费，都跳脱了物理地域空间、领域、部门的限制，实现扁平化、即时性、互动性和个体性，新的文化管理体制应该尽快打破部门、条块、地域、领域之间的壁垒，建立与新的信息技术发展相适应的现代管理体制，要更加注重从单向管理转向双向互动，从线下转向线上线下融合，从单纯的政府监管向更加注重政府、社会协同治理转变。

（四）着力深化公共文化服务的供给侧改革与公共文化空间的构建

公共文化服务的供给侧改革就是要实现供给和需求的升级换代、精准对接，改变计划经济体制模式下单向度的输送，放弃自上而下的行政配置，进一步提升各类基层文化机构的运行绩效。对于重点的农村地区，应该充分尊重乡村文化自身的连贯和传承，从文化自身的运行机制出发，保留乡村文化的历史继承性和乡土特色，通过公共文化生活的重建，而不是简单的所谓"文化下乡"和"文化惠民"，进而激活濒临危机的乡村文化乃至基层的社区文化。

（五）积极推动传统文化事业单位和人民团体向现代非营利组织转变

当前我国很多文化类的非营利组织都是由政府出面申请举办的，与政府之间有着千丝万缕的联系，对于这类非营利组织来说，最重要的问题是要去行政化，恢复其本身的功能定位。官办的非营利组织的去行政化不是简单剥离他们目前享有的编制、待遇和政府支持，而是改变其原有的行政等级化组织结构和行政指令化运作模式，重新赋予其生计和活力，使他们有意愿和动力为人民群众提供文化服务。另外，在公共文化服务领域，还要把原来被称为人民团体的群众性组织积极向非营利性文化机构转变，作为深化文化体制改革，鼓励社会力量参加公共文化服务建设的主要组织形式。当前我国的公共文化服务体系的建设主体主要指原来隶属于文化广电和新闻出版部门的文化事业单位，并未包括分布于文联、作协、工会、共青团、妇联等群众团体和全国性社团中的大量文化事业单位。这些文化事业单位目前尚未纳入我国公共文化服务体系，基本处于自发自流状态，亟须在整体上统一规划，并根据实际情况加以定位。

（六）建立与"一带一路"倡议相适应的文化交流机制

建立与"一带一路"倡议相适应的文化交流的体制架构，在中央深改组的层面确定体制架构的稳定性。要在对"一带一路"沿线国家文化基础设施建设进行调查、研究与整合的基础上，推动相关技术标准对接和示范性规则的制定，加快文化交流合作基础设施建设，特别是与联网的互联互通。以文化创新为核心，搭建投融资和交易平台，推动开展创意研发、遗产保护与利用、贸易与资源配送等文化交流合作服务，为促进沿线国家间文化交流合作的深入开展提供基础支撑。同时要根据合作交流国家的文化资源特性，构建不同价值形态的文化产业合作平台。

（七）完善公共文化设施或机构社会化运营的体制机制

大力培育和引进合格、优秀的文化设施和机构的运营主体，完善政府购买服务的机制安排，鼓励更多的社会主体或文化人才从事文化设施的运营工作，大力推广成功案例的经验和做法，比如，作为场馆运营的标杆，上海梅赛德斯奔驰文化中心经过专业团队的打造及运营，已成为亚洲甚至世界上场馆运营最优秀的场馆之一，彻底改变了单一依靠场馆出租维持营运的传统运营模式，从 2010 到 2016 六年总计冠名收入近 6 亿元，成功地实现了政府兴办的大型文化设施"双效益"的统一问题。

（八）建立健全社会主义市场经济体制下的文化产业和文化市场体系

发挥市场在文化资源配置中的积极作用，构建统一开放竞争有序的现代文化市场体系，促进文化产品和要素在全国范围内合理流动。重点发展文化产品市场，进一步完善综合交易平台。发展现代流通组织和流通形式，构建文化产品流通网络。加快培育产权、版权、技术、信息等要素市场，办好重点文化产权交易所，规范文化资产和艺术品交易。加强行业组织建设，健全中介机构。进一步完善文化管理体制，加快政府职能转变，推动政企分开、政事分开，理顺政府和文化企事业单位关系。完善文化市场管理，切实营造确保国家文化安全的市场秩序。

荣跃明　上海社会科学院文学研究所所长、研究员

郑崇选　上海社会科学院文学研究所公共文化研究室主任

促进新消费，激发新动能
——2018 年上海文化产业总报告（节选）

点 评　**花建**
上海社会科学院·文学研究所研究员

　　本文以"新消费、新动能"为主题，对上海和全国文化产业的发展做了深入的研究，指出 2016 年全国文化产业增加值达到 30254 亿元，占 GDP 比重达到 4.07%，是近 10 年来的最高值，并提出在十九大报告中"我国社会主要矛盾已经转化成为人民日益增长的美好生活需求和发展不平衡不充分之间的矛盾"的背景下，中国文化产业领域也存在着文化消费与文化生产之间不平衡、不同门类的产业竞争力不平衡、文化投入和文化产出的效益不平衡、文化产业对外贸易结构不平衡等一系列问题的观点。

文章从"把握主要矛盾""推动文化科技融合""突出重点领域""构建现代文化市场体系""加快金融服务体系创新"等多个角度深入研究，指出上海文化产业正面临提升效益和规模的重大机遇。上海文化产业应该在促进新消费、激发新动能方面做出更大的贡献，其重点是推动文化科技融合，开发文化消费新业态；推动文化产业的跨界融合，满足不同社会群体的需求；开发文化消费新产品，塑造多样化的文化空间。

案 例 **促进新消费，激发新动能———2018 年上海文化产业总报告（节选）**
选自上海社会科学院品牌产品《上海文化发展系列蓝皮书（2018）》

一、把握主要矛盾：确立新的文化消费观

2017 年，中国共产党召开了举世瞩目的十九大，全面规划了建设新时代中国特色社会主义的宏伟蓝图和实施路径。习近平总书记在十九大报告中指出：中国特色社会主义进入到新的时代。我国社会主要矛盾已经转化成为人民日益增长的美好生活需求和发展不平衡不充分之间的矛盾。正确认识和把握这一个新的重大论断，对于推动上海文化产业的发展，特别是促进新消费和激发新动能，具有深远的意义。

中国经过改革开放 30 多年的稳定持续发展，成为全球第二大经济体、全球第一大商品贸易大国、全球第二大对外投资国，也是全球第一大文化产品出口国。正如习近平总书记在十九大报告中指出的，"我国社会生产力水平总体上显著提高，社会生产能力在很多方面进入世界前列。"然而，今天我国社会发展所存在的主要问题，第一是发展不平衡。作为一个人口众多、国土辽阔的大国，在全国的东中西部、南方和北方的各省市自治区、各个行业和各个部门之间、人和人之间的发展不平衡

现象比较突出，在文化产业领域也存在着文化消费与文化生产之间不平衡、不同门类的产业竞争力不平衡、不同体制的文化企业之间文化投入和文化产出效率不平衡等一系列突出问题；二是发展不充分，这体现在中国发展的质量和效益还不是很高，在全球价值链中的地位正在不断上升，但是总体上还在中等水平。也体现在中国作为全球制造大国亟待向中国创造、中国智造全面升级，在文化产业领域也存在着相应的表现：在集中体现先进生产力，科技密集型、资金密集型、创意密集型的领域，产业的发展相对滞后，产业竞争力呈现为较低水平；在近年来国家对公共文化服务和设施建设的投资大量增加，电影、电视剧、图书等文化产品的数量增长很快的同时，人民期待更多体现社会发展正能量，具有优良内容和精湛形式的精品力作。这就是习近平总书记所说的："更加突出的问题是发展不平衡不充分，这已经成为满足人民日益增长的美好生活需要的主要制约因素。"这正是我们把握上海文化产业发展的宏观背景和总体趋势的指导方针，而其中的突破口就是促进新消费，激发新动能，针对人民文化消费的新需求，全面提升上海文化产业投资、开发和生产的效益。

从中国消费升级的社会基础来看，这是中国历经 30 多年的改革开放，综合国力跨入历史性阶段的必然要求，也是中国共产党和中国政府对新时期中国社会主要矛盾的深刻洞察和战略把握。新时代中国特色社会主义建设的主要内容之一，就是满足人民群众不断提升的文化消费需求。20 世纪末叶，我国的 GDP 总量约 1 万亿美元，2016 年已达到 74.4 万亿人民币，接近 12 万亿美元；1999 年，我国人均 GDP 为 865 美元，2016 年超过 8000 美元；1999 年，我国城乡居民储蓄余额约 6 万亿元，而 2016 年已经增长到近 60 万亿元。正如《国务院关于积极发挥新消费引领作用加快培育形成新供给新动力的指导意见》指出：我国已进入消费需求持续增长、消费拉动经济作用明显增强的重要阶段。这里所说的新消费包括三大特点：第一，中国人民的消费重点，正从追求数量和规模的满足向注重质量和品质的提升、从追求有形物质产品的消费向注重更多的服务消费转化、从追求温饱型生活向追求幸福和谐生活提升；这些新消费的实现需要文化产业做出巨大贡献；第二，中国的消费市场，正在形成以传统消费转型升级、新兴消费引领发展为主要内容的新消费，数字内容、智能设备、信息服务等新兴消费正在渗透到工业装备、先进制造、基础设施和公共服务等领域，这给文化产业提供了具有巨大发展潜力的新空间；第三，中国的消费能量，正在越来越强劲地影响世界消费市场，2016 年中国国内消费对中国经济增长的贡献率上升到 64.6%，成为经济增长的主要力量，与此同时，中国人全年出国达到 1.3 亿人次，不仅每年出境购买大量消费品，2016 年还进口了 1.6 万亿美元的产品。在文化消费领域的"全球、世界买"已经成为新常态。有关专家预测，到 2030 年，中国消费者对全球消费支出的贡献将超过其他任何国家。"有可能是悉尼的动物园，时下热播的韩剧，伦敦的高级超市，千万身价的足球运动员，在线支付 APP，机器人，或者电动汽车，"汇丰银行不久前发布的一份关于中国消费的报告中重点指出："他们的共同点是，最终，它们都走向了中国。"中国消费者对影视市场也做出巨大贡献。汇丰银行的报告指出：中国对全球电影票房上的贡献从 2007 年的 2% 上升至 2015 年的 10%，美国电影在中国的票房收入相比上年增长了约 49%。

从中国消费升级的直接动力来看，中国的中等收入阶层迅速扩大，成为我国全面建设小康社会的重要成果，也成为追求更大规模和更高质量文化消费的直接驱动力。中国政府的决策层研究了世界上一些国家长期处于中等收入陷阱的深刻教训，高度重视扩大我国中等收入群体，以形成更加合理和具有发展后劲的经济和社会结构。习近平总书记 2016 年 5 月 16 日在主持中央财经领导小组第十三次会议时指出：扩大中等收入群体，关系全面建成小康社会目标的实现，是转方式调结构的必然要求，是维护社会和谐稳定、国家长治久安的必然要求。扩大中等收入群体，必须坚持有质量有效益的发展，保持宏观经济稳定，为人民群众生活改善打下更为雄厚的基础。根据瑞士信贷机构的研究，把中产阶级的成年人定义为：按照 2015 年年中价格水平衡量，拥有财富值在 5 万到 50 万美元之间的人士。世界上主要发达国家的中产阶级占人口的比重大体上在 37% 以上，日本和欧洲发达国家中产阶级占人口的比重达到 40% 以上，而中国和印度等金砖国家中产阶级所占人口比重则小得多，中国占12.3%、印度占 3.0%。许多国际研究机构通过大量比较研究指出：随着中国现代化模式日益显示出巨大的活力，中国中等收入阶层增长的规模和速度达到世界第一位。根据瑞士信贷机构的研究，2015 年全球有6.64 亿成年人属于中产阶级，占全球成年人 14%。其中中国的中产阶级人数为全球最多，超过 1.7 亿人。特别是中国中产阶级的规模增长速度大大超过老牌发达国家，成为推动新消费需求的巨大动力。从 2000 年到 2015 年，中国中产阶级规模的平均增幅超过 60%，同期美国为 22%，欧洲为 18%。在这十年间，上述这部分中国居民的财富增幅达到 620%，而老牌发达国家中产阶级的财富增幅为 100% 左右。大量实践证明：人均 GDP 的增长提高了居民消费支出的结构，广大居民又通过"用钱投票"的方式，直接影响着投资者和企业的生产选择。资本逐利的本性，使得满足居民新消费需求的产业包括文化产业可以获得大量资金，从而快速发展起来。从美国的发展经验看，食品、衣着等传统必需品行业竞争加剧，盈利率在弱化，而智能制造、金融保险、数字内容、新型视听

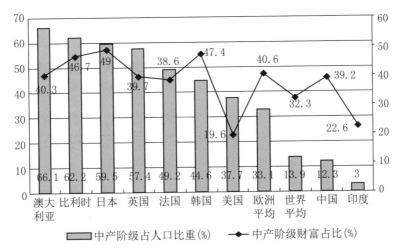

图表 1　有关国家中产阶级占人口比重和占财富比重的情况（2015 年）

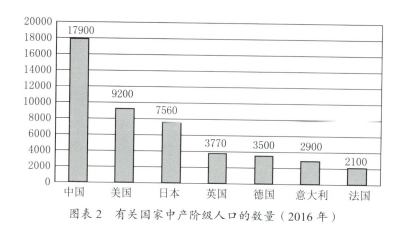

图表 2　有关国家中产阶级人口的数量（2016 年）

等新兴产业涌入的资金越来越多，为它们注入了源源不断的动力。中国中等收入阶层的快速壮大，也成为推动新兴产业发展的重要因素。

从中国消费升级的关联要素看，中国波澜壮阔的城市化浪潮成为前所未有的动力。近 10 年来，中国、印度等国家的城市化正在以前所未有的规模和深度催生新消费的发展。根据麦肯锡全球研究院的报告《城市化的世界——城市与消费阶层的崛起》，把每年人均收入达到 3600 美元的城市人口定义为消费阶层。以中国和印度为代表，越来越多的中等收入阶层参与进入消费大军的行列，形成了对于消费升级的巨大需求。他们不但是规模庞大的劳动者群体，而且成为数量惊人的消费者群体。该报告预测：2025 年全球将有 10 亿人口新进入到"消费阶层"的行列，激发了 30 多亿美元的市场需求，而他们主要集中在中国、印度、巴西等新兴经济体中。而以上海为核心的长三角城市群是中国经济最为发达、国际化程度最高的世界级特大型城市群，也是推动新消费增长最为明显的城市引擎。2017 年上半年，长江三角洲 26 个城市实现地区生产总值高达 7.67 万亿人民币，按各市加权平均计算同比增长 7.6%。长三角城市群以仅占全国 11.0% 的人口和 2.2% 的土地，创造了全国 20.1% 的 GDP。从城市经济规模来看，2017 年上半年 GDP 总量前五位的城市分别为上海（13908.57 亿元）、苏州（8290.12 亿元）、杭州（5688.66 亿元）、南京（5488.73 亿元）和无锡（4933.23 亿元）。有鉴于此，上海和长三角城市

群应该在推动文化新消费、激发文化新动力、满足人民群众日益增长的
文化需求方面，走在全国的前列，创造更多的文化产品和文化财富。

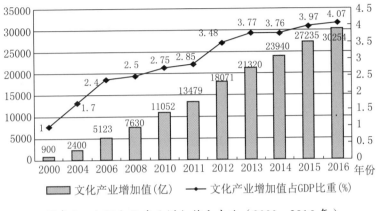

图表3　全国文化产业增加值和占比（2000—2016年）

从中国推动消费升级的路径选择来看，中国应该在积极促进文化新
消费，推动文化新动能方面，采取更有前瞻性的战略布局和更加强有力
的举措。大量事实说明：居民日益增长的文化消费需求并不能自然而然
地转化成为强大的文化生产力，必须要通过宏观的规划引导、正确的产
业政策、有效的市场培育等举措，才能把促进文化消费与发展文化产业
有机地结合起来。国务院文件所倡导的新消费门类，包括服务消费、信
息消费、时尚消费、品质消费等都与文化产业形成了极为密切的关系，
中国文化产业必须为实现这一战略性目标做出重要贡献。近10年来，中
国文化产业稳步增长，**2016年全国文化产业增加值达到30254亿元，占
GDP比重达到4.07%，是近10年来的最高值**。与此同时，必须看到中
国文化产业在取得稳步增长的同时，也存在有效供给不足的缺憾。根据
发达国家的参照性数据，当人均GDP达到8000美元及以上水平的时
候，居民文化消费支出可以占到居民消费总支出的20%左右。而根据国
家统计局的相关数据，中国2016年的国民生产总值达到74.4万亿，人
均GDP超过8000美元。参照发达国家的情况，这一阶段中国人的文化
消费总量应当是现在的4倍。而实际情况是：近年来，我国居民文化消

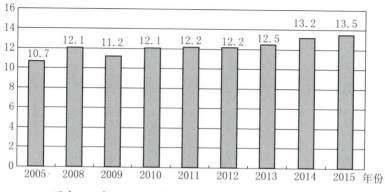

图表4 我国居民教育文化娱乐支出占总支出的比重

费支出大体上占总支出的 **10%** 左右。根据苏宁金融研究院的统计研究，随着我国 **GDP** 总量稳步增长，居民收入增长幅度逐渐超过 **GDP** 增长幅度，从 **2005** 年到 **2015** 年的十年间，居民教育文化娱乐支出占总支出的比重从 **10.7%** 逐步增长到了 **13.5%**。这既说明文化产业推动文化供给很有成效，也说明文化供给侧存在很大的缺口。必须围绕新消费市场的趋势进行投资、创新和生产，才能最大限度地提高投资和创新有效性、优化产业结构、提升文化产业竞争力，实现更有质量和效益的增长。

二、推动文化科技融合，激发文化产业新动能

要发挥文化产业对我国新消费的促进作用，就必须大力推动文化创新，激发产业的新动能。大量事实说明：一个国家巨大的文化消费潜力，不会自然而然地转化成为文化生产力，它有待于富有创新活力的文化企业，率先开发出具有前瞻性和领先性的文化产品和文化服务，才能激发文化消费市场的新蓝海。正如乔布斯所说的至理名言："消费者并不知道自己需要什么，直到我们拿出自己的产品，他们就发现，这是我要的东西！"真正意义上的创造需求，必定是"无中生有"。一种是系统尚不成熟时，像爱迪生一样超前发明这个系统；另外一种是系统已经成熟了，像乔布斯一样，将产品镶嵌在成熟的产业系统中。

　　作为 **21** 世纪的全球大国，中国的文化创新力主要表现为汇聚全球文化创新资源，包括创业投资、领先技术、创意人才、联通网络等，持续地创造出文化新样式、新业态、新服务，并且辐射海内外，引领世界潮流的综合能力。中国要通过提升文化创新力，提高文化产业的总体质量。占领全球文化价值链的高端，扩大对各国人民的影响力；其主要路径是推动文化与科技的有效融合，培育文化科技型的市场主体，开发因地制宜的文化创新模式，激发各类社会主体的文化创新创造活力；中国要适应全球化深入推进的时代背景，结合数字化、信息化的潮流，推动文化与科技的深度融合，推动中国的文化软实力体系在全球文化产业的价值链、文化品牌的服务链、文化资源的供应链中占据高端地位。上海承担这一历史性任务，将迈向世界文化之都与国家文化中心相重合，具有世界影响力的文创产业中心。世界文化城市更加强调世界级的文创作用和辐射力，国家文化中心更加强调国家战略的担当和民族文化的振兴，这是时代潮流和国家战略赋予上海文化产业的重要使命。

　　根据联合国贸发会议最新颁布的《**2017** 世界投资报告》，数字经济已经成为全球经济发展的新动能，成为主要国家努力争夺的产业制高点。在数字经济的推动下，智慧型、科技型、先导型的文化消费产品和服务大量涌现，它们满足了传统文化产能相对过剩的情况下，人们对于多样化、小众化、互动型、智能化、便利化之文化消费的热切渴望，扩展了

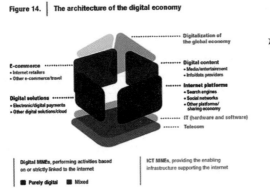

图表 5　数字经济的结构

文化消费的深度和广度，因而成为发展最快的一片新蓝海。联合国的文献指出：数字经济是一个充满活力的结构。它犹如 7 块芯片组成的场域，包括全球经济的数字化、电子商务、数字内容、数字解决方案、互联网平台、信息技术软件和硬件，通讯等七个方面，它们相互支持而且相互依托，七大领域的纯粹度和复合程度也有所区别。

更引人注目的是：数字经济对有关产业的影响力各有区别。由于产业特点、各国法律、政策环境、市场成熟度等的区别，目前在全球范围内受到数字化影响最大的 10 个产业，依次为媒体和娱乐、零售、高技术、医疗体系和服务、旅游、运输和物流、通讯、专业服务、金融服务、汽车和配件、消费型包装品等。在这 10 个产业中，至少有 5 个是与文化产业有直接和间接的关系，换句话说，数字经济对文化产业的影响之广度和深度，在各个产业中是第一位的。这给了上海依托数字经济发展文化产业的一个历史性机遇。

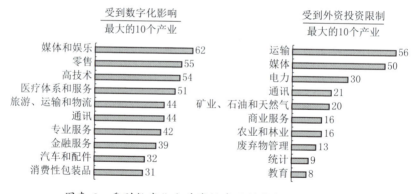

图表 6　受到数字化和外资投资限制最大的 10 个产业

根据联合国教科文组织干事长作序，2015 年 12 月颁布的 EY 研究报告《文化时代———第一张全球文化创意产业热图》，全球的文化创意产业收入达到 2.25 万亿美元，文化创意产业的从业人员已经达到 2950 万人。在全球文化创意产业各个门类中，增长最快的就是数字文化内容产业，而增长最快的区域是亚洲和太平洋地区。比如：2013 年全球数字文化产品和服务的销售达到 660 亿美元，在线和移动游戏产业的销售达到 338 亿美元，2016 年，全球数字音乐收入增长了 17.7%，达到 78 亿美元，流媒体激增了 60.45，为 8 年来的最高涨幅。

自 2016 年以来，上海根据"十三五"规划，按照党中央总体部署，在文化产业建设方面，围绕树立和贯彻创新、协调、绿色、开放、共享的发展理念，不断扩大产业规模，努力提升市场配置资源能力，传统产业转型发展，新兴产业热点频现，融合跨界持续深化，重大文化项目取得突破，文化"走出去"步伐不断加快，保障机制日益完善，为推动文化领域供给侧结构性改革，加快建设国际文化大都市，助力全市创新驱动发展、经济转型升级，完成"十三五"规划发展目标和任务打下扎实基础。根据国家统计局发布的数据，2016 年全国文化及相关产业增加值突破 3 万亿元，占 GDP 总量的比重达到 4.07%，而我国网络文艺行业在 2016 年达到了 5159.9 亿元的巨大规模和广泛影响。与互联网相关的文艺行业提供的增加值在我国文化产业增加值的比重达到了 17%，而它所依托的数字文化产业更是占据了我国文化产业 70% 的市场份额，上海把握数字经济的重大机遇，积极推动数字出版、数字游戏、网络直播、互联网广播、新型视听等新兴业态，在网络化、多样化、数字化的文化新业态方面，激发起巨大的新动能。

1. 上海发挥数字出版业的优势，数字出版业态和产品不断丰富。多年来，上海就是中国数字出版的中心和重镇，在数字内容、网络文学、门户网站、版权交易等方面走在全国各省市的前列。2016 年上海数字出版产业全年产值预计超过 750 亿元，同比增长 14%，其中网络文学在全国市场占有率超过 70%。根据《2016 年数字阅读白皮书》的数据显示，2016 年中国有声阅读市场增长 48.3%，达到 29.1 亿元。根据中国新闻出版研究院的调查，我国成年人的听书率达到 17%，人均听书消费 6.81 元。国内出现 200 多个带有听书功能的移动平台，其中，位于上海浦东新区的喜马拉雅 FM、蜻蜓 FM 等有声读物平台知名龙头，采用了 UGC、EGC、PGC 等多种数字内容的开发、采集、派送方式，吸引了广泛的听众，不断向当代华语听众市场的各个领域渗透，俨然成为中国网络化广播的龙头企业，占有率达到全国市场的 **50%** 以上。

　　2. 上海大力推动游戏产业高地建设。2016 年，中国游戏市场实际销售收入 **1655.7 亿元**，同比增长 **17.7%**；游戏用户规模达到 **5.66 亿人**，同比增长 **5.9%**。上海以建设具有全球影响力的科创中心的优势和高度开放的国际化环境，吸引了大批人才和投资，使得上海成为数字游戏产业的人才高地。根据《**2016 年中国游戏产业报告**》数据，**2016 年**，约 **3800 款**批准出版的国产游戏中，北京出版游戏数量约占 **25.0%**，上海出版游戏数量约占 **31.0%**，广东出版游戏数量约占 **5.0%**，其他地区约占 **39.0%**。上海高居全国游戏出版量第一，并且近年内始终保持着高速的增长趋势。上海已成为我国数字游戏产业发展最具活力的城市之一。而上海的数字游戏上市企业正是这一大趋势的领先潮头。 截至目前，上海有 **366 家**数字游戏企业，数量仅次于北京和广东，数字游戏上市企业数量位居全国第二，在北京之后。我们通过查询 **Wind** 数据库和全国中小企业股份转让系统发现，目前上海本土数字游戏上市企业有 **29 家**，其中 **5 家 A 股**上市，**2 家**境外上市，新三板挂牌 **22 家**。与此同时，外省市的骨干互联网企业纷纷在上海布局，投资游戏开发运营公司、设立游戏工作室或者分支机构，如腾讯、中青宝、掌趣、畅游、蜗牛等；三是众多境外游戏企业入驻上海。在 **Newzoo** 公布的 **2016 年**全球 **TOP10** 上市游戏公司中，索尼、动视暴雪、**EA**、万代南宫梦、微软等 **5 家**企业均在上海设立子公司或者工作室，其中微软 **Xbox** 成为上海自贸区首批外商投资游戏机企业之一。本地、外省市、境外的三类游戏企业云集上海，既展开激烈竞争，促进优胜劣汰，又通过各种方式进行产业链的垂直或者横向合作，推动了上海数字游戏企业的不断壮大。

　　3. 上海积极培育网络直播等新型视听形态。随着移动互联网和各类业态深度融合，数字化的文化新形态不断涌现，继短视频之后，网络直播成为新的投资热点。所谓"网红经济"直播用户规模达到 **3.25 亿**，占国内网民总体的 **45.8%**。秀场、演艺、户外、电竞、教育、明星、体育等各类主播形态兴起，**IP**、粉丝、流量等吸引了大量的社会投资，其中，

2015 年成立于上海的熊猫直播，聚集了国内众多一线视频主播资源，开辟了一系列的游戏直播频道，致力于将熊猫 TV 打造成国内优秀主播最多、娱乐内容最丰富、社会影响力最大的视频直播平台。与此相关联，上海市政府鼓励投资建设电子竞技赛事场馆，发展电竞产业集聚区，做强上海的本土赛事品牌，积极吸引和争取国际顶级赛事落户上海。在数字经济的背景下，上海作为国际文化大都市的活力进一步迸发，促进了的中成智谷等文创产业已经集聚了诸多电竞产业的实体和机构，成为电竞产业的基地之一。这些举措直接推动了与之相关联的网络直播等新型视听形态的发展。

4. 上海促进 VR/AR 虚拟现实和增强现实等新技术融入文化产业领域。 由于 VR/AR 的产业链比较长，相比较北京和深圳，上海的 VR/AR 企业在内容和研发环节，特别是在交互、生态和应用方面具有优势。目前，上海直接从事虚拟现实的企业有近 200 家，其中注册资金 1000 万元以上的约占 1/5，在整个产业链的主要环节上均有企业集聚，比如内容制作领域有文广集团、咪咕视讯、微鲸、唯晶科技、喂啊网络、英佩游戏、米影科技、医微讯、PPS 等，应用解决方案提供领域有曼恒数字、塔普、亮风台、赢秀科技等，软件研发领域有优美缔软件、青瞳视觉等；在设备及零部件制造领域有乐相科技（大朋 VR）、智视科技、小蚁、和辉光电、中航华东光电等。上海有多家新锐企业，如上海游久游戏、上海恺英网络、米粒影视文化、上海幻维数码、上海曼恒数字、上海河马动画、上海亮风台等，在结合 VR/AR 技术的新型影视、游戏、娱乐等领域显示了较强的竞争力，并且获得了社会资金的注入。2016 年以来，塔普、亮风台、DeepAR、橙夏科技、视辰科技、迈吉客科技等 10 家企业成功获得投资，其中塔普获得 2 亿元 A 轮融资，亮风台获得近亿元 B 轮融资。由于 VR/AR 企业集聚度高，开发了诸多文化创意产品，一批创新性强的虚拟现实产品逐步推向文化消费市场。比如由一批"海归"精英创办的亮风台，建立了集基础技术平台、云平台、AR 眼镜、内容平台于一体的 AR 服务一站式解决方案，为娱乐、媒体、旅游、汽车、教育、工业等领域提供行业解决方案。目前它已经和中国国家博物馆、支付宝、美图、OPPDO、汽车之家、中联重科、科勒等百余家企业和机构开展合作。

花　建
上海社会科学院文化产业研究中心主任、研究员

图书在版编目(CIP)数据

上海打响"四大品牌"2018年基层实践:新时代 再
出发/上海社会科学院,人民网编著.—上海:学林
出版社,2019.2
ISBN 978 - 7 - 5486 - 1509 - 5

Ⅰ.①上… Ⅱ.①上… ②人… Ⅲ.①区域经济发展
-研究-上海-2018 Ⅳ.①F127.51

中国版本图书馆 CIP 数据核字(2019)第 022422 号

责任编辑 许钧伟
封面设计 魏 来

上海打响"四大品牌"2018年基层实践:新时代 再出发

上海社会科学院
人民网 编著

出 版 学林出版社
   (200235 上海钦州南路 81 号)
发 行 上海人民出版社发行中心
   (200001 上海福建中路 193 号)
印 刷 上海展强印刷有限公司
开 本 720×1000 1/16
印 张 21.75
字 数 30 万
版 次 2019 年 2 月第 1 版
印 次 2019 年 2 月第 1 次印刷
ISBN 978 - 7 - 5486 - 1509 - 5/D · 55
定 价 108.00 元